◆新版▶

定期借地権
活用のすすめ

▼

契約書の作り方・
税金対策から
事業プランニングまで

▼

定期借地権推進協議会 運営委員長
大 木 祐 悟

▼

新版はじめに

　本書の初版が発行されてから3年余になります。

　定期借地権という制度が世間に定着しつつある一方で，定期借地権の活用を考える場合に参考となる文献が見当たらないという声を聞くことがあったことから，筆者の知見をまとめる形で本書の初版を上梓しましたが，実際には筆者の予想以上の評価をいただくとともに，具体的な事業をする際の資料として本書を利用したという感謝のことばを幾度も聞かせていただく機会にも恵まれました。

　このたび，この3年余の間に，定期借地権推進協議会としてかかわった事業や，調査した事項等を加筆したうえで，新版を発刊することといたしました。

　また，併せて，全項目を改めて読み直し，初版において表現が足りない部分を加筆・訂正し，より読みやすい内容にいたしました。

　本書が，定期借地権の活用を検討される多くの皆様に引き続きお役に立つことができれば幸いに思います。

　なお，新版の刊行に際しても，プログレスの野々内邦夫様には大変お世話になりました。この場を借りてお礼を申し上げます。

　平成28年2月1日

定期借地権推進協議会
運営委員長

大 木 祐 悟

初版はじめに

平成4年の借地借家法の制定により定期借地権が誕生してから，今年でちょうど20年になります。

定期借地権が誕生した当初は，バブルの余韻で地価も高かったことから，特に大都市では中心部から相当離れた郊外の土地でも，普通の会社員が持ち家を取得することは困難な状況であったことから，主として住宅所有目的の観点からの定期借地権が各方面から注目を受けておりました。また併せて，定期借地制度についての学術的な研究や定期借地にかかる各種文献も出版されておりました。

その後，定期借地権にかかる一戸建て住宅やマンションの分譲も一般化されており，また学術的な議論等も一段落してしまったことから，この問題がマスコミ等で取り上げられる機会が減り今日に至っております。また，地価の下落が進展したことから，特に住宅取得について考えると，定期借地権でなくても都市部近郊で住宅を取得することが可能な地区も増えました。

こうした結果，定期借地権についての注目度が低下してしまいましたが，土地活用という面から考えると，定期借地権活用の底辺は徐々に拡大している状況にあります。

すなわち，住宅については特に定期借地権を利用したマンションの供給は都心部を含め継続的に進んでいるほか，最近では事業会社が定期借地権を設定して賃貸住宅経営をするようなモデルも普及しつつあります。また，大型商業施設等の事業向けの定期借地権の活用も相当程度に進んでおりますし，東日本大震災の復興で定期借地権の活用が模索されている状況です。

さて，定期借地権は，土地の有効活用のメニューとしても一般的になってきているにもかかわらず，一方で，定期借地権にかかる基本的な知識や情報がかなり不足していることも実感しております。現実に定期借地権推進協議会に寄せられる相談を見ておりますと，定期借地権の創設当初に語られていたような基本的な内容の質問も少なくない状況にあります。

こうしたなか，定期借地権の活用をテーマにその体系と基本的な知識を中心にまとめた書籍の発刊の必要性を痛感して本書を上梓することとしました。本書の構成は，ここ2年ほどの間に定期借地権推進協議会に多く寄せられた質問をいくつかあげたあと，定期借地権の概要，契約書作成上の留意点から税制・事例を含めて極力わかりやすく説明しております。

　本書が定期借地権の一層の推進に少しでも役立つことを祈念してご挨拶とさせていただきます。

　なお，本書は税務面で税理士・不動産鑑定士の鵜野和夫先生に，法務面でウェルブライト法律事務所の村辻義信弁護士，奥村雅美弁護士，田中章弘弁護士にご監修をいただきました。この場を借りて御礼を申し上げます。

　平成 24 年 12 月 1 日

定期借地権推進協議会　運営委員長

大 木 祐 悟

●目　　次●

定期借地権 Q&A ……………………………………………………………(1)

Ⅰ　定期借地権の基本

① 建物の用途と借地期間の違いによる定期借地権の類型…………… *2*
 ── 定期借地権には，（一般）定期借地権，事業用定期借地権等，
 　建物譲渡特約付き借地権の三つがある。

② 法 23 条借地権における建物の用途………………………………… *4*
 ── 「専ら事業の用に限られる」とは？

③ 法 23 条借地権における建物の用途の例─その(1)：住居併用建物…… *5*
 ── 居住用部分が一部でもあると問題あり。

④ 法 23 条借地権における建物の用途の例─その(2)：老人ホーム……… *7*
 ── 老人ホームの所有目的で法 23 条の定期借地権を設定する
 　ことは可能か？

⑤ 借地期間………………………………………………………………… *8*
 ── 住宅所有目的で 100 年の定期借地権が設定された事例もあ
 　る。

⑥ 法 23 条借地権の借地期間と特約の定め方の違い………………… *9*
 ── なぜ，法 23 条には 1 項と 2 項の二つの規定があるのか？

⑦ 三つの特約は，必ず定めなければいけないのか？……………… *10*
 ── 一つの特約だけ外すことは可能か？

⑧ 法 23 条借地権の契約手続き………………………………………… *13*
 ── 「合意書」に基づいて公正証書の契約を締結する。

⑨ **法 22 条借地権の契約手続き**……………………………………… *14*
　── できるだけ公正証書で契約したほうがよい。

⑩ **法 24 条借地権の契約手続き**……………………………………… *15*
　── 建物の買取価格をどう決めるかが難しい。

⑪ **公正証書の作成**……………………………………………………… *17*
　── 公正証書の作成には，2 人の立会人が必要。

⑫ **法 22 条借地権と法 24 条借地権の組み合わせ**…………………… *19*
　── 法 24 条借地権を他の定期借地権と組み合わせる手法もある。

⑬ **期間の満了で本当に定期借地契約は終了するのか？**…………… *21*
　── 期間の満了によって借地契約が終了した事業用借地権の事例による検証。

⑭ **普通借地契約を定期借地契約に変えられるか？**………………… *23*
　── このような更改は法的には無効。

Ⅱ　定期借地契約の基本

① **定期借地権の法的な位置付け**……………………………………… *26*
　── 民法の特例法として制定された借地借家法。

② **中途解約**……………………………………………………………… *29*
　── 特約がない限り，借地人は中途解約はできない。

③ **地代の改定**…………………………………………………………… *31*
　── 地代改定の計算式は，合理的なものにしたほうがよい。

④ **期間満了時の措置**…………………………………………………… *33*
　── 契約書に「原状回復の定義」を明記しておいたほうがよい場合もある。

⑤ **増改築承諾，名義書換え承諾等**…………………………………… *35*
　── 定期借地権では，承諾料をとらないとするケースが少なくない。

⑥ **地上権とするか，賃借権とするかの選択**………………………… *36*
　── 地上権には，抵当権が設定できる。

⑦ 保証金 …………………………………………………………………… *38*
　──　保証金は預かり金であるから，借地期間の満了時には借地人
　　　に返さなければいけない。

⑧ 権利金 …………………………………………………………………… *41*
　──　権利金は地主の所得となり，課税対象とされる。

⑨ 前払い地代 ……………………………………………………………… *43*
　──　前払い地代方式を採用する場合には，多くの留意点に注意。

⑩ 借地権の譲渡に伴う借地契約の継承 ……………………………… *46*
　──　当事者間で「確認書」を交わしたほうがよい。

⑪ 自己借地権設定時の留意点 …………………………………………… *47*
　──　地主自らが所有地に定期借地権を設定して建物を分譲するこ
　　　とはできない。

⑫ 借地期間の延長 ………………………………………………………… *48*
　──　当事者の合意があれば，法の規定内に限って，契約期間の延
　　　長ができる。

Ⅲ　定期借地権付きマンション

① 定期借地権付きマンションの特色 ………………………………… *50*
　──　区分所有者としての地位と，借地権の準共有者としての地位
　　　の二つがある。

② 賃料支払い債務 ………………………………………………………… *51*
　──　賃料支払い債務は，可分債務か，不可分債務か？

③ 準共有者の一部に債務不履行等が生じた場合 …………………… *52*
　──　地代債務の取扱いにより，対応は異なる。

④ 原状回復 ………………………………………………………………… *53*
　──　原状回復の特約を設定しているケースもある。

⑤ 建物の解体積立金 ……………………………………………………… *54*
　──　マンションの管理組合が「特別会計」で積み立てているケー
　　　スが多い。

⑥ 事業会社が自ら所有する土地に定期借地権付きマンションを建てて分譲する場合·········· 55
―― 事業会社が子会社等に定期借地権準共有持分付きの建物の一部を所有させる。

Ⅳ 「借地契約」からみた留意点

① 建物所有目的·········· 58
―― 借地借家法で規定される借地権とは，建物所有目的の地上権および賃借権である。

② 借地権の対抗力の範囲·········· 61
―― 建物登記による対抗力の範囲は，土地については筆単位で把握される。

③ 借地上の建物の増改築·········· 62
―― 裁判所の許可があれば，借地人は地主の承諾がなくても，建物の増改築ができる。

④ 譲渡承諾·········· 64
―― 賃借権の場合は，譲渡・転貸に際して地主の承諾が必要である。

⑤ 地代の改定·········· 66
―― 協議がまとまらない場合は，裁判所に判断してもらうことになる。

⑥ 地主または借地人が破綻した場合·········· 68
―― 借地権の登記をしておけば，地主が破綻しても安心。

Ⅴ 定期借地権事業の実際

① 定期借地権事業のプレーヤー·········· 70
―― 特に契約業務の場面では，この分野に精通したコンサルタントや事業会社を選定すること。

② 仲介方式……………………………………………………………………… *71*

―― 賃借権型の定期借地の仲介手数料は地代の 1 か月分。

③ 代理方式……………………………………………………………………… *73*

―― 多くの場合，代理人である建築会社の建築条件付きの借地契
約となっている。

④ 転売方式……………………………………………………………………… *75*

―― 事業会社が優良地と判断しない限り，この方式は採用されに
くい。

⑤ 転貸方式……………………………………………………………………… *76*

―― 転借地権付き住宅には，地主側の利点も多いが，課題も多い。

⑥ 地代および一時金の目安…………………………………………………… *78*

―― 一時金と地代の負担は，逆の相関関係になる。

⑦ 定期借地権付き一戸建住宅の地代………………………………………… *83*

―― 実態調査では，年額地代の平均は地価の 1.2％相当となっ
ている。

⑧ 定期借地権付きマンションの地代………………………………………… *84*

――「定借調査データ」では，月額平均地代の地価に対する割合
は全国平均で 1.8％である。

⑨ 事業会社が定期借地権を設定して，開発許可を取得し，造成を
して一戸建住宅を分譲する手法…………………………………………… *87*

―― この手法では，定期借地権の設定契約が煩雑になる。

⑩ 開発造成までは地主が行い，開発後の土地に事業会社との間で
定期借地契約を設定し，事業会社が一戸建住宅を分譲する手法…… *90*

―― この場合は，地主は開発造成費用の捻出方法を検討する必要
がある。

⑪ 融資の問題―その(1)：普通借地権の場合……………………………… *93*

―― 普通借地権でも，契約残存年数を上限とした返済年数となっ
てしまう。

⑫ 融資の問題―その(2)：定期借地権の場合……………………………… *95*

―― 借地借家法の特性を十分に理解して契約書を作るべきである。

⑬ **借地権の担保価値**·· *96*
—— この問題は，借地権が地上権の場合と，賃借権の場合とで分けて検討しよう。

⑭ **定期借地権にかかるプロパーの融資**······················· *97*
—— 複数の金融機関の融資条件が比較できれば，有利な借入先が選べるのだが……。

⑮ **事業用途の定期借地権にかかる融資**·························· *98*
—— 事業用途の定期借地権の融資にも問題が多い。

⑯ **定期借地契約における重要事項説明書の記載方法**·········· *99*
—— 転売方式のケースでは，重要事項説明書に契約書の写しを添付したほうがよい。

⑰ **借地権の登記**·· *101*
—— 普通借地権では登記されている例が少ないが，定期借地権では多い。

⑱ **登記費用は，誰が支払うのか？**····························· *102*
—— 地主と借地人が話し合って決めればよい。

⑲ **仮登記の可否**·· *103*
—— 本登記をするまでは第三者対抗要件がないことに注意。

⑳ **定期借地権の登記例**·· *104*
—— 登記は先順位が優先される。

Ⅵ 事業目的の借地権の実態

① **「事業用借地権に関する実態調査」の分析**··················· *108*
—— その利用実態や賃料について。

② **事業目的の定期借地権についてのその他の調査**············· *113*
—— 定期借地権活用の底辺が確実に広がりつつある。

③ **事業用借地権の地代の算出法**····································· *119*
—— 貸店舗の賃料からみた上限地代の算出式の考え方は……。

④ 事業用借地権の一時金··· *120*

—— 調査によれば，「保証金のみ」が 116 件中 58 件で最も多い。

Ⅶ 定期借地権付き住宅の二次流通

① 定期借地権付き住宅の二次流通の概要······························ *124*

—— データによれば，一戸建住宅よりもマンションの取引件数が
多い。

② 価格の査定··· *125*

—— 特に保証金方式の価格査定は難しい。

③ 二次流通における融資·· *127*

—— 現状では，プロパーのローンが用意されているケースは少な
い。

④ 契約内容の承継·· *129*

—— 承継にかかる「合意書」を当事者間で必ず交わすこと。

Ⅷ 定期借地権の税務

① 認定課税のあらまし·· *132*

—— 特殊な仕組みで定期借地権事業を企画する場合は，必ず税理
士等の専門家に相談すること。

② 定期借地権の相続評価のあらまし·· *134*

—— 借地権と底地にかかる相続税上の評価の原則は，［土地価格
＝借地権価格＋底地価格］。

③ 財産評価基本通達か個別通達か？·· *135*

—— どんな場合に，どの評価方法を利用すればよいのか？

④ 財産評価基本通達による評価の原則法····································· *136*

—— 評価通達の算定式の仕組みをよく理解しよう。

⑤ 財産評価基本通達による評価の簡便法······································· *139*

—— 借地権の残存期間に応ずる逓減率は最高で20%。

⑥ 個別通達による評価法··· *140*

—— この評価法は，特殊利害関係者間には適用されない。

⑦ 相続の場合の保証金にかかる債務控除······························· *142*

—— 評価通達では，保証金返還債務の額は保証金全額ではない。

⑧ 保証金の運用にともなう所得税··· *143*

—— 保証金の使途には十分に注意すること。

⑨ 権利金と所得税··· *145*

—— 権利金が地価の2分の1を超えるかどうか。

⑩ 前払い地代の税務·· *147*

—— 一定の要件を満たさない前払い地代は権利金等と認定される。

⑪ 一時金にかかる住宅ローン控除··· *148*

—— 前払い地代は住宅ローン控除の対象外。

⑫ 定期借地権の設定時にかかる税金··· *149*

—— 登録免許税の税率（本則）は1,000分の10。

Ⅸ 定期借地権の活用事例

① 土地活用策の一類型としての定期借地活用····························· *152*

—— 新たなる貸地ビジネスの展開。

② これまでの定期借地権事業の事例··· *154*

—— 「つくば方式」，「定期所有権」など。

③ 定期借地権付き住宅の活用事例··· *157*

—— 良好な街並みの整備に寄与する事例が多い。

④ 定期借地権付きマンションの活用事例·································· *162*

—— 所有権付きマンションよりも専有面積が広く，利便性が高い
物件が増えてきた。

⑤ **大規模商業施設の活用事例**……………………………………………… *166*
　── 国土交通省のホームページに掲載された事例の紹介。

⑥ **野球場その他アミューズメント施設の活用事例**………………… *168*
　── 名古屋ドーム球場は 67 年の定期借地契約で建てられた。

⑦ **阪神・淡路大震災における被災マンションの建替え事例**……… *169*
　── 県公社が被災マンションの敷地を購入して定期借地権付きマ
　　　ンションを建てて分譲した。

⑧ **災害復興に際しての住宅供給と定期借地権**……………………… *172*
　── 最大の課題は，被災自治体の担当者に定期借地権の知識・経
　　　験が少ないこと。

⑨ **中心市街地の再開発事例**…………………………………………… *176*
　── 市街地の土地の共同化には，定期借地権の活用は有効。

⑩ **自治体等による活用事例(1)**……………………………………… *178*
　── 公有地の活用策の目玉として，定期借地権のニーズは今後ま
　　　すます高まるだろう。

⑪ **自治体等による活用事例(2)**……………………………………… *181*
　── 鹿児島市の星が峰みなみ台の定期借地権分譲について。

⑫ **特殊利害関係者間での活用事例**…………………………………… *186*
　── 活用にあたっては，特に認定課税に注意すること。

⑬ **マンションの建替えに定期借地権を利用できるか？**…………… *191*
　── はたして底地を買う事業会社がいるか？

⑭ **定期借地権と不動産の証券化**……………………………………… *194*
　── 定期借地権の底地が組み入れられた J リートの事例が出て
　　　きている。

⑮ **他の土地活用策との組合せによる定期借地権の活用**…………… *195*
　── 一時金を他の用途に投下して収益以外のメリットを享受する。

Ⅹ これからの定期借地権を考える

①　都市における空き家問題······························ *200*
　── 有効活用が困難な空き家が少なくない。

②　建物の出口戦略の必要性····························· *202*
　── 使わなくなり，使えなくなった建物については，出口戦略の
　　検討が非常に重要になる。

③　定期借地権における建物の出口戦略··············· *204*
　── 定期借地権は建物の出口戦略が明確な土地活用手法である。

まとめとして·· *207*

資　料

1. 定期借地権設定契約約款の概要……………………………………………… *210*

2. 定期借地権設定契約書（戸建住宅・賃借権）………………………………… *215*

3. 定期借地権設定契約書（戸建住宅・地上権）………………………………… *222*

4. 定期借地権設定契約書（集合住宅・賃借権）………………………………… *227*

5. 定期借地権設定契約書（集合住宅・地上権）………………………………… *233*

6. 賃貸代理業務委託契約書……………………………………………………… *239*

7. 事業用定期借地権設定契約にかかる合意書………………………………… *241*

8. 定期借地権の賃料の一部又は全部を前払いとして一括して授受し
   た場合における税務上の取扱いについて（平成16年12月16日付国土企
   第14号照会／平成17年1月7日付課審1-1外回答）………………………… *248*

9. 定期借地権の賃料の一部又は全部を前払いとして一括して授受し
   た場合における相続税の財産評価及び所得税の経済的利益に係る
   課税等の取扱いについて（平成17年6月28日付国土企第2号）…………… *255*

10. 一般定期借地権の目的となっている宅地の評価に関する取扱いに
    ついて（平成10年8月25日課評2-8外（一部改正：平成11年7月26日課評2-
    14外））………………………………………………………………………… *260*

11. 定期借地権を活用した開発行為等により設置された道路の取扱い
    基準について（平成9年3月28日建設省経民発第13号）…………………… *263*

12. 定期借地権の設定による保証金の経済的利益の課税に係る平成23
    年分の適正な利率について（平成24年2月6日国土交通省土地・水資源局
    土地市場課）………………………………………………………………… *265*

13. 定期借地権付住宅の価格査定手法の検討に関する報告書—中古定借
    住宅の仲介に向けて（抄）（平成15年3月・定期借地権普及促進協議会）………… *266*

14. 災害公営住宅に係る定期借地権取得費用の考え方について（平成24
    年9月・(財)都市農地活用支援センター／定期借地権推進協議会）………………… *277*

定期借地権 Q & A

Q-1

事業用借地権の提案を受けていますが，提示されている保証金や地代の額が相場と比較して妥当かどうかの判断がつきません。なにか指標のようなものはありませんか？

A 特に定められたものはありません。

保証金等の一時金や地代の額は，基本的には，地主と借地人との合意によって決定されます。

もっとも，定期借地権付き住宅については，住宅としての実需であるため，一時金としては地価の 15〜25％前後，年額地代としては同じく 1％強くらいで設定されている事例が多く見受けられますが，中には一時金が地価の 10％未満のケースもありますし，30％を超えるケースもあります（➡V−⑧参照）。

また，事業用借地権等については，借地上の建物の収益性の如何によって，この金額はより大きく変化しますので，平均値で求めてもあまり意味がないといえます（➡Ⅵ−①参照）。

Q-2

定期借地権や事業用借地権等の一時金や地代の地価に対する標準利率を教えてください。

A 定期借地権については，法 22 条借地権にも，また法 23 条借地権にも，一時金や地代の地価に対する標準利率等の定めはありません。

(2)

　特に，事業用借地権等では，借地上の建物の収益性により借地人が支払える地代に大きなブレがあります。また，同じような収益性の建物であっても，地価の高い地区から低い地区まで様々な立地で成り立つ事業があります。

　こうしたことから，事業用借地権等の活用に際しては，標準利率等といった考え方ではなく，建物の収益性と建築費等を考えて検討すべきでしょう（➡Ⅵ-③参照）。

Q-3

定期借地権を使って公社の土地を分譲する予定です。定期借地権付き一戸建分譲住宅の事例をみますと，一時金として保証金を収受する仕組みが一般的なようですが，こうした考え方でよいのでしょうか？

A　定期借地権付き一戸建住宅での一時金は保証金が一般的です。

　ただし，一戸建住宅はすべて保証金でなければいけないということではありません。

　自治体等が定期借地権付き一戸建住宅を分譲する場合は，一時金として保証金ではなく権利金を収受しても，税金はかかりませんから，権利金方式のほうが有効ではないかと思われます。

　なお，保証金には建物解体費用の担保といった意味合いもありますので，こうしたことも勘案して検討してください（➡Ⅱ-⑦〜⑨参照）。

Q-4

定期借地権を利用した有料老人ホームを計画しており，地主は 30 年程度の期間であれば土地を貸してくれるといっています。法 23 条の事業用借地権を計画していますが，問題はありませんか？

定期借地権Q＆A (3)

A 　ご質問の内容はグレーゾーンです。というのは，法23条は，居住の用に供される建物は，「居住用賃貸」であっても，事業とは認めていないのです。

　有料老人ホームを居住目的の施設と考えれば，法が想定している事業の対象外となります。

　これは最終的には裁判所が判断する問題ですが，法23条の適用は難しいものと考えられます（➡Ⅰ-④参照）。

Q-5

フランチャイズでコンビニエンスストアーを出店する予定です。借地期間は15年程度を考えています。できれば店舗の上にフランチャイザーの住居を併設したいと考えていますが，なにか問題はありますか？

A 　事業用借地権は，「専ら事業の用に供する」必要があります。その事業の用には居住目的の建物は除外されており，たとえ建物の一部であっても居住の用に供する場合は，「専ら事業の用」ではなくなりますので，事業用定期借地契約は成立しません（➡Ⅰ-②，③参照）。

Q-6

法22条借地権を設定して建物を建築する予定です。地主と相談して，50年の借地期間を35年にしたいと思っていますが，大丈夫でしょうか？

A 　法22条借地権は，借地期間を50年以上とすることが要件となっていますから，たとえ地主が同意した場合でも，35年に短縮することはできません。

　そのため，この契約は，借地契約としては有効であるが定期借地権の特約

(4)

としては無効であると判断され，普通借地契約とみなされる可能性があります ので注意してください（➡ Ⅰ−⑥参照）。

Q-7

法22条借地権を期間50年に設定して一戸建住宅を 建築する予定です。将来，この建物は中古市場で売却で きますか？

A 定期借地権付きの中古住宅も実際に流通しています。

ところで，中古流通市場での販売の可否は，①立地に魅力があるか， ②建物が魅力的なものか，の二点が重要な要素になります。

二次流通まで視野に入れた物件を選択する場合は，購入時の物件の選択 と，その後の建物の維持が大きなポイントになるでしょう（➡ Ⅶ−①〜④参 照）。

Q-8

上記の質問の続きですが，中古市場での売却が困難な場 合は，中途解約も視野に入れる必要があると思います が，借地人の方から中途解約を申し入れることはできま すか？

A 原則としては，定期借地権では中途解約は想定されていません。

借地人からの申し出を認める中途解約条項がある場合を除いて，借地 人には中途解約を申し出る権利はありません。

もちろん，中途解約条項がなくても，地主の同意があれば中途解約はでき ますが，期間中に中途解約の可能性がある場合には，将来の紛争を防止する ためにも，あらかじめ契約の中に中途解約条項を取り入れておくべきでしょ う（➡ Ⅱ−②参照）。

Q-9
期間35年の事業用借地契約が満了するまでに、地主と借地人が合意をすれば、借地期間をさらに10年延長することはできますか？

 法の規定の範囲内であれば、借地期間をさらに10年延長することは可能です。

つまり、法23条1項借地権の借地期間は30年以上50年未満ですから、たとえば当初契約の35年を10年延長したとしても、45年の契約を締結したことと同じになりますので、この場合の合意は有効であると考えられます。

しかし、延長期間を20年としますと、当初の35年に20年を加算して全期間で55年となり、法23条1項が規定する50年未満を超えてしまいますから、そうした延長は違法となります（➡Ⅱ-⑫参照）。

したがって、その場合は、35年の期間満了で契約をいったん終了して、新たに期間20年の事業用借地契約を締結すべきでしょう。

Q-10
中古建物が建っている土地を定期借地で借りたいという人がいます。そこで、中古建物をその人に売却するとともに、期間50年の法22条借地権を設定する予定ですが、このスキームに問題はありませんか？

 このスキームは、中古建物の譲渡契約と、定期借地権の設定契約を同時に行うことで可能となります。

なお、建物の築年数にもよりますが、借地期間中に建替えが発生する可能性が高い場合には、契約の中でその措置等についても十分に取り決めておいたほうがよいでしょう。

(6)

Q-11

当社（デベロッパー）は期間53年の定期借地権付き一戸建住宅を分譲していますが，販売が不調で，借地権を設定してから4年が経過してもまだ売れ残りがあります。借地権の残存期間が49年しかありませんが，このまま分譲を続けても大丈夫でしょうか？

A ご質問の内容は，いわゆる転売方式の定期借地権分譲に該当します（➡V-④参照）。

この場合，地主との当初の契約が50年以上であれば，転売する時点で49年しか借地期間が残っていなくても（もちろん，販売政策上は50年以上の残存期間が残っているほうが良いでしょうが），そのことに関しては，法律上問題はありません。

Q-12

定期借地権付き一戸建住宅の販売を計画していますが，建売住宅は事業リスクが高いので，建築条件付きにする予定です。この場合，具体的にはどのようなスキームで検討すべきでしょうか？

A 定期借地権付き一戸建住宅の分譲にはいくつかの事業方式がありますが，よく用いられているのは転売方式と代理方式です。

転売方式はもとより，代理方式の場合でも，借地権設定代理人の建築条件付きで販売することには特に問題はありません。

ただし，建築条件付き販売には多くの注意点がありますので，十分にチェックをしてください（➡V-③参照）。

定期借地権 Q & A　　(7)

Q-13

賃貸住宅所有目的で事業用借地権を設定することはできますか？

A 事業用借地権の「事業」には賃貸住宅経営は含まれていませんから，できません（➡ I –②参照）。

Q-14

建物譲渡特約付き借地権を検討していますが，借地期間が終了したときに，地主は建物をいくらで買い取ればよいのでしょうか？

A ご質問の買取価格については，建物の残存簿価でよいとする考え方がある一方で，場所的利益を入れるべきであるという考え方もあります。

　実務上は，借地期間が終了した時点の建物の残存簿価等を基準にするということを，地主と借地人とであらかじめ契約書で合意しているケースが多いようです。

　この合意は，当事者間に信頼関係がある場合には問題はないと思われますが，そうでない場合には慎重に検討すべきでしょう（➡ I –⑩参照）。

I

定期借地権の基本

I－①

建物の用途と借地期間の違いによる
定期借地権の類型

定期借地権には，（一般）定期借地権，事業用定期借地権等，建物譲渡特約付き借地権の三つがある。

　定期借地権は，その用途，借地期間，特色等から，**表Ⓐ**のように分類できます。

　このうち，用途については，借地借家法（以下，「法」といいます）22条借地権および法24条借地権には特に制約はありませんが，法23条借地権は，「専ら事業の用に供する建物（居住の用に供するものを除く。）」（法23条1項）と規定されていることが最大の留意点です。

　また，借地期間は，法22条借地権は50年以上，法23条1項借地権は30年以上50年未満，法23条2項借地権は10年以上30年未満と規定されており，かなり複雑な構成となっています（平成19年に改正）。

　こうしたことから，定期借地権事業を検討する場合には，「借地上に建築する建物の用途は何か」および「必要な借地期間は何年か」ということを明確にしておく必要があります。特に，借地期間を比較的短く設定できる法23条借地権は活用されるケースが多いと思われますが，次項で述べるように，この法23条借地権は用途についての制約がかなり厳格に規定されていますので注意が必要です。

　また，法23条借地権のみならず法22条借地権に関しても，契約の手続きに厳格な定めがあることにも留意すべきです。

　すなわち，法22条借地権は，公正証書等の書面で借地期間を50年以上と定め，法律に定められた三つの特約を設定する必要がありますし，法23条借地権は公正証書で契約を締結しなければいけません。

　なお，参考までに，平成19年に改正されるまでの定期借地権は，**表Ⓑ**のように分類されていました。

　この二つの表からわかるように，改正前は法23条で規定されていた建物譲渡特約付き借地権が法24条となり，また法24条で規定されていた事業用借地権は，改正法では事業用定期借地権等として10年以上30年未満（法23条2項）の部分と30年以上50年未満の部分（同条1項）に分けて規定されています。

Ⅰ-① 建物の用途と借地期間の違いによる定期借地権の類型　*3*

《表Ⓐ：現行法による定期借地権の分類》

名　　称	条項（借地期間の定め）	用途の制約	契約様式	そ　の　他
（一般）定期借地権	法22条（50年以上）	制約なし	公正証書等の書面	次の三つの特約が有効。 ●契約の更新がない。 ●建物の再築による期間の延長がない。 ●建物の買取請求権を行使できない。
事業用定期借地権等	法23条1項（30年以上50年未満）	専ら事業の用	公正証書	同　　　上
	法23条2項（10年以上30年未満）			契約の更新がなく，建物の再築による期間の延長がなく，建物の買取請求権を行使できない。
建物譲渡特約付き借地権	法24条	制約なし	制約なし	

《表Ⓑ：平成19年の法改正前における定期借地権の分類》

名　　称	条項（借地期間の定め）	用途の制約	契約様式	そ　の　他
（一般）定期借地権	法22条（50年以上）	制約なし	公正証書等の書面	次の三つの特約が有効。 ●契約の更新がない。 ●建物の再築による期間の延長がない。 ●建物の買取請求権を行使できない。
建物譲渡特約付き借地権	法23条	制約なし	制約なし	
事業用借地権等	法24条（10年以上20年以下）	専ら事業の用	公正証書	契約の更新がなく，建物の再築による期間の延長がなく，建物の買取請求権を行使できない。

〈注〉　現行法における法23条2項（改正前の法24条）借地権は法22条借地権とは別になるため，「その他」の欄の記述が異なっています（Ⅰ-⑥参照）。

I −②

法 23 条借地権における建物の用途

「専ら事業の用に限られる」とは？

　定期借地権の中で，法 23 条借地権の活用を検討するケースは比較的多いといわれています。

　その理由としては，法律で規定されている借地期間が比較的短い（たとえば法 23 条 2 項では 10 年以上 30 年未満）ため，土地活用にかかる地主の抵抗感が少ないことをあげることができます。

　すなわち，法 22 条借地権は，最低でも 50 年間は他の用途に転用することができず，また期間の満了により土地が返還される時期が二代から三代くらい先になるため，地主が活用に抵抗感を持つ可能性が高いのに対して，10 年あるいは 20 年くらいの期間であれば，地主も先の見通しをつけやすいため前向きに検討することができます。

　ところで，法 23 条借地権では，前述の通り，建物の用途に制約があることに注意が必要です。

　具体的に述べると，「専ら事業の用」の解釈の如何により，借地契約の有効性について問題が生じる可能性があることを指摘することができます。

　「『専ら』とは他のものを排除するということで，事業用以外の用途に供する建物をまったく排除する」ものであり，「事業とは，反復継続して一定の目的を達成するための経済的，社会的活動を広く総称し，営利事業のみに限らず，公共，公益事業もこれに含まれる」が「居住の用に供するものは，たとえ事業用であっても除かれる」(注1) わけです。

　したがって，法 23 条借地権を利用して賃貸住宅を建築することはできませんが，実務上はこのあたりがあいまいになっているケースが多く注意が必要です。

（注 1）　澤野順彦著『定期借地権の法律相談』230 ページ，住宅新報社，1995 年

I−③

法23条借地権における建物の用途の例
―その(1)：住居併用建物―

居住用部分が一部でもあると問題あり。

法23条借地権について，具体的に考えてみましょう。

たとえば，次のようなケースでは注意が必要です。

(a)　賃貸住宅と貸事務所・貸店舗
　　のビル

6階	賃貸住宅
5階	賃貸住宅
4階	賃貸住宅
3階	貸事務所
2階	貸事務所
1階	貸店舗

(b)　自宅と貸事務所・貸店舗
　　のビル

6階	所有者居宅
5階	貸事務所
4階	貸事務所
3階	貸事務所
2階	貸事務所
1階	貸店舗

(a)は，3階までが貸店舗や貸事務所で，4〜6階が賃貸住宅の例です。

　容積率を最有効利用する場合に，たとえば図のような6階建て（階数は何階でも構いませんが）の建物の建築が可能であっても，全フロアを貸事務所や貸店舗で埋めることはできないものの，上層階は，賃貸住宅のニーズがあるケースや，オフィス立地においても住宅の付置義務があるようなケースが想定されます。

　結論からいえば，こうした建物を法23条借地権で建築することはできません。

　すなわち，「専ら事業の用」とは，居住用部分が一部しかない建物でも，その対象とはならないわけですから，よく注意してください。

　このことから，法23条借地権を利用して(b)のような建物を建築することもできません。すなわち，この例では，最上階の6階が居住用になっているからです。

　都心部においては，土地の有効活用をはかろうとして，こうした建物を建築する

ケースは少なくありませんが，法23条借地権を検討する場合には，十分に留意しなければいけません。

なお，インターネット等のサイト上で，住居スペースが一定割合以下で，主たる用途が事業用であれば，法23条借地権が認められるといった趣旨の解説がなされている例があると聞きますが，法律にはこのような定めは一切ありません。先ほども述べたように，「専ら事業の用」に供すると定めているだけで，例外は一切認められていないことに留意してください。

繰り返しになりますが，居住用の部分が一部でも併存する場合は，現行法では，法23条借地権の適用はありません。

なお，法23条借地権を設定して，最初は事務所ビルを建築したものの，その後，借地人がリノベーションをして一部を賃貸住宅に変更するケースが考えられます。

こうした場合は，地主がこれを契約違反として契約を解除し，それが認められれば，法23条の借地契約は終了するため問題はありません。

しかし，地主がこのことを知っても契約を解除しなかった場合は，どうなるのでしょうか。

これについては，法23条における「建物の限定は事業用借地権の成立要件と解されるので，事業用非居住用建物の所有目的で借地権が設定されればそれで事業用借地権として有効に契約は成立し，その後建物の種類や用途の変更がなされても，事業用借地権としての性格は変わらないと解すべき」(注2) という指摘がなされています。

なお，この論点も，確定判決等があるわけではありませんので，実際にこうした事態が生じた場合には専門家等と十分に協議する必要があるでしょう。

（注2） 澤野・前掲（注1）書233ページ

Ⅰ—④
法 23 条借地権における建物の用途の例
—その(2)：老人ホーム—

老人ホームの所有目的で法 23 条の定期借地権を設定することは可能か？

　定期借地権推進協議会で受ける質問の中で，老人ホーム等を所有する目的で定期借地権を活用したいという相談が増えています。この場合に問題となるのは，老人ホーム等を建築する目的で法 23 条借地権を利用することの可否です。

　少子・高齢化が進行するわが国では，老健施設の絶対数が不足していることから，今後はこうした施設の建築がいっそう増加するものと思われます。

　そこで，法 23 条借地権を設定してこうした施設を建築することが可能かどうかは大きな問題となります。

　まず，いわゆるデイケアー機能のみの施設，すなわち居住機能が一切ない施設の場合には，基本的には問題はないでしょう。

　しかし，高齢者専用賃貸住宅は文字通り賃貸住宅ですから，法 23 条借地権で建築することはできませんし，また，老人ホームの類（特別養護老人ホームや有料老人ホーム等様々な形態がありますが，ここでは，そうした居住型の老健施設を「老人ホーム」と呼ぶこととします）についても問題があるように思われます。

　すなわち，これら老人ホームに月額賃料を支払って入居する場合の契約は，建物賃貸借契約ではなく，施設利用契約等の形態をとるケースが多いと思われますが，明らかに居住用の施設です。

　前述の「専ら事業の用」からは，事業用であっても「居住の用」に供するものは除くとすれば，老人ホームは「居住の用」に供する施設ですので，法 23 条借地権によることはできないものと考えられ，老人ホームを建築するために定期借地権の設定を受ける場合には，法 22 条借地権または法 24 条借地権とすべきでしょう。

　なお，公的主体を対象とした定期借地権の調査の中で，特別養護老人ホームを対象とした事例が 12 件報告されていますが，この 12 件とも借地期間は 50 年以上に設定されています（Ⅵ-②（113 ページ）参照）。

8 I 定期借地権の基本

I—5

借地期間

住宅所有目的で100年の定期借地権が設定された事例もある。

　用途上でグレーゾーンの施設を所有する目的で定期借地権を設定する場合には，法23条借地権の適用には慎重でなければいけません。

　その点，法22条借地権には用途上の制約がないため，使い勝手は非常に良いのですが，一方で，「50年以上」とされる借地期間が問題となります（この期間については，「長過ぎる」と考える地主が少なくないためです）。

　ところで，定期借地権推進協議会に寄せられる質問で，「貸主と借主の双方が合意して，法22条借地権の借地期間を30年に設定したいのだが……」という相談を受けることがあります。

　質問者からすれば，契約当事者の双方が合意すれば問題はないのではないか，という発想によるものだと思われます。

　前項で述べた法23条借地権の建物用途についてもいえることですが，借地期間は法律で定められている内容ですから，法律が改正されない限り，いくら当事者双方が合意をしたとしても，その合意は法的には有効とはなりません。

　なお，法23条借地権の借地期間については，1項では30年以上50年未満，2項では10年以上30年未満と，その期間の下限と上限が定められています。

　一方で，法22条借地権については下限が定められているだけですから，理論上は100年の借地契約も可能ですし，極論を言えば，1,000年間の借地契約も可能です。

　実際に，住宅所有目的で100年の定期借地権を設定している事例も数は多くありませんが，存在しています (注3)。

(注3)　定期借地権普及促進協議会（定期借地権推進協議会の母体団体。平成16年解散）の会報にも，一戸建住宅で100年の定期借地権が設定された事例が報告されています。

Ⅰ－6

法 23 条借地権の
借地期間と特約の定め方の違い

なぜ，法 23 条には 1 項と 2 項の二つの規定があるのか？

　さて，ここで，法 23 条借地権が 1 項と 2 項の二つに分かれている理由を簡単に説明しましょう。

　借地借家法 3 条では，「借地権の存続期間は，30 年とする。ただし，契約でこれより長い期間を定めたときは，その期間とする」と定められています。

　このため，50 年以上の契約期間を定める必要がある法 22 条，および 30 年以上 50 年未満の期間で設定する必要がある法 23 条 1 項の借地権は，いずれも法 3 条の借地権について，法律の定める一定の要件を満たした場合の特約として有効になるという構成になっています。

　すなわち，法 22 条では，「契約の更新（……）及び建物の築造による存続期間の延長がなく，並びに第 13 条の規定による買取りの請求をしないこととする旨を定めることが<u>できる</u>」とされていますし，法 23 条 1 項でも，「契約の更新及び建物の築造による存続期間の延長がなく，並びに第 13 条の規定による買取りの請求をしないこととする旨を定めることが<u>できる</u>」と規定されています。

　これに対して，法 23 条 2 項の借地権の存続期間は 10 年以上 30 年未満と規定されています。すなわち，この借地権は法 3 条（借地期間 30 年以上）の範疇には入らない借地権となるわけです。こうしたことから，同項では，「第 3 条から第 8 条まで，第 13 条及び第 18 条の規定は，適用しない」と規定されているのです。

　実務においては，このような違いを十分に理解して契約書等を作成してください。

借地借家法

（借地権の存続期間）
第 3 条　借地権の存続期間は，30 年とする。ただし，契約でこれより長い期間を定めたときは，その期間とする。

I－7
三つの特約は，
必ず定めなければいけないのか？

一つの特約だけ外すことは可能か？

法 22 条借地権および法 23 条 1 項借地権では，

① 契約の更新がない

② 建物の再築による期間の延長がない

③ 建物の買取請求権を行使しない

という三つの特約を定めることができるとされています。

定期借地権の契約等をする場合には，この三つの特約すべてを設定するのが一般的です。

ところで，たとえば，このうちの二つの特約のみを設定した場合は，定期借地権の契約としてはたして有効かどうかということが，かつて借地借家法の制定時に議論されておりました。その具体的な議論は次のようなものです。

すなわち，《借地借家法の条項では，これらの特約を「定めることができる」とされているから，当然ながら，特約を定めないこともできる。もちろん，これら三つの特約を定めなければ，定期借地権ではなく普通借地権となってしまうため，「契約の更新はない」という特約と，「建物の再築による期間の延長はない」という特約は定めるものの，「建物の買取請求権は行使しない」という特約を外すことは可能であると解することができるのではないか》という議論です (注4)。

環境共生社会であるこれからの世の中を考えると，まだ利用可能な建物を，単に土地の賃貸借契約が満了したという事由によって解体してしまうことには大きな疑問を感じる人も多いと思います。

しかしながら，上記の議論には説得力があるとは思いますが，判例で確立されたものでない以上，あえて三つの特約のなかの一つを外した定期借地契約を設定することは実務上は疑問なしとはいえません。

実務上は，この三つの特約を付すものの，期間満了時の措置として，たとえば，建物の状況が良好である場合には，地主は無償で建物を譲り受けることができる旨

の特約を付すといった対応がよいのではないかと考えます。

（注4）　山野目章夫著『定期借地権論─定期借地制度の創設と展開』39 ページ，一粒社，1997 年

┌─ 借地借家法 ─────────────────────────────

（定期借地権）

第22条　存続期間を 50 年以上として借地権を設定する場合においては，第 9 条
　　及び第 16 条の規定にかかわらず，契約の更新（更新の請求及び土地の使用の継
　　続によるものを含む。次条第 1 項において同じ。）及び建物の築造による存続期
　　間の延長がなく，並びに第 13 条の規定による買取りの請求をしないこととする
　　旨を定めることができる。この場合においては，その特約は，公正証書による等
　　書面によってしなければならない。

（事業用定期借地権等）

第23条　専ら事業の用に供する建物（居住の用に供するものを除く。次項におい
　　て同じ。）の所有を目的とし，かつ，存続期間を 30 年以上 50 年未満として借地
　　権を設定する場合においては，第 9 条及び第 16 条の規定にかかわらず，契約の
　　更新及び建物の築造による存続期間の延長がなく，並びに第 13 条の規定による
　　買取りの請求をしないこととする旨を定めることができる。

2　専ら事業の用に供する建物の所有を目的とし，かつ，存続期間を 10 年以上 30
　　年未満として借地権を設定する場合には，第 3 条から第 8 条まで，第 13 条及び
　　第 18 条の規定は，適用しない。

3　前二項に規定する借地権の設定を目的とする契約は，公正証書によってしなけ
　　ればならない。

（建物譲渡特約付借地権）

第24条　借地権を設定する場合（前条第 2 項に規定する借地権を設定する場合を
　　除く。）においては，第 9 条の規定にかかわらず，借地権を消滅させるため，そ
　　の設定後 30 年以上を経過した日に借地権の目的である土地の上の建物を借地権
　　設定者に相当の対価で譲渡する旨を定めることができる。

2　前項の特約により借地権が消滅した場合において，その借地権者又は建物の賃
　　借人でその消滅後建物の使用を継続しているものが請求をしたときは，請求の時

└──────────────────────────────────────

12　Ⅰ　定期借地権の基本

にその建物につきその借地権者又は建物の賃借人と借地権設定者との間で期間の
定めのない賃貸借（借地権者が請求をした場合において，借地権の残存期間があ
るときは，その残存期間を存続期間とする賃貸借）がされたものとみなす。この
場合において，建物の借賃は，当事者の請求により，裁判所が定める。

3　第1項の特約がある場合において，借地権者又は建物の賃借人と借地権設定者
との間でその建物につき第38条第1項の規定による賃貸借契約をしたときは，
前項の規定にかかわらず，その定めに従う。

I−8 法23条借地権の契約手続き

「合意書」に基づいて公正証書の契約を締結する。

　まず，法23条借地権ですが，これは1項，2項ともに，公正証書で契約書を作成しなければいけません。

　そのため，借地契約の内容が確定した時点で，地主（貸主）・借地人（借主）間で，「事業用定期借地権の設定契約にかかる合意書」（名称は特に決められていません）を作成し，この「合意書」に基づいて公正証書の契約を締結する手続きをとることが一般的です。そのため，法23条借地権は，公正証書の作成日以降から契約がスタートすることになります。

　なお，たとえば，公正証書を「○○年1月15日」に作成したとして，その日から効力が始まるとすることもできますし，契約書の作成日は1月15日ですが，2月1日から契約が開始するとすることも可能です。

　このように，契約の効力は公正証書の作成日または公正証書で定められた日となりますが，「事業用定期借地権の設定契約にかかる合意書」の内容が，ほぼそのまま公正証書の契約に継承されますから，この「合意書」の内容が重要になります。

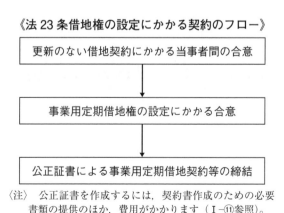

《法23条借地権の設定にかかる契約のフロー》

〈注〉　公正証書を作成するには，契約書作成のための必要書類の提供のほか，費用がかかります（I−⑪参照）。

I　定期借地権の基本

I-9
法22条借地権の契約手続き
できるだけ公正証書で契約したほうがよい。

　次に，法22条借地権ですが，この契約書は公正証書等の書面で作成すればよい
ことになっていますから，法23条借地権のように公正証書による契約が義務付け
られていません。すなわち，通常の書面による契約でもよいわけです。

　そのため，契約書の作り方としては，次のように三つの考え方があるでしょう。

①　法23条借地権と同様に，当面は「合意書」を交わしておき，後日，公正証
　書で契約書を作成する。

②　書面で契約書を交わしておき，後日，その契約書をベースに公正証書も作成
　する（この場合，最初の契約書で定期借地権は有効に成立します）。

③　書面で契約書を交わすが，公正証書は作成しない。

　なお，契約書の保存ということと，公正証書の場合は契約当事者の前で公証人が
契約書の内容を確認してくれますから，可能であれば公正証書は作成すべきでしょ
う。

《法22条借地権の設定にかかる契約のフロー》

法22条借地権の設定にかかる基本的な合意

法22条借地権の設定にかかる合意書を作成する。

書面で法22条借地権の設定契約を締結する。

①公正証書で契約する。

②公正証書も作成する。

③公正証書は作成しない。

I—⑩

法24条借地権の契約手続き
建物の買取価格をどう決めるかが難しい。

　最後に，法24条借地権ですが，この契約の具体的な手続きについては，借地借家法には特に定められていません。

　ということは，極論をいえば，口頭による双方の合意でもよいわけですが，一般には，書面により契約を交わすことになります。

　具体的には，借地契約のなかで，建物の将来の売買予約等を特約とする手法が考えられます。

　つまり，借地契約から30年が経過したある日に地主が建物を買い取ることにより借地権が消滅する内容とするか，または30年以上が経過した時点で地主が予約完結権を行使して土地を買い取ることで借地契約を終了させるか，等の手法が考えられます (注5)。

　ところで，法24条借地権では，借地権の設定後30年以上が経過した日に借地権の目的である土地上の建物を借地権設定者に相当の対価で譲渡する旨を定めることができる，と規定されています。

　そのため，法24条借地権の最大の問題点は，この場合の「相当の対価」をどのように考えるかということになるでしょう。

　借地人が法13条の建物買取請求権を行使する場合の買取価格には，建物そのものの価格に場所的利益が含まれるとされていますが，法24条借地権の「相当の対価」には，「建物の建築費または取得価格から減価償却費を差し引いた金額という意味なのか，それとも旧法にいういわゆる場所的利益を建物自体の価格に加えたものなのか議論の分かれるところ」です (注6)。

　法の趣旨から考えれば，場所的利益を含めるべきではないとも考えられますが，この点については，将来，訴訟等で問題になる可能性があるでしょう。

　現状では，法24条借地権は，大手のハウスメーカー等が地主から土地を借り受けて，自らが賃貸住宅を経営するケースで利用されている例が多いようです。

16　I　定期借地権の基本

　これらのケースでは，借地権を設定してから30年または35年が経過した時点で，当初の建築費の5〜10％に相当する金額で地主が建物を買い取ることによって借地契約が終了する旨を定めています。

　この場合，貸主（地主）からすれば，借主（借地人）は大手ハウスメーカーであるという信頼感があり，契約書で定めた事項は守ってくれることを確信できるため，安心して事業に取り組んでいるようです。

　なお，法24条借地権は定期借地権に分類されていますが，法22条および法23条借地権は，借地人が借地期間満了時に建物買取請求権を行使できないことから，いわゆる「更地返還」が原則とされているのに対し，地主が建物を買い取ることにより借地権が消滅することが最大の特色です。

　そのため，法24条借地権は，普通借地契約の特約として利用することができるほか，法22条借地権や法23条1項借地権を設定して，さらにその特約として設定することも可能です（I-⑫参照）。

　地主の土地利用の目的等に応じていろいろな工夫の余地があると思われます。

　最後に，法24条借地権の契約に際しての留意点をいくつかあげてみます (注7)。

①　借地上の建物が借地期間中に消滅し，借地人が建物を再築した場合は，再築後の建物も譲渡の対象とする契約にしておく必要があります。

②　地主が法24条借地権の底地を第三者に譲渡した場合は，土地の譲受人は建物の譲受人の地位も承継できるとする契約にしておく必要があります。

③　地主が建物に所有権移転の仮登記等を経由しないうちに，借地権者が建物に抵当権設定の登記をすると，後に建物を譲り受けても借地権が予定通り消滅しない可能性があります。

(注5)　稲本洋之助・山野目章夫編『コンメンタール借地借家法』162ページ，日本評論社，1993年，澤野・前掲（注1）書193ページ

(注6)　サテライト・コンサルティング・パートナー編『定期借地権と定期所有権―評価・税務・法律と活用事例』41ページ，ダイヤモンド社，1995年

(注7)　『定期借地制度の研究』175ページ，（財)日本住宅総合センター，1994年

I－⑪

公正証書の作成

公正証書の作成には，2人の立会人が必要。

公正証書の作成には，次表のような費用（手数料）がかかります。

《公正証書の作成費用（手数料）》

目的の価額	手　数　料
100 万円以下	5,000 円
100 万円超 200 万円以下	7,000 円
200 万円超 500 万円以下	11,000 円
500 万円超 1,000 万円以下	17,000 円
1,000 万円超 3,000 万円以下	23,000 円
3,000 万円超 5,000 万円以下	29,000 円
5,000 万円超 1 億円以下	43,000 円
1 億円超 3 億円以下	43,000 円＋5,000 万円毎に 13,000 円を加算
3 億円超 10 億円以下	95,000 円＋5,000 万円毎に 11,000 円を加算
10 億円超	249,000 円＋5,000 万円毎に 8,000 円を加算

　なお，賃貸借契約の公正証書の作成費用（手数料）は，「年額賃料×契約年数×2」で求めた額となりますが，契約年数が10年を超える場合は「年額賃料×10×2」で算定します。

　つまり，定期借地権の場合は，法23条2項借地権でも最低の契約年数は10年ですから，一律，「年額賃料×10×2」の算定式で求めることとなります。

　また，この作成費用は契約関係の諸費用となりますから，一般には地主と借地人が折半で負担すべきですが，契約で別の取決めをすることもできます。

　定期借地権の設定契約を公正証書で作成する場合は，契約のもととなる合意書等

の書面や土地の登記簿謄本，契約当事者の印鑑証明書等を用意します（この際に必要な書類は，公証役場に事前相談の予約を入れるときに，公証人に確認すればよいでしょう）。

そして，決められた日時に契約当事者が実印をもって公証役場に出向き，公証人がこれらの書面に基づいて当事者に対して契約の内容を確認したうえで，契約当事者が公正証書に署名・押印をしたうえで公証人も署名・押印をします。

以上の流れをフローチャートにすると，次のようになります。

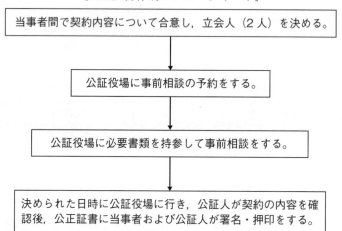

I−⑫
法22条借地権と法24条借地権の組み合わせ

法24条借地権を他の定期借地権と組み合わせる手法もある。

　法24条借地権の活用事例は，法22条や法23条の借地権と比べると，それほど多くはありません。

　しかしながら，法24条借地権には，契約から30年が経過した後に地主が建物を買い取ることにより借地契約を終了させることができるという期間的な魅力と，法23条借地権のような建物用途の制限がないということから，この借地権による土地活用を検討したいという地主のニーズは実際には決して少なくありません。

　ところで，法24条借地権を検討してみたが，結果的には断念せざるをえなかったという人の話を総合しますと，次のように二つの大きな理由が考えられます。

　その一は，前述のように，30年以上が経過した時点で建物をいくらで買い取るべきかがあいまいであるということです（仮に契約当初にその買取価格を約定したとしても，30年後にその約定価格が適正かどうかをめぐって，地主と借地人との間で紛争が生じる可能性も考えられなくはありません）。

　その二は，30年が経過した後に地主に建物を買い取る資力がはたしてあるかどうかが不明であるということです。

　この二つが，法24条借地権の利用を地主が躊躇する大きな理由であると思われます。

　なお，借地人が信用できる個人あるいは法人（将来，買取価格で紛争が起きないと思われるため）であれば，契約書で30年経過後の建物の買取価格をいくらにするかを約定しておけば，その一の問題には対応できると思われます。

　しかし，その二の地主の買取資力については，現時点で対応することは困難です。もし30年経過後に地主が建物を買い取ることができない場合は，その借地契約を終了させることはできません。

　その対策として，たとえば法22条借地権で期間50年の借地契約を設定するときに，契約後30年以上が経過した時点で地主が建物を買い取ることによって借地契

約を終了させるという特約を交わす手法が考えられます。

　この手法をとれば，借地権の設定から30年が経過した時点で地主が建物を買い取って借地契約を終了させることができますし，さらに，何らかの事情で地主が建物を買い取ることができなかった場合でも，その時点から20年が経過すれば（その時点では，50年の定期借地権を設定してからすでに30年を経過しているため）借地契約は終了しますから，地主が建物を買い取れないというリスクを補完することができます。

　なお，法22条借地権と法24条借地権とを組み合わせた事例として，千葉大学の小林秀樹教授が提案されている「建物譲渡特約付き定期借地権」があります。

　「つくば方式」と呼ばれているこの手法の概要は下図の通りですが，詳細については小林教授の著作等を参照してください(注8)。

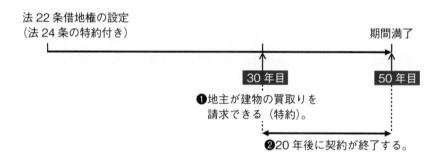

❶　30年以上が経過した時点で地主が予約完結権等を行使することにより，定期借地上の建物を買い取ることができる。
❷　仮にこの時点で地主が建物を買い取らない場合でも，20年が経過した時点で定期借地契約は終了する。

（注8）　小林秀樹・竹井隆人・田村誠邦・藤本秀一著『スケルトン定借の理論と実践―完全解説つくば方式マンション』学芸出版社，2000年

I-⑬
期間の満了で本当に定期借地契約は終了するのか？
期間の満了によって借地契約が終了した事業用借地権の事例による検証。

　定期借地権が誕生したころに，「法律では，期間の満了とともに借地契約は終了すると定められているが，本当に定期借地契約は問題なく終了するのか？」ということが議論されていました。

　これは，旧借地法による借地権も，基本的には期間が満了したら契約は終了する仕組みであったものの，その後の法制等により，結果的には借地人が望む限り半永久的に土地を借り続けることができる権利となってしまったこと等から，このあたりの手続きがはたして円滑に進むか否かが危惧されたためです。

　ところで，現在，事業用借地権については，期間の満了によって借地契約が終了した事例がいくつも報告されています。

　この事実をもって，法22条借地権もすべて円滑に終了することを保証するものではありませんが，少なくとも契約が適法になされ，その後の運用面でも問題のないケースでは，仮に借地人が引渡しを拒む事態が生じたとしても，期間の満了により定期借地契約は法的に終了したと判断されることは確実でしょう。

　次ページに，事業用借地権を利用してつくられた比較的著名な施設の期間満了の状況について例示します。この中で①～④は，著者が現地を確認し，また登記簿も閲覧しました。

　①と⑤は，当初の借地期間が2年ほど延長する契約の更改がなされたものの，延長期間の満了により契約は終了しています。特に⑤は，報道によると，地元で非常に人気のある施設であったことから，利用者から施設の存続を願う声が大きかったため，借地人と地主が協議したうえで2年ほど期間を延長する形で契約を更改したものの，延長後の期間満了では契約が終了し明渡し等も終わっているようです。

　逆に，詳細は不明ですが，②は，期間満了の3か月前に契約が合意解約されています。

　また，④は，コメントにもあるように，当初の借地契約が期間満了で終了するま

22　　I　定期借地権の基本

《事業用借地権を利用してつくられた施設の期間満了の状況》

	所在地	用　途	設定・終了の状況等
①	東京都港区	クラブ（ディスコ）	平成 5 年 12 月　1 日：借地権設定（期間 11 年） 平成 11 年　4 月　1 日：借地権の存続期間を 13 年に変更 平成 19 年 11 月 30 日：期間満了 （現在は，従前建物は解体され，別の建物が建っている）
②	東京都渋谷区	大型商業施設	平成 10 年 11 月 19 日：借地権設定（期間は平成 22 年 7 月 1 日まで） 平成 22 年　3 月 31 日：借地契約解約 （現在は，従前建物は解体され，別の建物が建っている）
③	東京都港区	大型商業施設	平成 10 年 11 月 30 日：借地権設定 平成 22 年　5 月　1 日：期間満了 （本書執筆時点では，更地になっている）
④	千葉県千葉市	大型商業施設	平成 11 年に期間 15 年の事業用借地契約を締結 平成 26 年 11 月に期間満了 （なお，期間満了後の新たな土地利用者について，地主が公募したところ，コンペの結果，最終的に従前の借地人が新たな契約者として選定され，期間 20 年の事業用借地契約を締結することとなった旨報道されている）
⑤	宮城県仙台市	コンサートホール	平成 12 年　8 月：期間 10 年の事業用定期借地契約を締結 平成 22 年　7 月：借地期間を 12 年に変更 平成 24 年　7 月：期間満了により終了

えに，地主が契約終了後の土地の借主を公募したところ，従前の借地人がコンペの上で再選定され，新たに借地契約が交わされているようです。

I−⑭
普通借地契約を
定期借地契約に変えられるか？

このような更改は法的には無効。

　地主の方から，「普通借地契約の更新にあたって，現状の旧法借地契約を定期借地契約に変えたいのだが……」という相談を受けることがあります。

　結論からいえば，このような契約は，法的には無効です。

　地主と借地人の双方が合意をして普通借地契約から定期借地契約に変更する場合には，まず当事者間で従前の借地契約を合意解約して，新たに定期借地契約を締結するようにすれば，理論上は可能です。

　なお，この方法は法的には可能ですが，普通借地契約を合意解約した場合，地主はその解約によって利益を得るとみなされる可能性があります。

　すなわち，普通借地契約が解約されることにより，従来は底地権相当の権利しかもっていなかった地主は土地全体の権利を有することになるため，借地権の消滅により上昇した土地の評価相当額が「所得」とみなされる可能性があるわけで，この場合には，この部分で得た利益相当分が課税対象とされてしまいます。

　そのため，こうした手続きをする場合には，法律上だけではなく，税務上の観点からも十分な検討が必要でしょう。

Ⅱ

定期借地契約の基本

Ⅱ ― ❶

定期借地権の法的な位置付け

民法の特例法として制定された借地借家法。

　民法は，地上権（265条～269条）および賃借権（601条～621条）について規定していますが，これらのうち建物所有目的の地上権および土地の賃借権についての民法の特例法として制定されたものが借地借家法です。

　ですから，建物所有目的以外，たとえばソーラーパネル（構築物）を設置する目的で賃借権を設定するような場合は，借地借家法に規定する借地権には該当しません。

　次に，借地借家法に規定する借地権の中で一定の要件を満たした場合には，法22条借地権や法23条1項借地権のように普通借地権の規定の一部が適用されなくなり，契約期間の満了で終了する借地権となります。

　なお，法23条2項借地権は，前述のように，普通借地権とは別に規定された借地権と考えられます（Ⅰ-⑥参照）。

　定期借地権事業を計画するときは，このような「民法・借地借家法・借地借家法の中における定期借地権」という関係をよく理解しておく必要があります。

民法上の地上権および土地の賃借権

建物所有目的の地上権および土地の賃借権
（借地借家法）

| 22条，23条1項，24条 | 23条2項 |

Ⅱ-① 定期借地権の法的な位置付け　　*27*

このようなことを念頭に入れて，仮に定期借地権の設定契約が無効であった場合の取扱いについて考えてみましょう。

まず，借地契約としては有効であるものの，定期借地権の特約の部分について無効であるような場合です。

これは，たとえば，法22条借地権において借地期間を50年未満で設定している場合や，あるいは居住用建物の所有を目的として法23条借地権を設定したような場合ですが，その契約が借地契約として有効である場合には普通借地契約とみなされてしまいます。

そうなると，このような場合には，地主はその契約をあくまで定期借地契約だと信じて期間の満了を迎え，借地人に対して原状回復のうえ土地を明け渡すように申し立てた場合に，借地人から，「この契約は定期借地権としては無効であるから，普通借地権だ」と主張されるような事態が発生することも考えられます。

また，同じようなケースでも，契約そのものが無効であると借地人が主張することもあるでしょう。

上記のような紛争が現実に生じているわけではなく，あくまでも理屈の上での話しですが，こうしたことを考えますと，定期借地権の設定時には，法の趣旨を十分に理解し，間違いのない契約を締結することが不可欠であり，そのためにも，契約に際しては専門家等との十分な協議が必要となります。

▶普通借地上に転借地権として定期借地権を設定できるか？

仮定の話ですが，地主Aの土地にBが期間30年で普通借地権を設定した後，地主の承諾を得た上で，借地権者BがCとの間で期間20年の事業用転借地契約を設定することはできるでしょうか？

あくまで筆者の個人的な見解ですが，これは可能ではないかと考えます。

その理由は，そもそもこうした行為を禁じる規定はありませんし，事業用借地期間も普通借地権で設定された借地期間内におさまりますので可能かと思います。

もっとも，この点は筆者の個人的な見解にすぎませんので，具体的な計画に際しては弁護士等の専門家と十分に協議をして検討するようにしてください。

28　Ⅱ　定期借地契約の基本

借地借家法

（趣旨）
第1条　この法律は，建物の所有を目的とする地上権及び土地の賃借権の存続期間，効力等並びに建物の賃貸借の契約の更新，効力等に関し特別の定めをするとともに，借地条件の変更等の裁判手続に関し必要な事項を定めるものとする。

（定義）
第2条　この法律において，次の各号に掲げる用語の意義は，当該各号に定めるところによる。
　一　借地権　建物の所有を目的とする地上権又は土地の賃借権をいう。
　二　借地権者　借地権を有する者をいう。
　三　借地権設定者　借地権者に対して借地権を設定している者をいう。
　四　転借地権　建物の所有を目的とする土地の賃借権で借地権者が設定しているものをいう。
　五　転借地権者　転借地権を有する者をいう。

Ⅱ-②

中途解約

特約がない限り，借地人は中途解約はできない。

　一般に借地契約においては，特約の内容の如何にかかわらず，地主の側から中途解約を申し出ることはできません。これは，定期借地契約の場合でも同様です。

　さて，定期借地権の場合は，借地人は，借地人としての義務を果たしている限り，期間が満了するまでは土地を使用収益する権利を有していることになります。

　ところで，定期借地人は，地主に対して当然に中途解約を求める権利を有しているのでしょうか。

　結論からいえば，借地契約に中途解約の条項がないかぎり，借地人には地主に中途解約を申し入れる権利はありません (注9)。

　もちろん，この場合でも，借地人の申し出に地主が合意をすれば中途解約は可能ですが，借地人に中途解約を求める事由が発生する可能性がある場合には，借地契約に際して，あらかじめ次のような中途解約条項を入れておくべきでしょう。

> 借主が貸主に対して書面により定期借地契約を解約する申出をしてから〇か月後に，この契約は終了するものとする。

　なお，一時金を「保証金方式」としている場合には，中途解約時に地主は借地人に保証金を返還しなければなりません（Ⅱ-⑦参照）。

　しかし，地主がその保証金を他に運用している場合は，換金に時間がかかる場合が多いでしょうし，そうでない場合でも，地主側としては，返還された土地の次の活用策を検討する期間が必要となるでしょう。

　こうしたことから，前述のように，「中途解約は認めるが，借地人からの解約申出から一定期間後に契約を終了させる」旨の特約とすべきでしょう（住宅所有目的の法22条借地権の場合は，「6か月後」または「1年後」に契約が終了すると規定しているケースが多いようです）。

30　Ⅱ　定期借地契約の基本

　なお，中途解約条項を入れる場合には，解約の際の原状回復の措置等について，別途取り決めておく必要があります（Ⅱ-④，Ⅲ-④参照）。

　また，地主としては，長期安定的な土地活用を目指して定期借地権事業をするわけですから，借地人が中途解約権を行使できる時期について，「借地人は，借地契約後〇〇年間は中途解約権を行使できない」とする特約を設定することも可能です。

　いずれにしても，これについては，地主と借地人の双方の事情をよく斟酌して決定すればよいでしょう。

（注9）　サテライト・コンサルティング・パートナー・前掲（注6）書100ページ

Ⅱ—❸

地代の改定

地代改定の計算式は，合理的なものにしたほうがよい。

　定期借地契約では，地代の改定にあたって次のような計算式を設定するケースが多いでしょう。

　法11条の地代等増減請求権は法16条による強行規定とはされていませんが，一方で，地代を減額しない旨の特約があっても減額請求はできると解されているようです（注10）。

　そうした意味で，地代の改定にかかる取決めは難しいのですが，この計算式については，契約書に記載されていることと，契約条項に従って過去に地代の改定が度々実施されていること等を理由として，その地代の改定は有効であるとする下級審判決が出ているようです。

《定期借地契約でよく用いられる地代改定の計算式》

改定後の年額地代＝（従前の地代－従前の地代決定時の公租公課）×改定率
　　　　　　　　＋地代改定時の公租公課

　なお，「改定率」は，従前の地代決定時の消費者物価指数と地代改定時の消費者物価指数との比率としている例が多いようです。

　もっとも，総務省統計局から発表される最新の消費者物価指数は常に数か月のタイムラグがありますから，契約書の作成にあたっては，それを斟酌した表現にしたほうがよいでしょう。

　地代の改定に際しては，契約書では，「○年ごとに地代を改定する」と定めているだけの場合が多いようです。これはこれで別に問題はありませんが，一つ提案があります。

　すなわち，固定資産税の納付書は，一般に毎年4〜5月頃に地主に届きますので，

32   Ⅱ　定期借地契約の基本

地代改定の時期は，借地契約を締結した月ではなく，6月1日または7月1日に設定しておいたらどうでしょうか。

　この考え方を採用されるのであれば，たとえば，地代改定の条項を，「第1回目の地代改定は〇〇〇〇年7月1日とし，以後，〇年ごとに改定をする」等と定めておけばよいでしょう。

　（注10）　星野英一著『借地・借家法』249 ページ，有斐閣，1969 年

Ⅱ-④

期間満了時の措置

契約書に「原状回復の定義」を明記しておいたほうがよい場合もある。

　定期借地権の契約書には，一般に，「期間の満了時に原状回復をする」旨の特約が入っています。

　原則としては，この通りの表現でよいと思いますが，場合によっては，「原状回復の定義」などを契約に入れておいたほうがよいこともあるでしょう。

　一例として，地主が提供した宅地には水道や下水等が引き込まれていないことから，借地人が水道の引込みや下水等の最終枡を設置した場合には，単に原状回復とすると，それら全ての撤去になろうと思われますが，それらのインフラについては原状回復の対象外とするケース等が考えられます。

　加えて，地盤の軟弱な地域等で杭を打って建物を建てた場合，原状回復の際にその杭を全部撤去するのか，それとも地表から一定の深さまでの杭の撤去ですませるのか，等といったことも契約書に規定しているケースもあります（Ⅲ-④参照）。

　なお，借地人が設置した施設を無償で地主に引き渡すようなケースでは，その評価額次第では「贈与税」等の課税対象となる場合があるかもしれません。

　そのため，期間の満了時に借地人が設置した施設等を無償あるいは低額で地主に譲渡することを特約で決めている場合には，あらかじめ税務面からの検討もしておくべきでしょう。

　そのほか，定期借地権付き一戸建住宅では，建物工事代金の中に盛り土工事等の二次費用が含まれているケースがあり，この場合の原状回復とは，盛り土を搬出して元の状態に戻すことなのか，あるいは建物等土地上の構築物の収去のみなのか，後日解釈に苦しむ場面が出てくる可能性もあるでしょう。

　また，特に定期借地権付きマンション等のように，かなり堅牢な建物で，期間の満了時における建物の状態によっては，建物を解体せずにそのまま活用するほうが有利であると判断される場合には，地主にその建物を無償で譲渡できるような特約を入れるケースも考えられます。このあたりも，契約に際しては，様々な検討の選

択肢となるでしょう。

　なお，原状回復を求める場合には，その解体費用をどのように担保するかということも問題となります。

　定期借地権の設定契約において，一時金としてまとまった保証金を預託する場合には，地主がその保証金の範囲で建物を解体し，残金を借地人に返還するという選択肢も考えられますが，保証金以外の選択をする場合には，この方法をとることはできません。

　さらに，マンションのように借地人が多数になる場合は，管理組合で解体積立金等の仕組みをつくっておくことも必要でしょう。

　定期借地権の場合は，期間の満了時に建物を解体して更地で返還することが一般的に行われますが，この点について問題視されるケースが多く生じます。

　具体的には，「借地人の費用負担が過大になる」，または「これからの時代は建物を長く使うことが必要である」等の議論です。

　もちろん，後者の議論はその通りですので，期間の満了時には必ずしも更地・解体だけではなく，契約上は様々な措置が講じられる選択肢を考えておくべきです。

　しかし，一方で，地方の郊外住宅地では空き家等が問題となっていますし，ロードサイドでもテナントがいなくなったまま，長年空室となっている貸店舗等を見ることも少なくありません。

　廃墟になった建物でも解体をするには一定の費用がかかるため，所有者もなかなか解体に踏み切れない事情がありますが，一方で廃墟がそここに存在する状況は，街づくりにとって決して望ましいことではないでしょう。

　定期借地権の更地返還方式が万能というわけではありませんが，建物の寿命が尽きたときに，その処理をどうするかを建物を建築するときにあらかじめ考えておく必要があるかもしれません。定期借地権にかかる議論のなかで，所有権についてもいろいろな場面で考えさせられます。

Ⅱ─❺

増改築承諾，名義書換え承諾等

定期借地権では，承諾料をとらないとするケースが少なくない。

　定期借地権においても，借地人が借地上の建物を増改築する場合や，特に地上権ではない賃借権の定期借地権の場合で借地権付き建物を第三者に売却する場合には，地主の承諾が不可欠です。

　借地借家法は，地主が増改築を承諾しない場合でも，増改築によって地主に特段の不利益が生じない場合には，借地権者の申立てにより，裁判所は，借地権設定者の承諾に代わる許可を与えることができるという規定を設けています（法17条2項）。

　そのため，たとえば，「借主が建築基準法等の法律を遵守した増改築を行う場合には，貸主はこれを承諾する」という定めをあらかじめ契約に入れておく方法も考えられます。

　なお，その際に借主（借地人）は貸主（地主）に承諾料を支払うのか否かについても明記しておいたほうがよいでしょう。

　定期借地権は期間の満了で終了する借地権であり，普通借地権のように借地人が希望すれば半永久的に土地を利用し続けることができるものではないため，一般に，承諾料をとらないか，あるいはとるとしても低額とすることが望ましいといわれています。

　しかし，現実には，建物の再築や譲渡・転貸の際には承諾料をとるとしている契約もあります。この問題については，事業化の時点で十分に検討することをお勧めします。

　また，借地人が建物を増改築する場合には，その費用を銀行等の金融機関から借り入れる場合が少なくありませんが，そのような融資を受けるときには，一般に，金融機関から「土地所有者の承諾書」の提出が求められます。

　実務上はこの「承諾書」をめぐって紛争が生じるケースもあるため，この点についても契約書に明記しておいたほうがよいでしょう。

II－6

地上権とするか，賃借権とするかの選択
地上権には，抵当権が設定できる。

　借地借家法上の借地権は，地上権で設定することも，あるいは賃借権で設定することもできます。定期借地権も同様に，地上権で設定することも，あるいは賃借権で設定することも可能です。

　ところで，同じ借地権ではありますが，地上権と賃借権とでは，どのような違いがあるのでしょうか。

　民法の規定では，地上権は物権であるのに対して，賃借権は債権にすぎないため，その効力には大きな違いがあります。

　しかし，借地借家法においては，それぞれは建物所有目的の借地権であることは同じですから，その違いを極力少なくするような措置が講じられており，借地権（定期借地権）を設定する場合には，結果として，地上権の場合と賃借権の場合とでは大きな違いは生じていません。

　ただし，次のような違いがあることに留意してください。

① 　地上権は地主の承諾がなくても譲渡・転貸ができますが，賃借権は原則として地主の承諾が必要です。

② 　地上権には抵当権が設定できますが，賃借権には抵当権が設定できません（もちろん，借地上の建物には抵当権の設定は可能です）。

③ 　地上権には必ずしも地代の支払義務はありませんが，賃借権は地代の支払いが成立要件とされています。

　このうち，③が問題となることはそれほどありません。その理由は，土地を貸したあとも地主は固定資産税を支払わなければなりませんから，地上権で土地を貸す場合でも，一般には地主は地代を収受するためだからです（次ページのコラム参照）。

　しかし，特に②については，金融機関が定期借地権付き建物の購入者に融資を実行する場合には大きな違いとなる可能性があります。

II-⑥　地上権とするか，賃借権とするかの選択　　*37*

また，少なくとも借地人にとっては，①については，地上権のほうがメリットは大きいでしょう。

なお，国土交通省の土地・水資源局土地市場課の調査では，賃借権型および地上権型それぞれのうちの一戸建住宅所有目的の場合とマンション所有目的の場合の割合は次表のようになっています。

	一戸建住宅		マンション	
賃借権型	3,042 団地	92.5%	124 物件	35.3%
地上権型	248 団地	7.5%	227 物件	64.7%

〈注〉　「平成 21 年定期借地権付住宅実態調査」国土交通省土地・水資源局土地市場課。なお，一戸建住宅は団地単位，マンションは供給物件単位であり，戸数ではありません。

　地上権型の定期借地権で権利金等の一時金を借地権の設定時に取得するのみで，その後は月額地代の収受がない定期借地権付きマンションの事例がありますが，地主が公租公課の支払いをどのようにしてまかなっているかは不明です。

①　**権利金一括払い方式マンション**：土地所有者が外国大使館の場合による土地の有効活用の例です。

②　**地代一括払い方式マンション**：地代の全額を一括払いしている例があります。このケースでは，厳密には，地代の支払いはありますが（借地権設定時に一括払いをしているにすぎません），月額払い分がないということは，①と同様に，公租公課の支払いの問題があります。

　なお，この事例以外に，東日本大震災の復興に際して，災害公営住宅用地を確保するために定期借地権が利用されたケースにおいて，地上権型の定期借地権を締結する方向で地代一括払い方式を採用した事案があります（IX-⑧参照）。

Ⅱ-❼

保 証 金

保証金は預かり金であるから，借地期間の満了時には借地人に返さなければいけない。

定期借地権を設定する場合の一時金は，一般に，「保証金」「権利金」「前払い地代」等に分類されます。

または，これらを併合する，すなわち，「保証金＋権利金」や「権利金＋前払い地代」等のケースも存在します。

定期借地権の設定時に一時金を支払うことは必ずしも法律要件とはなっていませんが，一般には何らかの形で一時金を収受するケースが多いようです。

また，いくつかの種類がある一時金の中でどの方式を採用するかについても，法律等で特段の決まりがあるわけではなく，契約の中で当事者双方で自由に決めることは可能です。

もっとも，いずれの一時金を採用するかで，特に地主の側では課税問題等を中心に効果が異なるほか，長所や短所等もありますから，それぞれの特色をよく理解して一時金の方式を決定しなければいけません。

＊　　　　　　＊　　　　　　＊

保証金は借地人が地主に預託する金銭であり，借地期間の満了時に地主は借地人に返還する必要があります。

この場合，保証金の返還時には利息を付すことも可能ですが，一般には無利息で返還することから，地主は借地期間中は運用益を収受することができます。

特に法22条借地権の場合は，借地期間は50年以上となるため，地主は長期にわたる運用が可能となります。

さらに，保証金は預かり金ですから，その預託を受けた時点では課税の問題は発生しません。

地主にとってのメリットは，受領時に税金が発生せず，また無利息で長期にわたり運用できることでしょう。

Ⅱ-⑦　保証金　　39

　次に，借地契約の満了時における借地人の原状回復を担保するためにも，保証金方式は有用な仕組みであるということができます。

　しかし，一方で，保証金の運用にあたって，個人の地主が自己利用した場合には，その利回り相当分については毎年不動産所得としての税務申告が必要となるほか，相続税を考えた場合には不利に働く可能性もあります（Ⅷ-⑧参照）。

　また，問題点として，借地契約の満了時に，地主の側に保証金の返済資力がなくなっている可能性もあるでしょう。

　こうしたことから，特にまとまった額の保証金を授受する場合には，期間満了時における地主の保証金返還債務を担保するために，土地に抵当権を設定するケースが多いようです。

　ただし，地主の多くは土地に抵当権がつくことを嫌がるため，保証金方式で事業を組み立てる場合には，この仕組みについて計画時点で地主に十分に説明しておく必要があります。

　なお，定期借地権付き住宅を分譲する場合には，一般に土地に借地権の設定登記をします（ちなみに，普通借地権では借地権が登記された事例は多くありません）。

　その他に，保証金については，将来，借地人が二次流通市場でその定期借地権付き住宅を売却するときに顕在化する問題点があります。

　すなわち，期間の満了時に保証金が返還される権利は金銭債権であるため，中古建物の取引に際して，不動産の仲介業者はこの部分についての手数料を取ることができないのです。

　しかし，中古の定期借地権付き住宅の取引価格の中で，定期借地権付き建物の額と保証金返還請求権の額を明確に分けて算定することは困難であるため，実務上，混乱が生じる可能性があります（Ⅶ-②参照）。

　実際問題として，こうしたことが理由の一つとなり，特に保証金方式の定期借地権付き住宅については，仲介業者が仲介を忌避する可能性が指摘されています。

　次に，権利としては，定期借地権の設定契約と保証金の寄託契約とは別のものですから，地主の側に相続が発生した場合には，定期借地権が設定されている土地と保証金を原資とする権利（保証金を原資とする預金債権や投資債権など）を別々の相続人が相続することも可能となります。

　このため，定期借地権が設定されている土地だけを相続し，保証金を原資とする

権利は相続しなかった相続人に資力がないときには，借地人は保証金の返還をスムースに受けられなくなるおそれがあります。

　こうした理由からも，保証金方式の定期借地権事業を選択する場合には，実務上，土地に「保証金返還請求権を担保するための抵当権」を設定することが望ましいといえるでしょう。

　地主の側もあえて複雑な相続をする可能性は低いと思われますが，将来の紛争の芽を摘む意味でもこうした措置が必要と思われます。

　なお，保証金方式で定期借地権を設定する場合は，地主は借地人に「保証金預託証書」を交付すべきでしょう。

　保証金方式の定期借地権付き分譲物件を第三者に売却する場合には，「保証金預託証書」に裏書きをして譲渡することもできますし，特に借地人が金融機関から融資を受けて保証金方式による定期借地権付き建物を購入する場合，多くは保証金返還請求権に質権を設定しますが，この場合は一般に，金融機関に「保証金預託証書」を質入れするようになっているケースが多いことなどが，その理由です。

◆建物の出口戦略からみた保証金のメリット

　昨今は，建物の空き家化が大きな社会問題となりつつあります。老朽化した建物を解体せずに放置している理由の一つに，建物の解体費用の負担の大きさをあげることができます。特に地価が相対的に低いエリアでは，建物の解体費用が地価を上回る可能性もあります。

　このような場合に，定期借地方式で土地を活用していれば，建物の解体義務は借地人側にあります。また，保証金で建物の解体費用相当の預託を受けていれば，借地人による建物の解体義務を担保することも可能となります。

　時代の変化とともに，定期借地権の評価も変わってきているようです（**X**－②参照）。

Ⅱ－⑧

権 利 金

権利金は地主の所得となり，課税対象とされる。

　普通借地権を設定するときには，多くの場合，借地人は地主に対してまとまった権利金を支払います。借地借家法により借地人は強く保護されていますから，普通借地権を設定するということは，地主にとっては土地の権利を一部手放すことに等しいため，借地権設定の対価等として権利金を授受することは慣行化されています。

　定期借地権の誕生時の議論では，定期借地権は期間が定められた権利であるため，普通借地権と比べると金額は低くなりますが，一時金として敷金または権利金の授受が考えられていたようです（もっとも，初期の頃，定期借地権分譲のコンサルティングを行った専門家が，受領時に課税される権利金ではなく他の手法を考えないと，地主に定期借地権の活用を受け入れてもらうのは困難ではないかと考えた結果，一時金を権利金ではなく保証金で行う事業方式を構築し，この提案が地主にも受け入れられたことから，この方式が一般化したといわれています）（45ページの（注11）参照）。

　こうしたことから，定期借地権の設定に際しては，現在でも保証金を採用するケースが多いのですが，定期借地権事業を考える場合には，権利金方式も有力な選択肢であることをあらためて申し上げておきます。

　権利金のメリットとしては，保証金のような預託金ではなく支払金であるため，期間の満了時に返還する必要がないということがあります。そのため，契約書の作成時に，保証金の場合に講じるような担保措置等について検討する必要はありません。また，保証金の使途については税務上の留意が必要です（Ⅷ-⑧参照）が，権利金にはそうした問題もありません。

　さて，権利金の授受は地主の所得になることから，課税対象とされることが最大の問題点です。その詳細についてはⅧ-⑨で説明しますが，簡略していいますと，地主（個人）が権利金を授受した場合に，その額が地価の2分の1以上の場合には譲渡所得となるが，2分の1未満の場合は不動産所得となる，ということです。

　所得税（住民税を含みます）は，現時点においても最高税率は50％ですから，受領

した権利金のかなりの部分が税金の支払いに充当されてしまう可能性があります。

なお，定期借地権付き住宅にかかる実態調査では，権利金として地価の2分の1以上の事例も報告はされていますが，その数は非常に少ない状況です。

特に定期借地権付き一戸建住宅においては保証金方式が多く，地価の2分の1を超える権利金を設定した事例の報告はほとんどありません。

逆に，定期借地権付きマンションにおいては，権利金方式が比較的多いのですが，やはり地価の2分の1を超える事例はあまり多くないようです。

また，定期借地権の誕生当初，権利金方式で定期借地権を設定した場合で，万一，期間途中に借地人が契約の解消を申し出た場合（中途解約条項がある例ですが）には，権利金の一部を返却する必要があるか否かについても議論されていました。

このときの議論は，権利金の性格の解釈にかかる問題が根底にありました。すなわち，「借地権設定の対価である」とするものと，「地代の一部前払い的な性格である」とするもの等があり，仮に後者とするなら，地主側に残存期間に応じた権利金の清算義務があるのではないかというものでした。

この問題については，地主が権利金を受領したときに，その性格の如何を問わず全額に対して所得課税がなされていることと，そもそも借地契約の内容の如何にかかわらず中途解約権を行使できるのは基本的に借地人であり，地主ではないこと等から，清算の必要はないとする意見が主流でした。

もっとも，現在は次に述べる前払い地代方式という仕組みがあり，仮に地代の前払いとしての一時金を支払うとすれば，その一時金は前払い地代とすればよいわけですから，中途解約の権利金の性格にかかる議論は意味がなくなったともいえるでしょう。

ところで近年，地方自治体等の公共機関が定期借地権の活用を検討する事例が増えつつありますが，地方自治体等は，一時金として権利金方式を採用しても課税の心配はありませんから，むしろ長期間にわたる預り金である保証金よりも権利金を採用する方がメリットは大きいのではないでしょうか。

また，企業がその所有地を定期借地権で活用する場合も，たまたまその企業が特別損失等で多額の赤字を計上している時期に定期借地権事業を行う場合には，権利金を収受しても結果的には課税の対象とならない可能性があります。いずれにしても，地主の事業目的等に応じて一時金の方式を決定すべきでしょう。

°Ⅱ—9

前払い地代

前払い地代方式を採用する場合には，多くの留意点に注意。

　平成17年に，国税庁は，国土交通省からの照会に対して，一定の要件を満たした一時金は「前払い地代」（「前払い賃料」が正式な名称ですが，本書では，以下，「前払い地代」といいます）とし，受領した前払い地代は契約書に定められた期間に応じて毎年均等に償却できる，と回答しました（**巻末資料8.**（248ページ）参照）。

　たとえば，5,000万円の前払い地代を50年間にわたり均等に償却するようなケースでは，地主が借地権の設定当初に借地人から5,000万円を授受した場合でも，初年度にその全額が不動産所得等として認識されるのではなく，毎年100万円ずつが不動産所得として認識されることになります。

　ですから，前払い地代を有効に運用できるケースでは，地主にとっては大きなメリットになる可能性があります（逆にいえば，地主は，この5,000万円を有効に運用しないで消費してしまった場合でも，毎年，他の所得に加えて100万円の不動産所得を認識しなければいけないことに注意する必要があります）。

　なお，この前払い地代方式を適用するには，前述の回答文書に記載されている内容の特約を契約書の中に明示する必要があります。

　また，前払い地代の設定期間は，必ずしも契約期間全体にわたらなくてもかまいません。

　ですから，たとえば50年の定期借地契約を設定するが，前払い地代は2,000万円として当初の10年間で償却する契約も可能です（この場合は，11年目以降，借地人には定期的に地代を支払う義務が生じます）。

　また，地代の全額を前払いにする必要はなく，月払い地代と併用することも可能です。

　なお，前払い地代の償却は均等としなければなりません。

　ところで，前払い地代方式の定期借地権を検討する場合，その全額を前払いにするときは注意が必要です。

その理由は，地代等増減請求権の行使の問題と，地主の固定資産税と都市計画税（以下，「固定資産税等」といいます）の負担の問題に対処する必要があるからです。

第一に，地代等増減請求権についてですが，法11条1項で規定されているように，経済情勢の変動等によっては，地主および借地人は相手方に対して地代等増減請求権を行使することができます。

たとえば，月額地代を5万円とし，50年分の地代を前払いとした場合は，借地人は3,000万円の前払い地代を支払うこととなりますが，仮に借地権を設定してから20年後に，経済情勢の変動により地代は月額4万円が妥当であるとなった場合には，それ以降の期間に相応する前払い地代（月額5万円）は払い過ぎとなる可能性が考えられます。

もちろん，その後の経済情勢の変動によってはまた月額5万円に戻る可能性も考えられますが，20年後の時点で，地主は，借地人から，（5万円－4万円）× 12月× 30年＝ 360万円に相当する地代を返せといわれる可能性も考えられなくはありません。

こうしたことから，前払い地代方式を選択する場合は，一定額は月払いの余地を残しておいたほうがよいと思われます。

すなわち，上記の例で考えますと，前払い地代を月額3万円相当（総額で1,800万円分）として，残りの2万円を月払いとしておけば，仮に20年後に月額4万円相当が妥当な地代であると判断されたとしても，2万円の月払いを1万円に減額すればよいわけです。

第二に，固定資産税等の支払いについてですが，通常の定期借地権事業の場合，地主は，毎月の地代収入の一部を固定資産税等に充当しています。

すなわち，この場合は，収入のフローで支出をまかなうことができますが，地代の全額を前払い方式にしてしまうと，定期的な収入のフローがなくなってしまいます。

地代の全額を前払い方式にしてしまうと，前払い地代を別の事業等に運用する場合には，その事業収益で定期借地期間中の固定資産税等をまかなうことができますが，運用しない場合は，これらをどのようにしてまかなうかをあらかじめ検討しておく必要があります。

なお，定期借地権推進協議会の調査では，毎月の支払い地代を公租公課相当と

し，残りを前払い地代で支払っているケースや，全額を前払い地代で支払っているケースもあります。

全額前払い方式を前提にして計画する場合には，地主は，こうした点にも留意が必要であることをよく理解して事業化を決定すべきでしょう。

なお，下図に示すように，「契約の当初から期間の途中」までの地代を前払い方式とすることは可能ですが，「契約期間の途中から期間の満了時（または一定期間）」の地代を前払い方式とすることはできません。

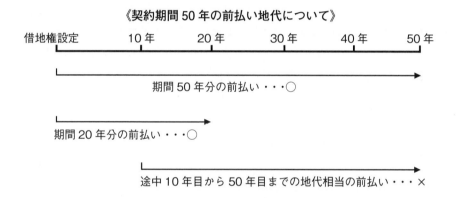

さて，この前払い地代方式は定期借地権の設定契約で認められている手法ですが，それ以外の土地活用実務においても，前払い地代方式を採用したいという要請があります。

たとえば，借家契約等で前払い地代方式の仕組みを使いたいという相談を受けることがありますが，借家契約にもこの仕組みが使えるかどうかについての国税庁からの文書回答等があるわけではないので，今まで述べてきたような税務上の処理ができる保証はありません。

(注11) 建設省（当時）が作成した標準約款には，一時金として権利金や敷金の記載はありますが，保証金の記載はありません。なお，定期借地権の誕生当初，建設省は保証金方式には懐疑的だったようです。

46　Ⅱ　定期借地契約の基本

Ⅱ－⑩

借地権の譲渡に伴う借地契約の継承

当事者間で「確認書」を交わしたほうがよい。

　借地人が第三者に借地権付き建物を譲渡する場合，譲受人は必ずしも原契約の内容に拘束されません。

　借地権について登記がなされていれば，少なくとも登記の内容については譲受人も了解して購入しているものと考えられますが，登記される内容は限られています。

　賃借権の場合は，原則として，譲受人は賃貸借契約の内容に拘束されますが，物権である地上権の場合は，これとは異なります。

　また，賃借権の場合でも，承継する契約の内容について紛争が生じることがあります。

　したがって，売買契約における重要事項説明の際に，原契約の内容がすべて記載されている場合はともかく，そうでない場合も考えられますから，地主・譲渡人・譲受人の三者間で「定期借地契約にかかる確認書」等の合意書を交わすようにしたほうがよいでしょう。

　なお，定期借地権が賃借権による場合には，譲渡に際しては地主の承諾が必要となりますので，地主は譲渡承諾を求められた時点で借地権の譲渡があることを知ることができ，「定期借地契約にかかる確認書」等の締結を借地人に依頼することは可能となります。

　一方，地上権による場合は，基本的には地主の承諾を得る必要がありませんから，定期借地契約の中に地主への通知義務を入れておいたほうがよいのではないかと考えます。

　もっとも，定期借地権の設定契約上，地上権者に対してこうした通知義務を設定した場合でも，地上権者は地主の承諾を得ずに定期借地権付き建物を第三者に売却することは可能であり，登記していない事項は第三者に対抗できません。

　地上権による定期借地契約では，この問題は常について回る可能性があります。

　なお，定期借地権にかかる登記例をⅤ－⑳に示します。

Ⅱ−⑪

自己借地権設定時の留意点

地主自らが所有地に定期借地権を設定して建物を分譲することはできない。

　定期借地権を利用して分譲事業を行う場合に注意すべき点として，事業者が第三者の土地に定期借地権の設定を受ける場合はよいのですが，事業者が所有する土地に自らが定期借地権を設定して分譲することはできないことを挙げておきます。

　これは，法15条1項で，「借地権を設定する場合においては，他の者と共に有することとなるときに限り，借地権設定者が自らその借地権を有することを妨げない」と規定されていることによります。

　すなわち，たとえばＡが所有している土地上に，ＡとＢが共有する建物を建てるときは，Ａの自己借地権は認められますが，Ａが単独で所有する土地にＡ自らが（定期）借地権を設定して分譲することはできないということです。

　仮に，Ａが所有する土地に住宅を建てて，Ａがその住宅を定期借地権付きで分譲する場合には，Ａは，「定期借地権の設定契約」と「建物分譲契約」の二つの契約をその住宅の買主との間で交わすことが必要となるでしょう。

　なお，定期借地権付きマンションの分譲についてはⅢで説明します。

借地借家法

（自己借地権）
第15条　借地権を設定する場合においては，他の者と共に有することとなるときに限り，借地権設定者が自らその借地権を有することを妨げない。
2　借地権が借地権設定者に帰した場合であっても，他の者と共にその借地権を有するときは，その借地権は，消滅しない。

Ⅱ-⑫

借地期間の延長

当事者の合意があれば，法の規定内に限って，契約期間の延長ができる。

　たとえば，20年の事業用借地契約を締結し，その後，借地人の事業が順調に推移して期間満了まであと数年となったときに，地主と借地人が合意して，「借地契約の期間をさらに5年間だけ延ばす」ということは，借地借家法の規定に反しない限りは，可能ではないかと考えられます（注12）。

　この場合の借地借家法の規定とは，たとえば法23条2項借地権の場合であれば，「専ら事業の用」に供するとともに，「10年以上30年未満」で借地契約を設定する必要があるという箇所です。

　前述のケースでいえば，当初20年の事業用借地契約を設定していますので，当事者双方が合意して契約期間をさらに5年間延ばす——すなわち，25年の契約期間とする——ことは可能ですが，さらに15年延長する場合は，結果的には契約期間は都合35年（この場合は，法23条2項借地権ではなく，1項の借地権となってしまいます）となり，借地借家法の規定上，それはできないということです。

　なお，法23条1項借地権の場合は，同じく最長の設定期間は50年未満となるため同じような注意が必要です。

　一方で，法22条借地権については，設定期間に上限がないことから，理論上は何年間延長しても問題がないことを念のために付け加えておきます。

　Ⅰ-⑬で示したように，事業用借地権の登記で，当初11年の契約期間を13年に延長した事例が見受けられます。

　こうした事例からも，当事者双方の合意による定期借地契約の延長は可能であると考えられます。

　（注12）　サテライト・コンサルティング・パートナー・前掲（注6）書109ページ，財津守正
　　　　　著『定期借地権マンションの法律』25ページ，ぎょうせい，1999年，澤野・前掲（注
　　　　　1）書182ページ等

Ⅲ

定期借地権付きマンション

Ⅲ-❶

定期借地権付きマンションの特色

区分所有者としての地位と，借地権の準共有者としての地位の二つがある。

　区分所有建物（以下，マンションといいます）は，専有部分は区分所有者が所有しますが，建物の躯体や共用部分は区分所有者で共有する（法的には一部共有部分もありますが）とともに，土地については区分所有者全体で共有（借地権の場合は準共有）します。

　マンションのなかには十戸前後の小さなものもありますが，数十戸から場合によっては数百戸に及ぶものもあります。いずれにしても，通常の共有の場合とは比較にならないような数の共有者となる場合も多くあります。

　また，マンションは一つの不動産の中で所有権の要素と共有の要素が複雑に絡み合うような権利形態となっていることから，通常の共有の場合とは異なる視点で借地契約を考える必要があるでしょう。

　具体的な問題として，賃料支払い債務の取扱いや，借地権準共有者の一部に債務不履行が生じた場合の措置，さらに，区分所有者が借地上の建物の建替え決議をした場合の取扱い等について，あらかじめ取り決めておいたほうがよいでしょう。

　借地上に建築される建物には様々なものがあると思われますが，定期借地権事業を計画する場合は，建物の規模や用途に合わせて借地契約の内容を検討する必要があることを知った上で契約書を作成すべきでしょう。

　なお，定期借地権の場合のみならず，借地権付きマンションの全体にかかることとして，区分所有者としての地位と，借地権の準共有者としての地位の相違について理解しておく必要があると思います。

　すなわち，敷地権としての借地権は区分所有権に付随しているものとなりますので，通常のマンション管理においては特に問題はありませんが，借地契約にかかる部分は借地権者として対応する必要があります。

　たとえば，借地契約を更改する場合には，マンションの管理組合集会での決定にはなじまず，借地権準共有者による意思決定が必要となります。

Ⅲ－❷

賃料支払い債務

賃料支払い債務は，可分債務か，不可分債務か？

　定期借地権制度が誕生した当初，建設省（当時）で定期借地権付きマンションを所有目的とする契約書のひな形を作成する際に議論された問題の一つに，賃料（地代）支払い債務の性格ということがありました。

　これは，具体的には，土地を準共有している各借地権者は，各準共有者の賃料支払い債務について不可分債務を負っているのではないか，という議論です。

　こうした法律解釈の問題について最後に判断をするのは裁判所ですが，このときの議論の方向性は，賃料支払い債務は不可分債務であると思われるから，将来の各準共有者の賃料滞納等の発生を考えて，定期借地権の設定契約の中であらかじめ賃料支払い債務を可分債務とする合意を借地人と地主との間で定めておく必要があるとするものでした。

　なお，当事者間で賃料支払い債務を可分債務とする特約を交わした場合は，その特約が本当に有効かという問題もなくはありませんが，マンションを所有目的とする場合には，あらかじめこの特約を設定しておくことも検討されてしかるべきでしょう。

　また，実際の定期借地権付きマンションの中には，逆に賃料債務を不可分債務とする旨の約定が交わされているケースもありますが，その内容は重要事項説明に際して記載すべきでしょう。

　最悪の場合には他人の債務を負う可能性があることを購入者が十分に理解していれば，後日問題となることも少ないと思われるためです。

　こうしたことを全て理解した上で，あえて不可分債務を選択する場合には問題はありませんが，賃料支払い債務の不可分性について十分な検討をしないまま，何の定めをしないで借地契約を締結することは問題の先送りになる可能性が高いといえるでしょう。

　また，一時金として保証金方式を採用する場合には，期間の満了時等における保証金返還請求権も可分とすべきでしょう。

Ⅲ－③

準共有者の一部に
債務不履行等が生じた場合

地代債務の取扱いにより，対応は異なる。

　定期借地権を設定した後に，借地人側に信頼関係を著しく阻害するようなことがあった場合には，地主は借地契約を解消することができます。

　ところで，一対一の契約の場合には問題はありませんが，たとえば100戸の定期借地権付きマンションの区分所有者の中の一人が，地主の再三の請求にもかかわらず，1年，2年と賃料（地代）を滞納した場合はどうなるのでしょうか。

　もちろん，賃料支払い債務が不可分債務の場合は，結果的には他の準共有者がその滞納賃料を負担することになるため，借地人と地主という関係においては債務不履行が発生することはありません。

　しかし，賃料支払い債務を可分債務とした場合には，結果的には一部の準共有者が賃料の滞納をいつまでも続ける事態が想定されます。

　そして，この場合に，賃料の不払いを継続している一部の準共有者についてのみ借地契約を解消することは困難であり，また，可分債務の不履行者の存在を理由として借地契約全体を解消することも問題があるように思われます。

　なお，こうした場合には，実務上は，地主は一定の催告等をした上でその定期借地権付き区分所有権を取得できるものとして，その時価と債務額を清算するような内容の契約を締結することで対応しています。

　このようなことから，地主の立場で考えると，Ⅲ－②の説明とは異なり，借地権者の債務不履行の問題については，地代債務を可分債務としないで不可分債務としておいた方が，契約上はすっきりとします。

　すなわち，不可分債務ということは，債務不履行は借地権準共有者全体の問題となるからです。この場合には，地主は借地人全体に対して契約の解消を申し立てることができます。

Ⅲ－④

原状回復

原状回復の特約を設定しているケースもある。

　マンションを建築する際は基礎杭を打つケースが多いのですが，期間満了により定期借地権付きマンションを原状回復する場合は，建物の解体とともに，当然ながら，この基礎杭の処理も必要となります。

　この杭の撤去については，実務上は，「地盤面から○メートルまでの部分を撤去する」等の特約を設定しているケースがありますが，地中に埋設されている杭が，その後に建築される建物に制約を与える可能性もあることから，杭全体を撤去することが望ましいでしょう（Ⅱ-④参照）。

　なお，期間満了時には，原則として，借地人は原状回復（通常は建物等を解体して更地にします）した土地を地主に返還すると定めているケースは多いのですが，次のような特約を設定しているケースもあります。この点については，ケース・バイ・ケースで様々な検討の余地があるでしょう。

① 建物の状況が良好な場合には，地主に建物を無償で譲渡することで借地契約を解消する。

② 借地人は解体積立金を地主に引き渡した上で建物から退去し，建物の解体は地主が行う。

③ 一時金を保証金方式としている場合は，借地人は保証金の一部もしくは全部を地主に譲渡することで建物の解体義務を免れる。

　定期借地権付き住宅の場合は，借地権の残存期間が少なくなると，「どうせ解体して地主に返すものだから」と考えて，建物の維持管理をしなくなる可能性を唱える人がいます。

　特に集合住宅であるマンションが朽廃してしまって，街並みに悪い影響を与えることも懸念されますが，建物を良好に維持することにより解体を免れ，たとえば解体積立金が返還されるならば，管理についてのモラルも上がるかもしれません。

Ⅲ-❺

建物の解体積立金

マンションの管理組合が「特別会計」で積み立てているケースが多い。

　マンションのような規模の大きな建物では，期間満了により原状回復をするには多額の費用が発生することから，多くの定期借地権付きマンションでは建物解体費用を積み立てています。

　ところで，期間満了時に一体どれだけの解体費用がかかるかはわかりません。

　こうしたことから，実務上は，分譲時点における解体費用の総額を算定し，その額に見合う額を準備するために，マンション分譲当初に解体費用の一部を「一時金」として各区分所有者（定期借地権付きマンションの購入者）から徴収するとともに，その後は定期的に「解体積立金」を積み立てるケースが多いようです。

　なお，誰が解体積立金を管理するかについても取り決めておくべきです。実務上は，マンションの管理組合が修繕積立金とは別の特別会計として積み立てているケースが多いようですが，なかには地主が管理する金融機関の口座に積み立てているケースもあります。

　建物の解体積立金の仕組みを採用しているマンションは定期借地権付きマンションのケースがほとんどであるため，買主の立場から考えると，この点がデメリットのようにいわれることがあります。

　すなわち，所有権型のマンションと比較すると，余計な費用負担が発生すると思われるためです。

　しかしながら，現実には，所有権型のマンションも，将来，そのマンションを建て替えるときには，既存の建物を解体する必要があるわけですから，本来は解体積立金の制度を採用すべきではないでしょうか (注13)。

　(注13)　浅見泰司・福井秀夫・山口幹幸編著『マンション建替え——老朽化にどう備えるか』
　　　　240ページ，日本評論社，2012年

Ⅲ-6 事業会社が自ら所有する土地に定期借地権付きマンションを建てて分譲する場合

事業会社が子会社等に定期借地権準共有持分付きの建物の一部を所有させる。

Ⅱ-⑪で述べたように,法15条の規定により,事業会社が自ら所有する土地に定期借地権を設定して分譲するには,その建物を他の者と共有しなければなりません。

一戸建住宅等の場合には,契約の設定の仕方等を工夫すれば,結果的には対応することが可能ですが,分譲マンションの場合には問題があります（たとえば,建売り住宅の場合でも,定期借地権設定契約と建物譲渡契約を同時に行うことで対応できます）（Ⅱ-⑪参照）。

こうしたことから,実務で用いられている手法としては,マンションのたとえば1戸に相当する土地共有持分に事業会社の関係会社等が定期借地権の設定を受ける方法があります。

この手法では,たとえば100戸の全てが等面積であるマンションを想定しますと,地主である事業会社（A社）の販売子会社（B社）が準共有持分100分の1の定期借地権の設定を受けて,区分所有住戸の1戸だけを原始所有すれば,事業会社（A社）は残りの99戸を,また販売子会社（B社）は1戸を定期借地権付きマンションとして分譲できます（完成後の100戸の区分所有権の対象は全て等面積とします）。

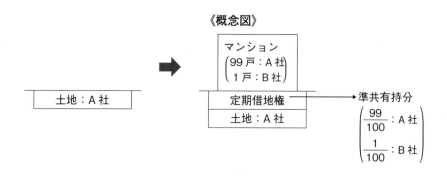

《概念図》

◆定期借地権付きマンションにおける契約の基本

　話が後先になりますが，ここで，定期借地権付きマンション事業を進める場合の契約の交わし方について簡単に解説しておきます。

　仮に地主が，マンション用に定期借地権を設定して土地の活用を検討する場合には，まずマンション分譲会社との間で定期借地権の設定契約を締結します。その後，マンション分譲会社は，定期借地上にマンションを建築した上で，定期借地権の準共有持ち分付きで区分所有権を購入者に分譲します。

　旧法借地権のマンションの中には，建物はマンション分譲会社が販売するとともに，マンションの購入者が地主と個別に借地権の準共有持ち分の設定契約をしているケースがありますが，このような手法は契約形態としては問題があります。

IV

「借地契約」からみた留意点

Ⅳ-❶

建物所有目的

借地借家法で規定される借地権とは，建物所有目的の地上権および賃借権である。

定期借地権は，Ⅱ-①で述べたように，借地借家法の一つの範疇ですから，法22条〜24条の各規定を除く部分は，基本的には借地借家法による制約を受けます。

定期借地権事業の構築にあたっては，借地借家法のその他の条項についても十分な理解が必要となります。

まず，留意すべき第一は，借地借家法で規定する借地権とは，建物所有目的の地上権および賃借権とされていることです（1条）。

建物には住宅，店舗，事務所，倉庫等様々な態様がありますが，いずれも床や壁や屋根等で囲われており，外部と内部が区別された空間を有する構築物です。

このことを逆にいえば，塀，橋，擁壁等は構築物ではあるが建物ではないことから，当然ながら借地借家法の適用対象とはなりません。

たとえば遊休地の活用に際して，定期借地権を設定してソーラーパネルを設置する案が取りざたされたことがあるようですが，単なるソーラーパネルは建物ではなく構築物にすぎないことから，当然ながら借地借家法の範疇に属する定期借地権の対象にはなりえません。

こうしたケースでは，特別法の定めがない限りは，民法の規定に基づく地上権もしくは賃借権の設定を考える必要があります。

なお，この件については，次のような場合に注意が必要です。

たとえば，次ページの図のように，a，b，c，d，eの全5区画の定期借地権付き分譲住宅を計画し，地主から住宅用地以外に住宅所有者全員で緑地帯（f）を賃借する場合を想定します。

この例では，a〜eについては地主と借地人との間で期間50年の定期借地契約を締結することになりますが，fについては建物所有目的ではないため，借地借家法上の契約を締結することができず，地主とa〜eの借地人全員との間の（民法上の）賃貸借契約となります。

　ところで，民法604条では，賃貸借契約は20年を超えることができないと規定されているため，住宅の定期借地契約（仮に50年とします）の賃貸借期間との整合性を保とうとすれば，fの賃貸借については，当面は民法の契約期間の上限である20年契約とし，20年経過後はさらに20年契約とし，最後は10年契約で対応する必要があります。

　住宅地を造成する場合，こうした緑地帯等を設けることによって良好な住環境をつくることができます。

　また，それ以外にも，家庭菜園や場合によってはテニスコートのようなものを借地人全員が共同で運用するために土地を確保するケースがあるかもしれません。

　このような場合には，借地契約をする際に以上のような点に留意し，特に建物所有目的ではない土地については，賃貸借期間の満了時には，その都度，更新しなければならないこと等を分譲時に十分に借地人に周知させておく必要があります。

　また，このケースで，将来，借地人が借地権付き建物を第三者に転売する場合は，民法上の土地賃貸借契約等の債権・債務の承継が不明確となる可能性がありますので，借地人が譲渡承諾を申し出たときは，地主の側から，こうした債権・債務を譲渡人から譲受人に承継させるよう留意する必要があるでしょう。

　なお，逆の言い方になりますが，定期借地契約では，多くの場合，借地権を譲渡・転貸するときには，地主への通知や承諾を義務付けています。

　このため，上記のように借地人が準共有する借地等がある場合には，地主がコントロールタワーとなって，結果的に借地権の譲渡後も借地人の義務や権利の承継に寄与できるはずです。

　つまり，定期借地権者全員で共有地を持っている（たとえば，住宅の所有者全員で菜園などを共有している）場合に，その所有者の一人が自分の住宅を第三者に譲渡するとき，共有持分の譲渡を失念してしまうケースがあります。

60　Ⅳ　「借地契約」からみた留意点

　こうしたことは，所有者各自が十分に注意すれば防げるミスですが，不動産の売買が売主と買主と仲介業者という関係のみで成立するために，売主が共有地の持分譲渡の必要性を認識していないような場合には十分に起こりえるケースです。

　これに対して，定期借地権では，「譲渡・転貸の場合には，地主の承諾を要する」，または「譲渡・転貸の場合には，地主に通知することを要する」等が契約で定めてあれば，地主が注意を喚起させることができます。

　ところで，分譲マンションの場合は，建物の区分所有等に関する法律（区分所有法）に，区分所有者の団体（管理組合）が当然に構成される旨の規定があります。また，同法には，管理組合が法人格をもつこともできる旨の規定があります（47条〜56条）。

　ところが，一戸建住宅の団地では，自治会や町内会の設定はできますが，これらは民法上の組合にすぎないため，ヤル気のあるリーダーがいても，マンションの管理組合のような運営が難しい場面もあると思います。

　定期借地権の場合，地主の側に良好な街並みの維持に関しての意識があれば，これまでも述べてきたように，建物の増改築や譲渡にあたって，地主に通知する，または承諾を受ける場面がでてくるわけですから，そうした際に地主と借地人との間の契約の履行を促すことが可能となります。

　そうしますと，良好な街並みをつくり，維持できるような借地契約を工夫することで，住宅地について良好な管理をすることも可能となるのではないでしょうか。

Ⅳ—❷ 借地権の対抗力の範囲

建物登記による対抗力の範囲は，土地については筆単位で把握される。

　借地権の第三者対抗要件とは，賃借権または地上権そのものを登記することですが，土地にこれらの登記がない場合は，建物の登記があることにより対抗力が担保されます（法10条）。この場合の留意点としては，建物の登記があることによる対抗力の範囲は，土地については筆単位で把握されることです。

　すなわち，「A・B両筆の借地人がA筆上のみに建物を所有して登記を経由している場合には，借地上の建物の登記は借地権の代用登記であるから，第三者が建物の登記を見た場合に，その建物の登記によってどの範囲の土地について対抗力を生じているかを知ることができなければならないことを理由として，B筆についての対抗力はない」とする最高裁の判例（昭和44年12月23日民集23巻12号2577頁など）(注14)があることに注意してください。

　つまり，下図のA・B両地を地主から借地したものの，土地については借地権の設定登記がなく，単に建物の登記で借地権の対抗要件を満たそうとした場合は，A地については問題はありませんが，B地については第三者対抗要件が及ばなくなるということです。

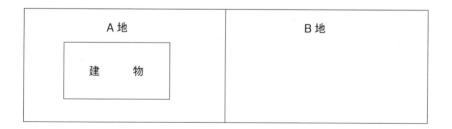

(注14) 西村宏一・菅原晴郎・寺田逸郎・澤野順彦編『現代借地・借家の法律実務』29ページ，ぎょうせい，1994年

Ⅳ-❸

借地上の建物の増改築

裁判所の許可があれば，借地人は地主の承諾がなくても，建物の増改築ができる。

　地主は，借地契約上，無断増改築禁止の特約を設定することは可能であり，この特約が設定されている場合は，当然ながら，借地人は地主の許可なく建物の増改築や建替えをすることはできません。

　また，承諾に際しては，借地人は地主に対して増改築承諾料を支払うのが一般的です。

　なお，借地人が増改築または建替えをすることについて地主の承諾を求めたが，土地の通常の利用上相当とすべき増改築につき当事者間で協議が整わないときは，裁判所は借地人の申立てにより，その増改築についての地主の承諾に代わる許可を与えることができると規定されています（法17条2項）。

　この制度は「借地非訟事件」といわれるもので，増改築の許可以外に，「借地条件の変更」（法17条1項）や「借地権の譲渡」（法19条1項）の場合にも一定の要件のもとに適用されます。

　もっとも，借地非訟事件により裁判所の許可を得て増改築等をしようとする場合も，通常は，裁判所は，地主に一定の承諾料を支払うよう借地人に対して命じています。

借地借家法

（借地条件の変更及び増改築の許可）
第17条　建物の種類，構造，規模又は用途を制限する旨の借地条件がある場合において，法令による土地利用の規制の変更，付近の土地の利用状況の変化その他の事情の変更により現に借地権を設定するにおいてはその借地条件と異なる建物の所有を目的とすることが相当であるにもかかわらず，借地条件の変更につき当事者間に協議が調わないときは，裁判所は，当事者の申立てにより，その借地条件を変更することができる。

IV-③ 借地上の建物の増改築　　*63*

2　増改築を制限する旨の借地条件がある場合において，土地の通常の利用上相当とすべき増改築につき当事者間に協議が調わないときは，裁判所は，借地権者の申立てにより，その増改築についての借地権設定者の承諾に代わる許可を与えることができる。

3　裁判所は，前二項の裁判をする場合において，当事者間の利益の衡平を図るため必要があるときは，他の借地条件を変更し，財産上の給付を命じ，その他相当の処分をすることができる。

4　裁判所は，前三項の裁判をするには，借地権の残存期間，土地の状況，借地に関する従前の経過その他一切の事情を考慮しなければならない。

5　転借地権が設定されている場合において，必要があるときは，裁判所は，転借地権者の申立てにより，転借地権とともに借地権につき第1項から第3項までの裁判をすることができる。

6　裁判所は，特に必要がないと認める場合を除き，第1項から第3項まで又は前項の裁判をする前に鑑定委員会の意見を聴かなければならない。

64　Ⅳ　「借地契約」からみた留意点

Ⅳ−4

譲渡承諾

賃借権の場合は，譲渡・転貸に際して地主の承諾が必要である。

　定期借地権付き建物を中古市場で売却する場合，借地権が地上権の場合は地主の承諾は不要ですが，賃借権の場合は，借地権設定契約に地主の承諾が不要である旨の特約が入っている場合を除き，地主の承諾が必要となります。

　この承諾の際には，Ⅱ−⑩で説明しましたように，地主・譲渡人・譲受人の三者間で「定期借地契約にかかる確認書」等の合意書を交わすようにしたほうがよいでしょう。

　なお，借地権の譲渡に際して地主に不利となる恐れがないにもかかわらず，地主が譲渡を承諾しない場合には，裁判所の許可で譲渡ができることは前項で説明したとおりです。

┌─ 借地借家法 ─────────────────────────────┐

（土地の賃借権の譲渡又は転貸の許可）

第19条　借地権者が賃借権の目的である土地の上の建物を第三者に譲渡しようとする場合において，その第三者が賃借権を取得し，又は転借をしても借地権設定者に不利となるおそれがないにもかかわらず，借地権設定者がその賃借権の譲渡又は転貸を承諾しないときは，裁判所は，借地権者の申立てにより，借地権設定者の承諾に代わる許可を与えることができる。この場合において，当事者間の利益の衡平を図るため必要があるときは，賃借権の譲渡若しくは転貸を条件とする借地条件の変更を命じ，又はその許可を財産上の給付に係らしめることができる。

2　裁判所は，前項の裁判をするには，賃借権の残存期間，借地に関する従前の経過，賃借権の譲渡又は転貸を必要とする事情その他一切の事情を考慮しなければならない。

3　第1項の申立てがあった場合において，裁判所が定める期間内に借地権設定者が自ら建物の譲渡及び賃借権の譲渡又は転貸を受ける旨の申立てをしたときは，

└────────────────────────────────────┘

裁判所は，同項の規定にかかわらず，相当の対価及び転貸の条件を定めて，これを命ずることができる。この裁判においては，当事者双方に対し，その義務を同時に履行すべきことを命ずることができる。

4　前項の申立ては，第1項の申立てが取り下げられたとき，又は不適法として却下されたときは，その効力を失う。

5　第3項の裁判があった後は，第1項又は第3項の申立ては，当事者の合意がある場合でなければ取り下げることができない。

6　裁判所は，特に必要がないと認める場合を除き，第1項又は第3項の裁判をする前に鑑定委員会の意見を聴かなければならない。

7　前各項の規定は，転借地権が設定されている場合における転借地権者と借地権設定者との間について準用する。ただし，借地権設定者が第3項の申立てをするには，借地権者の承諾を得なければならない。

IV-⑤

地代の改定

協議がまとまらない場合は，裁判所に判断してもらうことになる。

　定期借地権の地代については，Ⅱ-③で説明したように，通常は，定期借地契約を設定するときに，その改定方法を取り決めています。

　この場合には，その契約の内容に従って粛々と地代を改定すればよいでしょう。

　借地権の設定契約に地代の改定にかかる規定がない場合はもとより，そのような規定がある場合でも，次の項目のいずれかに該当する場合には，地主および借地人はともに相手方に対して地代の増減を請求することができると規定されています（法11条）。

　①　土地に対する租税その他の公課の増減

　②　土地の価格の上昇もしくは低下もしくはその他の経済事情の変動

　③　近傍類似の土地の地代等に比較して不相当となったとき

　もっとも，地代の改定にかかる定めがあるにもかかわらず，一方が他方に対して法11条1項の内容で地代を改定すべきであると主張しても，相手方との協議がまとまらない場合は，最終的には裁判所がその適否を判断することになります。

┌ **借地借家法** ┐

（地代等増減請求権）

第11条　地代又は土地の借賃（以下この条及び次条において「地代等」という。）が，土地に対する租税その他の公課の増減により，土地の価格の上昇若しくは低下その他の経済事情の変動により，又は近傍類似の土地の地代等に比較して不相当となったときは，契約の条件にかかわらず，当事者は，将来に向かって地代等の額の増減を請求することができる。ただし，一定の期間地代等を増額しない旨の特約がある場合には，その定めに従う。

2　地代等の増額について当事者間に協議が調わないときは，その請求を受けた者は，増額を正当とする裁判が確定するまでは，相当と認める額の地代等を支払う

ことをもって足りる。ただし，その裁判が確定した場合において，既に支払った額に不足があるときは，その不足額に年1割の割合による支払期後の利息を付してこれを支払わなければならない。

3　地代等の減額について当事者間に協議が調わないときは，その請求を受けた者は，減額を正当とする裁判が確定するまでは，相当と認める額の地代等の支払を請求することができる。ただし，その裁判が確定した場合において，既に支払を受けた額が正当とされた地代等の額を超えるときは，その超過額に年1割の割合による受領の時からの利息を付してこれを返還しなければならない。

Ⅳ－❻

地主または借地人が破綻した場合

借地権の登記をしておけば，地主が破綻しても安心。

　借地人または地主がなんらかの事情で破綻した場合，借地契約はどうなるのでしょうか。

　まず，地主が破綻した場合，借地人は対抗要件さえ備えておけば，地主の土地を競売等で取得した第三者に対抗することができます。具体的には，借地権の設定登記をしておくか，あるいは建物の保存登記をしておけばよいでしょう。

　旧法借地権者の中には，登録免許税を節約するために建物の登記をしていない人がいますが，この場合でも，地主と借地人との関係では，借地契約があるため問題はないかもしれません。

　ただし，地主が破綻した場合には，大きな問題になる可能性があります。

　こうしたことから，定期借地権を設定する場合，借地人は自らの権利を守るためにも借地権の設定登記または建物の保存登記をしておく必要があります。

　以上のように，定期借地権の場合も，対抗要件を備えておけば，地主が変わっても，新しい地主に対して借地契約の残存期間を主張することができます（借地権の設定登記をしておけば，登記簿に借地期間が明記されていますから，この問題はよりクリアになるでしょう）。

　次に，借地人が破綻した場合，借地権付き建物を競落した新借地人は，定期借地権の残存期間を承継することになります（地主の承諾，または承諾に代わる裁判所の許可が別途必要です）。たとえば，期間50年の定期借地権で，20年経過後に借地人が破綻した場合は，新借地人は，残存期間30年の定期借地権付き建物を競落したことになります。なお，この場合，一時金を保証金方式とする定期借地権では，その保証金をいったん借地人に返還しなければならないケースがあります（借地人が金融機関から融資を受ける際に，保証金返還請求権に質権を設定している場合です）。

　また，どちらの場合でも，可能であれば，協議の上で，競落した相手方ともう一方の当事者間で定期借地契約にかかる確認書を交わしておいたほうがよいでしょう。

定期借地権事業の実際

V − ①
定期借地権事業のプレーヤー

特に契約業務の場面では，この分野に精通したコンサルタントや事業会社を選定すること。

　定期借地権事業は，地主が借地人に土地を賃貸する事業ですから，貸主である地主と借主である借地人が，この事業における不可欠のプレーヤーであることはいうまでもありません。

　極論をいえば，地主が借地人を探してきて双方で協議の上，適正な定期借地契約をすれば，定期借地権事業を行うことができます。

　しかし，実際にはこうしたケースは稀であり，一般には土地活用を検討している地主の前に，定期借地権の活用事業を推奨するコンサルタントが登場することが多いといえます。

　このコンサルタントの多くは，税理士，建築士あるいはファイナンシャルプランナー等の専門家や，不動産会社，建設会社等が担っています。

　また，地主に借地人をあっせんする人も必要であり，一般には不動産会社や建設会社等がこの役割を担うことが多いのではないかと思われますが，このような事業会社はコンサルタント業務から借地人のあっせん，契約業務までを一貫して行うことも可能でしょう。

　また，定期借地権事業が開始された後は，不動産管理会社等が地代の徴収や督促等の業務を担うこともあります。

　なお，これまで述べてきたように，特に定期借地権の設定契約に際しては留意すべき点が多く，また，後述する税務面についても留意すべき点は少なくありません。

　こうしたことから，契約業務については，この分野に精通したコンサルタントや事業会社を選定すべきです。

　また，もしコンサルタントや事業会社等に定期借地権事業についての十分な知識や経験がない場合には，契約業務については弁護士を，また税務関係については公認会計士や税理士を交えて十分に検討すべきでしょう。

V-❷

仲介方式

賃借権型の定期借地の仲介手数料は地代の1か月分。

　地主が定期借地権事業を手掛けることを決定し，借地人のあっせんを不動産会社または建設会社等の事業会社に依頼する場合にとるべき手法を考えてみましょう。

　まず，「仲介方式」をとりあげます。

　この方式は，定期借地権事業の候補地を借りてくれる借地人の仲介あっせんを依頼するものであり，その役割をになうプレーヤーは不動産会社等のケースが多いと思われます。

　なお，定期借地権は，事業手法としては定着していますが，所有権売買や賃貸住宅・店舗等の仲介に比べると，その取引件数は圧倒的に少ないため，不動産会社等にたとえば「店舗予定地」や「戸建住宅用定期借地権予定地」の仲介を依頼しても，うまく借地人をあっせんしてくれる保証はありません（最近では，郊外のロードサイド立地等で「貸地」の看板を見かけることも少なくありませんが，この仲介方式によるあっせんが増えつつあるのかも知れません）。

　こうしたことから，実際には，仮に店舗で事業用定期借地権を企画する場合には店舗系に強い不動産会社を，また定期借地権付き一戸建住宅用の土地の借地人を探す場合には建設会社等と頻繁に情報のやりとりをしている不動産会社を選択すべきでしょう。

　なお，地主に借地人をあっせんする不動産仲介業者の手数料ですが，定期借地権の貸借媒介の場合は地代の1か月分になります。

　一方，権利金は借地権設定の対価ですから，権利金については仲介手数料の対象となりえますが，この場合でも，土地の売買仲介に比べると，総額はあまり大きくはなりません。

　つまり，不動産仲介業者からみますと，定期借地権を仲介方式で事業化する手法は，手間がかかる割には報酬が少ない事業といえます。

　こうしたことから，仲介方式で定期借地権事業を進める場合には，地主に対する

72   V 定期借地権事業の実際

コンサルティングの場面から不動産仲介業者が事業に関与してコンサルティング報酬等をメインとするような仕組みが必要でしょう。

　もっとも，権利金方式の定期借地権の場合は，権利金の額を売買の額とみなして，売買の媒介の場合の手数料を収受できます (注15)。

（注15）　財津守正著『定期借地権設定契約の書式と解説』140 ページ，ぎょうせい，1996 年

Ⅴ-❸
代理方式

多くの場合，代理人である建築会社の建築条件付きの借地契約となっている。

　宅建免許を持っている建築会社が定期借地権事業をする場合の手法の一つが「代理方式」です。

　この方式は，一般的に，区画整理地の換地のようにほぼ完成された宅地で比較的ロットの少ない事業を行う場合に用いられ，当初は主としてハウスメーカー等を中心に利用されていました。

　前述の通り，定期借地の仲介手数料は微々たるものですから，不動産の仲介をベースとした事業会社には魅力が薄い事業です。

　これに対して，宅建免許を持っている建築会社であれば定期借地の希望者から建物建築の注文がとれれば，建築工事で収益を上げることができますので，定期借地の斡旋では収益が上がらなくても事業としては十分に成り立つことになります。

　なお，建築条件付き販売は不公正取引となることがあるため，宅地建物取引業法ではなく，不公正取引を防止する観点から次のような制約を受けています。

① 建築請負契約が成立することを停止条件として土地の売買契約（定期借地権の場合は定期借地権の設定契約）を交わすこと。

　なお，平成15年3月に公正取引委員会の見解が変更されるまでは，土地の売買契約から3か月以内に建築請負契約が成立することが停止条件とされていたことから，現在でも3か月以内の停止条件を設定しているケースが多いようです。

② 売主（地主本人）またはその代理人（その100％出資子会社を含みます）の建築条件に限ること。

③ 建築請負契約が成立しなかったときは，申込み証拠金等名目の如何にかかわらず，預託を受けていた金銭はすべて返還すること。

　このように，建築条件付きで定期借地契約を締結する場合は，仲介方式ではなく，代理方式または次に述べる転売方式によらなければなりません。

　この代理方式は，事業会社が地主の代理人として借地人との間で土地賃貸借契約

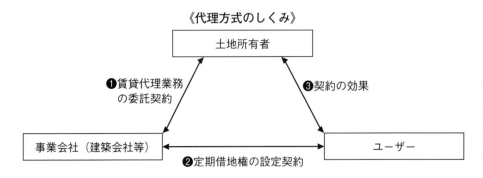

を締結するとともに、この土地賃貸借契約とは別に、代理人である建築会社が自社と借地人との間で建築請負契約を締結することを目的とした事業方式であり、一般に、代理人である建築会社の建築条件を付した借地契約となっています。

その理由は、特に保証金方式の賃借権による定期借地契約の場合は、前述のように、定期借地権事業に際して代理方式で授受される仲介手数料は地代の1か月分にすぎないため、事業会社は主として定期借地権のユーザーから建物建築の請負契約をとることを目的とする必要があるからです。

そのため、地主と建築会社との代理権授与にかかる契約においても、代理人である建築会社が建築条件付きで借地人との間で借地契約を締結することを許容する内容が盛り込まれています（**巻末資料6.**（239ページ）参照）。

なお、前述のように、建築条件付きでの借地契約は不公正取引とされることがあるため、契約に際しては注意が必要です。

また、借地人を募集する広告宣伝にも建築条件付きである旨の記載をするほか、「建築条件付き販売」にかかる内容を説明する等の留意が必要となります。

また、代理方式では、代理人の業務はあくまで借地人を探し、借地人と借地契約を締結し、また借地人と建築工事の請負契約を締結することだけに限られ、代理人が土地を借りるわけではありませんので、地主に地代や一時金が支払われるのは借地契約の締結以降になります。

こうしたことから、万が一売れ残った場合でも、代理方式では事業者のリスクは広告宣伝費の出費だけですから、次に述べる転売方式に比べると取り組みやすいといえるでしょう。

V-4

転売方式

事業会社が優良地と判断しない限り，この方式は採用されにくい。

「転売方式」とは，事業会社が地主との間で定期借地権の設定契約を締結した上で，定期借地上に建物を建築して定期借地権付き建物として第三者に譲渡するか，または建築条件付きで借地権を第三者に譲渡する方式です。

当面は事業会社が借地人となりますから，通常は借地権の設定時に地主に一時金および地代を支払います。そのため，事業会社が定期借地権を設定したものの，購入してくれる第三者が見つからない場合は，借地人である事業会社は地代を支払い続けなければいけないため，代理方式と比べると事業リスクは大きいといえるでしょう。こうしたことから，事業会社がこの方式を採用するのは，転売の可否についてある程度自信がある場合に限られるでしょう(注16)。

なお，転売方式は主として定期借地権付き住宅の分譲事業に利用される方式ですが，事業目的として定期借地権を設定するケースでも，借地人が定期借地上に建物を建て，その建物に定期借家権を設定して借家人を誘致した場合には，その定期借地権付き建物を投資用不動産として第三者に譲渡することも可能でしょう。

定期借地権付き建物の場合は土地を購入しているわけではありませんから，投下資金に対しての利回りは所有権よりも高くなりますので，今後はこうした事業を検討することも可能ではないかと思われます。

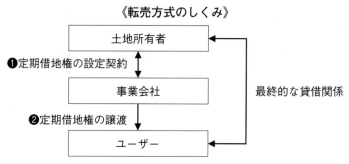

《転売方式のしくみ》

(注16) もっとも，借地契約で，事業会社が第三者に物件を譲渡するまでの地代負担を減額させる等の工夫をすることは可能です。

V-❺

転貸方式

転借地権付き住宅には，地主側の利点も多いが，課題も多い。

　「転貸方式」とは，定期借地権の設定を受けた借地人がその借地権を第三者に転貸する事業方式であり，転借地人から徴収する地代と地主に支払う地代との差額分が借地人の収益となります。

　ところで，地主の立場からみますと，借地人が信用できる事業会社等である場合は，この転貸方式で定期借地権事業を行いたいというニーズは少なくないでしょう。

　その理由は，地主が定期借地権を利用した分譲事業を行う場合には，通常は多くの借地人を相手としなければいけませんが，転貸方式を採用すれば，一人（一社）の借地人を相手にすればよい（借地人は転借地人から転借地料を収受し，地主には借地人が借地料を支払います）し，また，管理の手間が少なくなるという大きなメリットがあるからです。

　しかし，普通借地権の活用でも転借地権の事例は非常に限定されており，定期借地権においても，この転貸方式の事例は多くありません。

　その理由としては，次の二つが考えられます。

　第一の理由として，現在は経営が安定している事業会社でも，50年以上にわたって経営が破綻しないという保証はどこにもないことから，地主が転貸方式で定期借地権事業を計画する場合には，信用力が高く破綻のリスクができるだけ低い事業会社をパートナー（借地人）に選ぼうとします。

　しかし，こうした事業会社には土地の有効活用や分譲にかかる様々な情報が入ってくることから，事業会社も，長期にわたる転貸事業をリスクとみなす可能性が高いため，よほど優良な立地でなければわざわざ転貸方式による事業計画には乗ってきません。

　加えて，事業会社の側からすると，地主についても安定した破綻リスクの少ない存在であることを求めてくるものと思われます。

V-⑤　転貸方式　77

《転貸方式のしくみ》

```
              土地所有者
   ❶定期借地権の設定契約↕        ↕❹地代の支払い
              借地人（事業会社等）
❸転借地料の支払い  ❷転貸契約↕   ❷転貸契約↕  ❸転借地料の支払い
      ユーザー                ユーザー
```

　第二の理由として，転借地権付き住宅に対する融資の仕組みができあがっていないことを挙げることができます。

　転借地権付き住宅の分譲会社が信用できる事業会社の場合は，提携融資の枠組みを使えば対応は可能と思われますが，転借地人がその転借地権付き住宅を中古市場で売却しようとしたときに，その購入予定者が住宅ローンを受けられるかどうかの保証がありません。

　転借地権付き住宅のローンが難しいとされている大きな理由は，担保価値が不明確であるからです。

　旧法借地権でのケースも含め，転借地権付き建物の取引事例はあまり多くないことから，適正な市場流通価格が形成されているとは言い難い状況であることが，その大きな理由といえるでしょう。

　こうしたことから，転借地権付き建物に対する融資の枠組みを整備するためにはある程度の数の物件を供給する必要があるわけですが，一方で融資の枠組みが整っていないために事業化が難しいという状況にあります。

　なお，転貸方式による定期借地権事業の事例としては，東京都が都営住宅の跡地利用で，東村山市や東大和市で戸建分譲事業を展開したほか，品川区で定期借地権付きマンションを供給していますし，その他の事例としては横浜市やURで事業化されています。

　今後，転貸方式による供給物件が増えていけば，将来的には中古市場等も整備されるでしょうし，物件数が増えてくれば，前述のような融資の問題も解決されていくでしょう。

78　V　定期借地権事業の実際

V－6

地代および一時金の目安

一時金と地代の負担は，逆の相関関係になる。

　定期借地権事業を行う場合には，一般に，借地権の設定時に一時金を支払うほか，定期的（普通は「毎月払い」ですが，「半年払い」または「1年払い」等とすることもできます）に地代を支払います。

　しかし，現在，一時金については，Ⅱ－⑦～⑨で述べたように，その類型は一つではなく複数の考え方があり，一般には地主の必要に応じて決められている状況ですから，権利金や保証金等についても，少なくとも「全国一律に地価の○○％が適正な相場である」という基準はどこにもありません。

　同じことは，地代についてもあてはまります。

　いうまでもなく，地主はできるだけ高額の地代や一時金を希望しますし，借地人は反対にその負担を軽減しようとします。

　定期借地権事業にあたっては，一般には地主と定期借地権活用策を提案する事業会社またはコンサルタントとの間で協議して，一時金の支払い方式および一時金と地代の額を決定する必要があります（なお，定期借地権付き住宅についてはV－⑦，⑧で，事業目的の定期借地権の一時金や地代等についてはⅥでより具体的に説明します）。

　以下では，一時金と地代とを分けて説明しますが，実際には一時金と地代の負担は逆の相関関係にあることを知っておいてください。

　つまり，一時金をやや高めに設定する場合には地代をやや低めにする必要があるでしょうし，地代を高めに設定する場合には一時金はやや低めにすることになるでしょう。

　定期借地権事業では，一般に一時金は地価の20％前後，年額地代は地価の1％強ということをよく聞きます。

　定期借地権付き住宅についての全国的な統計をみても，ほぼこの数字に近い水準がでていますから，一つの参考とすることはできます。

　しかし，定期借地権を事業としてみるとき，現実にユーザーのつかない事業はあ

V-⑥　地代および一時金の目安　　79

り得ないことから，事業企画に際しては，マーケットインの発想から，一時金や地代を設定する必要があります。

　すなわち，定期借地権付き一戸建住宅または定期借地権付きマンションの事業計画では，住宅の購入者が負担できる範囲を考えながら価格を設定しなければなりません。

　なお，このように考えますと，前述にもかかわらず，評価がほぼ似たような立地の場合には，地代や一時金もほぼ似たような水準となります。

　これは，分譲住宅や分譲マンションの価格には地域ごとに相場があり，多くの場合，ユーザーは，所有権物件と比べて定期借地権物件を購入するかどうかを決めるからです。

　以下では，事業会社が定期借地権付き一戸建住宅を企画する場合，一時金や地代の額をどのようにして設定するかを例をあげて説明しましょう。

【設例】

● 地価（土地価格）　　　　：30,000 千円

● 建物価格　　　　　　　　：25,000 千円

● 定期借地権の評価割合〈注〉：所有権価格の 60％

〈注〉「定期借地権の評価割合」とは，所有権住宅を 100 とした場合の定期借地権付き住宅の割合を示します。立地にもよりますが，地代の負担もあり，またあくまで利用権にすぎない定期借地権付き一戸建住宅の場合は，所有権分譲価格の 55％〜60％程度の設定をするケースが多いようです。もっとも，立地によっても上下があると思われますし，そもそも，「地価の○％とすべし」というルールがあるわけでもありません。

この【設例】では，次ページの表のように，

①　まず，所有権住宅の分譲価格を求めます。

　　⇒　30,000 千円＋25,000 千円＝55,000 千円

②　次に，定期借地権付き住宅の想定分譲価格（＝所有権価格×係数）を求めます。ちなみに，ここでは係数は 0.6 として計算します。

　　⇒　55,000 千円×0.6 ＝33,000 千円

③　次に，所有権の場合であっても定期借地権の場合であっても，その土地に建

80   V 定期借地権事業の実際

築する建物価格は同じであるとしますと，②で求めた定期借地権分譲価格から建物価格を差し引いた金額が，定期借地権付き住宅の場合に借地人から収受する一時金となります。

⇒　33,000 千円 − 25,000 千円 = 8,000 千円

この例では，一時金は 8,000 千円であり，地価の約 26.7％相当になっています。

	分譲価格	建物価格	地価 （一時金）
所有権分譲	55,000 千円	25,000 千円	30,000 千円
定期借地権分譲	33,000 千円	25,000 千円	8,000 千円

　ところで，定期借地権の設定に際して保証金方式を選択した場合は，保証金は借地期間の満了時に地主から借地人に返還されますが，権利金や前払い地代は返還されません（中途解約をした場合には，前払い地代のうちの未償却分の地代は返還されます）。

　こうしたことから，一時金を保証金とする場合と権利金や前払い地代とする場合とでは，理論的には設定額は異なるはずですが，実務上は大きな差はついていないようです。

　その理由としてはいろいろな説明がされていますが，筆者は，世の中全体からみて，一時金による得失を比較できるほどには定期借地付き住宅の供給戸数が多くはないことが主たる原因ではないかと考えています。

　すなわち，隣接して複数の定期借地権付き分譲物件があり，それぞれが保証金であったり，あるいは権利金であったりということになりますと，期間の満了時に返還される保証金のほうが，返還されない権利金よりも評価は高くなる可能性があると思われます。

　現状では，そうした事例がほとんどないため，結果的には，保証金方式の分譲物件も権利金方式の分譲物件も，所有権付き物件との対比で価格が決定されていると考えてよいでしょう。

　ところで，一般的には，定期借地権付き一戸建住宅の場合の一時金の割合は，地価の 20％〜30％相当といわれています。

V-⑥　地代および一時金の目安　　*81*

　確かに，これまで実際に販売されてきた定期借地権付き一戸建住宅の多くは，地価の10％～30％程度で一時金を設定していますし，この傾向は権利金の場合でも保証金の場合でも変わりありません。

　しかし，数は多くありませんが，地価の10％以下の一時金しか設定していない例もありますし，また30％を超えて設定している例もあります。

　こうしたことから，定期借地権付き一戸建住宅の分譲を企画する場合にも，「一時金の割合は地価の○○％」と決めつけるのではなく，たとえば上記に示したように，「いくらなら分譲が可能か？」という線を想定して，その金額から割りかえして一時金の額を決定するほうが合理的ではないでしょうか。

　なお，上記のケースで，分譲住宅を販売する事業会社が，仮に所有権価格の70％相当の価格でも定期借地権付き住宅として売却できると考えますと，下表のようになり，この場合の一時金の額は地価の35％に相当する13,500千円となります。

	分譲価格	建物価格	地価（一時金）
所有権分譲	55,000 千円	25,000 千円	30,000 千円
定期借地権分譲	38,500 千円	25,000 千円	13,500 千円

　さらに，定期借地権分譲の評価を所有権分譲の60％相当と設定した場合でも，地価が上下すると一時金の額は下表のように変化することに注目してください。

　なお，建物価格はいずれの場合でも25,000千円で据え置いて考えます。

地　　価	所有権分譲価格	定期借地権分譲価格	一 時 金
15,000 千円	40,000 千円	24,000 千円	−1,000 千円
30,000 千円	55,000 千円	33,000 千円	8,000 千円
45,000 千円	70,000 千円	42,000 千円	17,000 千円
60,000 千円	85,000 千円	51,000 千円	26,000 千円

　現実には，地価が変われば，その土地に建設する建物の仕様や設備等も異なるこ

とから，建物価格を固定して比較するのはあまり意味のあることではありませんし，上表で，地価が 15,000 千円の立地では，計算上は地主が借地人に 1,000 千円の一時金を授受するような構図となってしまいます（これは，現実にはありえない話です）。

実際には地価の相場によって適正な建物価格も異なると思われますから，このようにはなりませんが，事業会社は，どのような建物で，一時金はいくらくらいまでなら設定が可能かを実務の場で検討することになります。

なお，上表を見比べれば，所有権分譲に対する定期借地権分譲の価格比を 60%と設定した場合でも，地価の相場（所有権分譲価格の相場）によって，一時金の地価に対する比率が変化することがおわかりでしょう。

次に，定期借地権付きマンションの場合も，基本は前述の定期借地権付き一戸建住宅の場合と同様であり，周辺の所有権付きマンション価格に対して，定期借地権付きマンションでは何%程度の価格設定ならば商品化が可能かを考えたうえで，総販売価格からコストや利益を控除して一時金の額を設定します。

なお，定期借地権付きマンションの場合は，かなりのプレミア立地で商品化された事例もありますが，エリアの人気度合いに比して，新規のマンションの供給が極端に限られているような場合には，理論的には定期借地権付きマンションであっても所有権付きマンションとほぼ同様の価格での商品化も可能と思われます。その理由は，そうしたプレミア立地に住むことができるのであれば，土地の権利が借地権であるか，所有権であるかに頓着しない人たちも現実に存在することによります。

定期借地権付き住宅は，ユーザーが自らの収入の中から住宅ローン等を支払い，生活費をまかなう中で，地代の負担をすることから，その立地ごとに平均的な地代や一時金の地価に対する比率も決まってきます。

このことが，後述しますが，同じ立地であっても，事業により収益性が大きく異なることがある事業用借地権の場合と比較して大きな特色です。

しかしながら，住宅目的の定期借地権の場合でも，例は多くありませんが，上述のような場合には，一般的な通念とは大きなブレが生じることもあります。

こうしたことから，統計上の数値は一つの参考としておき，実務の上では地元の不動産事情に精通した人の意見も取り入れながら，ユーザー目線で検討をする必要があるでしょう。

Ⅴ－7

定期借地権付き一戸建住宅の地代

実態調査では，年額地代の平均は地価の 1.2％相当となっている。

　地主は，定期借地権の設定にあたって，可能な限り高額な地代を希望します。しかし，50 年以上の長期にわたって住宅を所有する借地人の立場からすれば，おのずと支払い可能な地代の上限は決まってきます。

　前述の定期借地権付き住宅の実態調査によれば，一戸建住宅の場合の平均的な地代は年額ベースで地価の 1.2％相当となっています。すなわち，たとえば地価が 20,000 千円の土地であれば，年間の地代は 288 千円（月額 24 千円）となります。

　では，たとえば地価が 1 億円の土地を定期借地権で賃貸する場合，年間の地代は 1,200 千円（月額 100 千円）になるかといえば，実際には，もう少し水準を下回る金額になる可能性が高いといえるでしょう。

　もちろん，地価が 1 億円の土地を借りることができる人は，それなりの財産や収入もあるはずですが，借地人としては，将来にわたり高額の地代を支払い続けることを負担に思う可能性があります。

　85 ページの定期借地権付き住宅の実態調査をみましても，全国平均よりも地価が高い首都圏の方が低い水準となっていることから，こうした傾向が理解できるでしょう。

　なお，実務においては，地代を減らす分だけ，一時金を高めに設定するような工夫をしているケースもあります。

　ところで，定期借地権の誕生当時，定期借地権付き住宅の地代をどのように考えるべきかという議論がありました。

　当時，たとえば首都圏では，主として国道 16 号線沿いのエリアで定期借地権付き住宅が供給されていましたが，一般に流布していた話は，一時金は「地価の 20％相当額」で，地代は「周辺の分譲マンションの管理費・修繕積立金と駐車場使用料相当額の合計額」というものでした。

　つまり，所有権付きのマンションを期限付きの利用権である定期借地権付き住宅の競合相手の一つとして，こうした議論がなされていたのです。

84　　V　定期借地権事業の実際

V－8

定期借地権付きマンションの地代

「定借調査データ」では，月額平均地代の地価に対する割合は全国平均で1.8％である。

　定期借地権付き住宅の実態調査をみても，定期借地権付きマンションでは高度利用がなされていることから，その地代は一戸建住宅よりもやや高めの水準となっています。

　もっとも，定期借地権推進協議会内の「定借マンション研究会」が定期借地権付きマンションの居住者（区分所有者）にアンケート調査をしたところ，月額地代が2万円を超えるケースでは負担を感じるとの答えが多くありました（ただし，この調査では回収の母数が十数名であったため，必ずしも有効なデータとはいえないかもしれません）。

　なお，一般財団法人都市農地活用支援センターと定期借地権推進協議会による「平成22年度定期借地権付き住宅の供給実態調査」（以下，「定借調査データ」といいます）によると，定期借地権付き一戸建住宅および定期借地権付きマンションの一時金（保証金・権利金）および地代（年額地代）の地価に対する割合は次ページの表に示す通りです。

V-⑧ 定期借地権付きマンションの地代   *85*

●定期借地権付き一戸建住宅

《保証金の平均金額と地価に対する割合》

地　　　域	サンプル数	保証金の平均金額	地価に対する割合
全　　　体	3,221 団地	579.5 万円	17.7%
首　都　圏	1,272 団地	815.0 万円	20.1%
中　部　圏	845 団地	318.2 万円	14.1%
近　畿　圏	642 団地	574.9 万円	18.8%
そ　の　他	462 団地	294.8 万円	16.2%

《権利金の平均金額》

地　　　域	サンプル数	権利金の平均金額
全　　　体	93 団地	506.0 万円
首　都　圏	21 団地	610.6 万円
中　部　圏	23 団地	183.9 万円
近　畿　圏	33 団地	558.2 万円
そ　の　他	16 団地	428.8 万円

《平均月額地代と地価に対する割合》

地　　　域	サンプル数	平均月額地代	地価に対する割合
全　　　体	3,742 団地	27,280 円	1.2%
首　都　圏	1,431 団地	31,416 円	1.1%
中　部　圏	951 団地	22,555 円	1.2%
近　畿　圏	808 団地	31,341 円	1.3%
そ　の　他	552 団地	17,793 円	1.2%

〈注〉　地価に対する割合は，年額地代÷地価で求めた数値です。

●定期借地権付きマンション

《保証金の地価に対する割合》

地　　　域	サンプル数	地価に対する割合
全　　　体	153 件	21.0%
首　都　圏	26 件	15.1%
中　部　圏	84 件	21.6%
近　畿　圏	25 件	20.0%
そ　の　他	18 件	22.4%

《権利金の地価に対する割合》

地　　　域	サンプル数	地価に対する割合
全　　　体	128 件	22.9%
首　都　圏	44 件	24.5%
中　部　圏	25 件	18.3%
近　畿　圏	43 件	23.4%
そ　の　他	16 件	27.6%

《年額地代の地価に対する割合》

地　　　域	サンプル数	地価に対する割合
全　　　体	407 件	1.8%
首　都　圏	112 件	1.1%
中　部　圏	137 件	2.1%
近　畿　圏	109 件	1.5%
そ　の　他	49 件	2.3%

V−9

事業会社が定期借地権を設定して、開発許可を取得し、造成をして一戸建住宅を分譲する手法

この手法では、定期借地権の設定契約が煩雑になる。

　ある程度まとまった土地で定期借地権付き分譲住宅を企画する場合、マンションの場合はともかく、一戸建住宅の計画に際しては、開発許可を取得したのちに、敷地内に道路（開発道路）を設けることを検討する必要があります（開発行為の手続きは、まず行政との事前協議を経て開発許可を取得し、宅地造成を行った後に検査済み証を取得します）。

　以下では、開発を伴う定期借地権事業をする場合の基本的な留意点や事業の進め方について説明しましょう。

　例として、下図のような土地に開発をかけて道路を入れた上で、定期借地権を設定する場合を想定します。

　では、どのような手続きでこの事業を進めればよいでしょうか。

　なお、事業の規模から考えて、事業会社が転売方式により定期借地権分譲をするとして説明します。

《一戸建住宅地の宅地割のケース》

《計画前の状況》　　　　　　　　　　　　　　　　《計画後の状況》

88　　V　定期借地権事業の実際

　　　　　　　　＊　　　　　　　　＊　　　　　　　　＊

　ここでは，まず，事業会社が土地全体にいったん定期借地権を設定して，開発許可を取得し，造成をして分譲する事業手法を考えてみましょう。

　この手法の留意点としては，当初土地全体に設定した借地権を分割しなければいけないことと，道路部分についても定期借地権が残ってしまうことでしょう（もっとも，この部分については建物所有目的ではないため，実際上は定期借地権ではなくなるはずですが）。

　この手法では，まず事業会社が地主との間で土地全体に定期借地権の設定契約をして開発造成を行うことになるでしょう（もちろん，この契約とは別に何らかの協定書等を締結し，その後の一連の手続きについても取り決めておく必要があります）(注17)。

　そして，開発造成後に当初の借地権の設定契約を合意解約すると同時に，新たに開発後のそれぞれの土地について，両者間で再度，定期借地権の設定契約を締結します。

　この手法のメリットとしては，地主の承諾等は必要ですが，開発許可の取得や造成等は事業会社が借地人として行うことができる点です。

　もちろん，地主個人でも，設計事務所等に依頼すれば開発許可を取ることは可能ですが，その取得には資金的な裏付け等が必要となることから，実際には個人で対応するのは難しいケースが多いといえます（個人が開発許可の申請をしたケースで，行政から資金的な裏付けを証明するように求められた例もあるようです）。

　こうしたことから，開発業者等が定期借地権を設定した後に開発造成等を行う方が対応は容易であると思われます。

　ただし，定期借地権の設定契約の手続きは，上述のように煩雑となることに留意が必要です。

　また，事業会社が地主に支払う一時金は，その総額から開発造成の関連費用を差し引いた額となるでしょう。

　なお，地主と事業会社との間で，

①　開発造成は事業会社が行う。

②　造成後の各区画には事業会社が定期借地権を設定し，分譲する。

③　その場合の予定地代と一時金を決める。

V-⑨ 事業会社が定期借地権を設定して、開発許可を取得し、造成をして一戸建住宅を分譲する手法

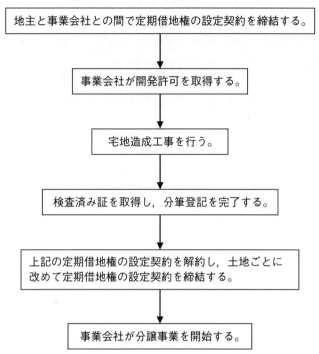

④ 事業会社は地主に一時金の総額から開発造成費を控除した残額を渡す。
等の内容についてあらかじめ合意書等を交わした上で、開発造成までを事業会社が行う手法も考えられます。

しかし、この場合には、定期借地権の設定契約までの間に事業会社が立て替える開発造成費相当額について、なんらかの形で担保の設定が必要になるものと思われます。

(注17) なお、事業会社はその後の煩雑な手続きを避けるために、定期借地権を設定せずに、たとえば使用貸借契約等を締結して開発造成を行うケースも考えられます。もっとも、ここで使用貸借契約で対応することも、その得失についての検討が必要であると思われます。

V — 10

開発造成までは地主が行い，開発後の土地に事業会社との間で定期借地契約を設定し，事業会社が一戸建住宅を分譲する手法

この場合は，地主は開発造成費用の捻出方法を検討する必要がある。

前項の手法は，契約上，煩雑な手続きが必要です。

また，定期借地権が賃貸借契約である場合には，開発造成期間中も借地人は地代を支払わなければいけません（もっとも，定期借地契約の中で，開発造成期間や販売期間を見越して，一定期間の地代負担を軽減するような特約を交わすことはできます）。

こうしたことから，開発造成までは地主の名前で行い，分筆登記が終了し，開発の検査済み証が交付された時点で，各土地について定期借地権の設定契約を締結する手法が考えられます。

この場合，地主は，開発造成後に定期借地権を設定する事業会社に開発関連の業務を発注することが多いでしょう。

なお，地主が開発造成をするわけですから，その費用は地主が負担しなければいけません。

ところで，前述のとおり，個人地主が自ら開発行為をする場合は，その人がそのための資力を有しているか否かを行政がチェックすることがあります。

これは，比較的小規模な開発行為でも，行政が要求する水準の宅地開発をするにはそれなりのまとまった費用がかかることから，許可後の事業の実現可能性を行政もチェックするためであろうと思われます。

もっとも，実際には，この手法で事業を進める場合には，地主に応分の資金負担をする能力があるか否かにかかわらず，その後に事業会社が確実に定期借地権事業を行い，結果として一定の収益が上がることが確実視されていなければ，地主の側も開発行為は行わないでしょう。

したがって，地主は，事業が頓挫した場合の危険負担を踏まえた事業協定等を事前に事業会社との間で締結しているはずです。

たとえば，事業会社が一時的に開発資金を立て替えておき，後日，定期借地権を

V-⑩ 開発造成までは地主が行い，開発後の土地に事業会社との間で
定期借地契約を設定し，事業会社が一戸建住宅を分譲する手法

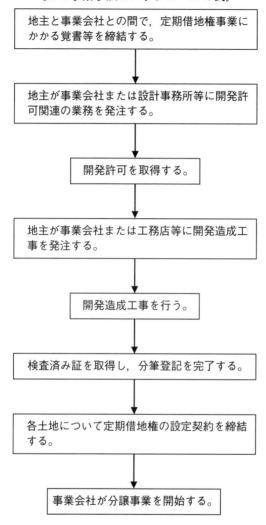

設定する際の一時金と相殺する等の手法が考えられます（この場合には，前項にも書きましたような留意点があります）。

　いずれにしても，事業会社とのそうした合意等によって，開発にかかる資金負担能力は十分に証明できるとは思われますが，具体的な手続きについては事業会社や

開発許可を取得する建築士等と十分に詰めておくべきでしょう。

なお，開発行為により設置された公共施設については，工事の完了公告の翌日に，極力，市町村にその施設を移管するものとされています。

ところで，開発行為により設置された道路についても，原則として市町村に移管する必要がありますが，定期借地権を活用した開発行為等であって，その道路が将来廃止される見込みが高く，私道として取り扱うことが合理的である等の理由がある場合（その他の条件もありますが）には，市町村に移管せず，私道とすることを許容する旨の通達が出ています（**巻末資料 11.**（263 ページ）参照）。

この通達には具体的な戸数や道路延長等の目安が定められており，比較的小規模な開発であっても該当する可能性がありますので，留意しておいてください。

もっとも，通達の内容も，「市町村に移管せず私道とすることができる」というものですから，仮に地主が私道による開発を希望したとしても，必ずしもその希望が通るわけではありません。

そうした意味では，行政と協議をするための一つの資料と考えていただけたらよいでしょう。

なお，最近では，この通達そのものの存在を知らない人も増えていますので，この場で詳しく紹介した次第です。

V-⑪

融資の問題—その(1)：普通借地権の場合

普通借地権でも，契約残存年数を上限とした返済年数となってしまう。

　定期借地権付き建物かどうかにかかわらず，そもそも借地上に建物を建てるときの融資にあたっては，所有地上に建てるときと比べて，いろいろな制約を受けることが多いといえます。

　具体的には，借地権の残存期間による制約をはじめ，地主の承諾を求められること，および担保価値の算定が困難なこと等が，その主な制約です。

＊　　　　　　　＊　　　　　　　＊

　ここでは，まず普通借地権における制約について説明します。

　現状の普通借地権の多くは旧法借地権であるため，堅固建物で30年，非堅固建物で20年の借地契約を交わしています。

　しかし，借地人は正当事由制度により保護されていますから，現実には，借地契約の更新時期が到来しても借地人は建物の利用を続け，かつ契約の継続を希望する場合は，よほどのことがない限り借地契約は更新されます。

　ところが，借地上の建物を建て替えるために金融機関から融資を受けようとするときは，こうした普通借地権の場合でも，借地契約の残存年数を上限にした返済計画しか組めないことが多いのです。

　たとえば，借地契約の残存年数が15年しかない場合には，借地人は最長15年返済の借入れしかできないことが多いようです。

　もっとも，普通借地権の場合は，借地上の建物を建て替える際に地主が再築の承諾をしたときは，その時点で，借地権の残存期間が20年未満のときは，地主の承諾の日もしくは建物の建築の日のいずれか早い日から，20年間，借地権が存続します（法7条1項）。

　いずれにしても，借地人の側に20年以上の長期間の借入れが必要な場合には，地主と借地契約を長くする等を交渉しなければいけません。

ところで，普通借地権付きの建物も不動産市場に流通はしていますが，所有権付きの建物に比べると，その数は多くないことから，一等地の借地権であっても，金融機関は，単に「地価×借地権割合」では借地権価格を評価しないことが少なくありません。

もっとも，借地上の自宅を建て替える場合には，上述のような点をクリアすれば何とかなることが多いのですが，借地上の賃貸住宅を建て替えるための借入れの場合は，担保価値の判断が難しいという理由で，融資に応じてくれる金融機関は多くありません。

なお，借地権の評価については後述します（相続税上の評価についてはⅧ-②～⑥参照）。

また，あまり数は多くありませんが，都心部などを中心にして転借地権が設定されている事例があります。

転借地権は普通借地権よりも権利が不安定であり，またその取引事例も少ないことから，担保価値も算定しにくいため，融資を受ける際にはより大きな制約を受けることになります。

なお，普通借地権であっても，金融機関から建築資金等の融資を受ける場合には地主の「承諾書」の提出を求められます（なお，この承諾書のフォームは金融機関によって違っていますので注意してください）。

仮に，借地契約で，地主の承諾がなくても建物の建替えができるという内容になっている場合でも，借地人の金融機関からの融資に協力する義務は地主にはありませんので，この承諾書への署名・押印を地主から拒否されてしまうと，借地人は融資を受けることが困難になってしまいます。

こうしたことを考えると，借地人は，日頃から地主と良好な関係を保つ努力が必要であるということができるでしょう。

V—⑫

融資の問題—その⑵：定期借地権の場合

借地借家法の特性を十分に理解して契約書を作るべきである。

　ここでは，定期借地権の場合の融資についての制約を考えてみましょう。

　定期借地権は更新されないため，当初の契約期間で終了します（もちろん，法の定める範囲内で，合意によって期間を延長できることはⅡ—⑫で述べた通りです）。

　そのため，定期借地上の建物を建て替える場合や，定期借地権付き建物を売買する場合のローンの返済期限は，最長でも定期借地契約の満了時までです。

　次に，地主の承諾なしに建物の建替えや譲渡・転貸が自由にできる場合であっても，建築資金や購入資金を銀行等の金融機関からの借入れでまかなおうとする場合には，地主の承諾が必要となるのは前述（V—⑪）の通りです。

　仮に契約上は自由に建替えや譲渡・転貸ができる内容となっていても，地主には，借地人が融資を受ける場合に金融機関から求められる「融資承諾書」に署名・押印をする義務はないため，地主が「融資承諾書」に署名・押印してくれないときには，借地人は融資を受けることができず，その結果として，建替え等ができなくなることは十分にあり得ることです。

　さらにいえば，前述の通り，建物の増改築を制限する旨の特約がある場合で，地主が増改築を承諾しない場合には，裁判所の許可を得て増改築ができますが，この場合でも，地主に「融資承諾書」の署名・押印を強制することはできません。

　以上のように考えますと，定期借地契約においても，増改築や譲渡・転貸については地主の承諾を得なければならないとか，または，地主に通知しなければならないと規定した上で，増改築や譲渡・転貸の承諾をする場合には，借地人から承諾書に署名・押印をするように求められた場合は，たとえば建築基準法等に則って増改築することを条件に融資の承諾に応じる等の内容としておく必要があると思われます。

V−⑬

借地権の担保価値

この問題は，借地権が地上権の場合と，賃借権の場合とで分けて検討しよう。

　この借地権の担保価値は，定期借地権と普通借地権に共通する問題です。

　まず，借地権が地上権の場合は，建物以外に地上権にも抵当権の設定が可能です。もっとも，抵当権が設定できても，二次流通の市場で一定の価値が認められない限りは，担保価値の問題は解決されません。その解決のためには，二次流通の市場における定期借地権を含めた借地物件の一層の拡充が必要です。

　なお，二次流通の市場において定期借地物件への融資が厳しいことが拡充の一つの阻害要因となっている一方で，二次流通の市場が確保されないと担保価値の判断が困難であるとすると，いわゆる「ニワトリが先か，卵が先か」の議論になってしまいます。

　現状では，民間の金融機関がこうした問題に適切に対応するのは難しいと思われますから，ある程度の流通市場が確保されるまでは，公的融資の拡充に依存せざるをえないのかもしれません。

　次に，賃借権の場合を考えてみましょう。賃借権は債権ですから，この権利に抵当権を設定することはできないため，建物に対する抵当権の設定にとどまります。

　保証金方式による定期借地権の場合は，一般に，地主の借地人に対する将来の保証金の返還を担保するために，保証金相当額の抵当権を底地に設定し，その権利に質権を設定することで担保価値を補完しています。

　なお，質権を設定する場合には，何らかの「物」を質入れする必要がありますから，地主から借地人に対して「保証金預託証書」を交付し，その証書を金融機関に差し入れる手法がとられているようです。

　もし地主に債務不履行があった場合には，その時点で地主から借地人に対して保証金を返還させるとともに，質権を実行することで，金融機関は少なくとも債権の一部を回収することができます。こうしたことから，かつては保証金相当額までの融資を行っていた金融機関もありました。

V—⑭

定期借地権にかかるプロパーの融資

複数の金融機関の融資条件が比較できれば，有利な借入先が選べるのだが……。

　定期借地権における融資のもう一つの主要な課題は，プロパーの融資がほとんどないということです。

　すなわち，新築物件については多くの場合，いわゆる「提携ローン」で対応されており，また中古物件についても，一部のデベロッパーでは自社の不動産流通子会社等の利用を条件にした提携ローンを用意しているケースが報告されています。

　もちろん，定期借地制度の発展のためには，提携ローンであっても融資の仕組みを充実させることは重要ですが，一方で，地場の不動産事業会社が定期借地物件を販売する場合に，販売会社の規模や金融機関等との関係によっては提携ローンが組めないケースもあります。

　また，ユーザーの使い勝手からいいますと，複数の金融機関の融資条件が比較検討できれば有利な借入先を選べますから，提携ローンだけではなくプロパーの融資も増えることを望みたいと思います。

　一部の都市銀行では，定期借地権付き住宅の新築物件だけではなく二次流通物件についても対応が可能なプロパーローンの仕組みをつくっていますが，残念ながら，積極的に取り組んでいるとはいえないのが現状です。

　定期借地権付き住宅に前向きに取り組んでいる融資として「フラット35」を挙げることができます。「フラット35」では，新築住宅のほか，中古住宅も融資対象にしています。

　もっとも，取扱い金融機関によって融資スタンスは異なるようですが，定期借地住宅への有力な融資の一つであることを紹介しておきます。

V─⑮

事業用途の定期借地権にかかる融資

事業用途の定期借地権の融資にも問題が多い。

　これも基本的には法22条借地権と同じ問題ですが，事業用借地権等を設定して事業用の建物を建築する場合に，借地人が建物の建築資金等の融資を受けられるか否かが問題となることがあります。

　このように，結論からいえば，特に担保価値の問題があり，多くの場合には事業用の借地物件のみに抵当権を設定して融資を受けるのは困難です。

　そのため，事業用借地権等を設定して事業用の建物を建築する場合には，建築資金等をどのようにして捻出するかを初期の段階で確認しておくことが重要です。

　たとえば，筆者の経験ですが，病院の勤務医が独立して診療所を開業するときに，たまたま諸要因からベストの立地が，事業用借地権で借地人を探している土地でした。

　これまで述べてきたような様々な理由から，事業用借地権の担保評価が不明であることがもっとも大きな要因で，この医者は診療所の建築資金を調達するのにかなりの苦労をされました。

　最終的には，この医者の父親が所有していた土地（この土地は診療所には向いていませんでした）に抵当権を設定して，なんとか融資を受けることができました。

　以上のように，現状では，事業用途の建物所有を目的とした借地権については，住宅以上に融資のハードルは高い状態にあると思われます。

　事業用途の借地上に建物を建築するための融資は，借地上の建物における収益見込み等によるプロジェクト・ファイナンスとしての要素が強いものであると思われます。

V－⑯
定期借地契約における
重要事項説明書の記載方法

転売方式のケースでは，重要事項説明書に契約書の写しを添付したほうがよい。

　定期借地権にかかる重要事項説明書の記載の仕方がわからないという話をよく聞きます。

　記載方法についての標準的なマニュアル等もなく，また「こう書くべきである」という規則もありませんが，定期借地権推進協議会で十数社の定期借地権付きマンションの重要事項説明書を分析した結果，その記載方法には大きく二つの傾向があることが確認されています。

　第一は，売買物件の「土地に対する権利の内容」や登記簿に記載された事項の中に必要な記載をするとともに，「売買代金以外に授受される金銭」に地代等の記載をするほか，「定期借地権に関する事項」という項目を別に作って説明する方法です。

　第二は，「土地に対する権利の内容」と「売買代金以外に授受される金銭」の項目は同じですが，「定期借地権に関する事項」については，特に項目を作らずに，「その他の概要」の欄に記載する方法です。

　なお，第二の方法も記載箇所が異なるだけで，記載内容は第一の方法の「定期借地権に関する事項」とほぼ同様です。

　次ページに，転売方式の定期借地権で，かつ一時金が保証金方式の場合の重要事項説明書の記載例や項目例を紹介しましょう。

　なお，「定期借地権に関する事項」には，詳細は省略しますが，次のような内容が記載されています。

- ●権利の種類（賃借権，地上権等）
- ●権利の内容（確認合意書の概要。もっとも，確認合意書に記載されている内容の大部分がそのまま記載されています）

　また，「売買代金以外に授受される金銭」の欄には，地代や保証金について記載します。

100　　V　定期借地権事業の実際

《「土地に対する権利の内容」の記載例（賃借権・保証金方式の場合)》

権利の種類	賃借権
特約事項	借地借家法（平成3年法律第90号）第22条の特約 「借地借家法第9条および第16条の規定にかかわらず，契約の更新（更新の請求および土地の使用の継続によるものも含みます。）および建物再築による存続期間の延長がなく，ならびに借地借家法第13条の規定による建物の買取りを請求することはできません。」
目　　的	建物の建築および所有
期　　間	平成○○年（西暦○○○○年）○月○日から平成○○年（西暦○○○○年）○月○日まで
保証金	金額については，別表○を参照。 建物の滅失登記および借地権の抹消登記完了後に，土地所有者より，原則として無利息で返還されます。
当初地代	当初地代は，別表○の通り
支払期限	翌月分の地代は当月○○日まで

〈注〉　上記以外に解体積立金などについても記載します。

　なお，実務上は，多くの場合，定期借地権の原契約書の写しが重要事項説明書に添付されています。

　転売方式による定期借地権の原契約は地主と事業会社が締結していますから，事業会社から物件を購入する一般ユーザーが原契約の内容を確認するためには，地主・事業会社（借地権の譲渡人）・ユーザー（借地権の譲受人）の三者間で定期借地権の内容についての「確認合意書」を締結します。

　重要事項説明書にこの「確認合意書」の概要を記載することは前述の通りですが，念のために原契約書の写しも添付しておいた方がよいでしょう（なお，代理方式のケースでは，ユーザーが直接定期借地契約をしていることから，重要事項説明書に契約書の写しまで添付する必要はないでしょう)。

V-⑰

借地権の登記

普通借地権では登記されている例が少ないが，定期借地権では多い。

　地上権および賃借権は所有権以外の権利に関する事項ですから，登記は乙区欄への記載となります。普通借地権は賃借権によるものが多かったことから，登記簿に借地権が登記されているケースは多くありません。

　その理由は，地上権は物権であるため，地上権者は地主に対して登記請求権をもち，地主の承諾を得ることなく地上権者が自ら登記をすることができるのに対し，賃借権は債権にすぎず，賃借人は当然には地主に対して登記請求権を有しないからです。

　そして，これまで地主の多くは登記簿に借地権登記が設定されることを嫌う傾向があったため，借地権の設定登記にあえて協力しなかったものと思われます。加えて，借地上の建物の登記があれば第三者対抗要件を満たすことができる（法10条）ことから，借地人もあえて借地権の登記を望まなかったようです。

　すなわち，借地権の登記をすると登録免許税がかかることから，建物登記のみで対抗要件が満たされるのであれば，あえて地主と交渉までして借地権の登記をする必要性を借地人は感じなかったのでしょう。

　一方，定期借地権はどちらかといえば，登記を設定しているケースが多いようです。これには様々な理由が考えられますが，地主側のメリットとしては，登記簿上に「法○○条の借地権」と記載されるほか，借地権の存続期間も登記されることから，第三者に対しても設定されている借地権を公示することが可能となります。

　こうしたことから，定期借地権事業に取り組もうとする地主から，定期借地権の設定登記の承諾が得やすかったことがあります。また，地上権型の定期借地権であれば，地上権にも抵当権の設定登記が可能ですから，借地人にとっても融資の枠組みの点から登記が設定されていることが有利な場合もあります。

　こうした様々な理由があって，法22条借地権の場合も法23条借地権の場合も，登記がなされている事例が多くなっているわけです。

V 定期借地権事業の実際

V-⑱

登記費用は，誰が支払うのか？

地主と借地人が話し合って決めればよい。

　前述の通り，借地権の設定登記をする場合には登録免許税がかかります。

　現行の税法では，登録免許税は固定資産税評価額の1%となっています（なお，所有権の移転登記の場合は2%です）が，この登録免許税は誰が負担すべきでしょうか。

　結論からいえば，地主と借地人で話し合って，その負担について取決めをすればよい，ということになります。

　実際には，借地人だけが負担している事例もありますし，借地人と地主が折半で負担している事例もあります。

　また，借地人の立場が強いケースでは，地主が負担する場合もあるでしょう。

　売買の場合であれば買手側が負担するのが一般的ですが，定期借地権の場合には，登記をすることは地主のメリットにもなることから，地主と借地人とで折半するケースも少なくありません。

　繰り返しになりますが，地主と借地人のどちらが負担するかは契約で決めればよいでしょう。

V−⑲

仮登記の可否

本登記をするまでは第三者対抗要件がないことに注意。

　定期借地権制度の誕生当初，定期借地権付き一戸建住宅の分譲では，本登記をせずに仮登記で済ませてしまっているケースも散見されました。

　ところで，仮登記には，次の二つの種類があります。

●１号仮登記……所有権，地上権，抵当権等の権利についての保存，設定，移転処分制限等について，登記申請に必要な登記識別情報や第三者の許可書等が添付できない場合を対象とします。

●２号仮登記……権利の設定，移転，変更または消滅に関して請求権（始期付きまたは停止条件付きのもの，その他将来確定することが見込まれるものを含みます）を保全する場合を対象とします。

　定期借地権の設定を本登記ではなく仮登記でする場合は，このうちの［１号仮登記］に該当しますが，仮登記にした大きな理由は，当時は本登記と比べて登録免許税が安かったということがあったようです。

　つまり，平成15年までは地上権および賃借権にかかる仮登記の登録免許税は1,000円であり，当初にかかる登録免許税を大幅に軽減することができたのです。

　ところで，仮登記の本来の役割は，将来本登記をするときの順位を保全することにあり，本登記までは第三者対抗要件等もありません。

　こうしたことからも，定期借地権の設定登記は本登記で行うべきです。

　なお，現行税法では，地上権および賃借権にかかる仮登記の登録免許税は1,000円ではなく，本登記の税率の２分の１となっています。

104　V　定期借地権事業の実際

V—⑳

定期借地権の登記例

登記は先順位が優先される。

　以下に，法22条借地権と法24条（現・法23条2項）借地権（賃借権型）の登記例を紹介しましょう（なお，実際の登記簿から個人情報を特定できる箇所を除いた内容となっています）。

❶法22条借地権—その(1)

権利部（乙区）			（所有権以外の権利に関する事項）
順位番号	登記の目的	受付年月日・受付番号	権利者その他の事項
○	賃借権設定	平成○○年○月○日 第○○○○○号	原因　平成○○年○月○日設定 借賃　月額金○○○○○円 支払時期　毎月末日 目的　建物所有 特約　借地借家法第22条の特約 存続期間　平成○○年○月○日から 　　　　　50年 賃借権者　○○区○○町○丁目○番○ 　　　　　号　　○○○○株式会社

❷法22条借地権—その(2)：地代の一部を前払いとする場合

権利部（乙区）			（所有権以外の権利に関する事項）
順位番号	登記の目的	受付年月日・受付番号	権利者その他の事項
○	賃借権設定	平成○○年○月○日 第○○○○○号	原因　平成○○年○月○日設定 借賃　月額金50,000円 　　　月払い分　月額20,000円 　　　前払い分　月額30,000円 　　　（前払賃料総額18,000,000円） 支払時期　毎月末日 目的　建物所有 特約　借地借家法第22条の特約 存続期間　平成○○年○月○日から 　　　　　50年 賃借権者　○○区○○町○丁目○番○ 　　　　　号　　○○○○株式会社

❸法 24 条（現・法 23 条 2 項）借地権

権利部（乙区）　　（所有権以外の権利に関する事項）			
順位番号	登記の目的	受付年月日・受付番号	権利者その他の事項
○	賃借権設定	平成○○年○月○日 第○○○○○号	原因　平成○○年○月○日設定 借賃　1 月金○○○○○円 目的　借地借家法第 24 条の建物所有 存続期間　平成○○年○月○日から 　　　　　20 年 賃借権者　○○区○○町○丁目○番○ 　　　　　号　　○○○○株式会社

なお，借賃の登記については，事業用定期借地権に次のような事例があります。

借賃	平成○年○月○日から平成△年△月△日までの本件建物建設工事期間中 1 月金○○万円 平成△年×月×日から平成□年□月□日までの本件建物での営業期間中 1 月金○○万円 平成□年◇月◇日から平成□年◎月◎日までの本件建物解体期間中 1 月金○○万円

　なお，借賃の項目のあとに，「支払期　毎月末日」等の記載をしているケースもありますが，これについては登記申請によって異なると思われます。

　さらに，法 22 条借地権と旧法 24 条借地権とを比較すると，法 22 条借地権では，三つの特約（①更新されない，②建物再築による期間の延長がない，③建物買取請求権を行使できない）が記載されていますが，旧法 24 条借地権では，筆者がチェックした限りでは見当たりませんでした。

❹法 24 条（現・法 23 条 2 項）借地権─保証金の返還請求権の抵当権の登記

権利部（乙区）　　（所有権以外の権利に関する事項）			
順位番号	登記の目的	受付年月日・受付番号	権利者その他の事項
○	抵当権設定	平成○○年○月○日 第○○○○○号	原因　平成○○年○月○日賃貸借契約 　　　の保証金返還の平成○○年○月 　　　○日設定 債権額　金○○○○万円 債権者　○○区○○町○丁目○番○号 　　　　○○○○ 債務者　○○区○○町○丁目○番○号 　　　　○○○○

106   V   定期借地権事業の実際

　なお，登記は先順位が優先されますから，地主の抵当権が設定された後に定期借地権が設定された場合で，契約期間中に地主の抵当権が実行された場合には，借地人はそれに対抗することはできません。

　こうしたことから，地主は抵当権付きの土地に定期借地権を設定させることは控えるべきですし，また借地権を設定しようとするときは事前に登記簿等を慎重にチェックすべきです。

Ⅵ

事業目的の借地権の実態

Ⅵ-❶

「事業用借地権に関する実態調査」の分析
その利用実態や賃料について。

　住宅所有目的の定期借地権は，広告宣伝を分析したり，分譲事業者（デベロッパーやハウスメーカー等）にアンケート調査をすることによって，世の中に流通している物件のかなりの部分を把握することが可能です。

　これに対して，事業目的の定期借地権（法23条の場合のみならず，法22条を利用して事業用建物を所有目的とする場合も含み，「事業目的の定期借地権」といいます）については，借り手側と地主が直に交渉して定期借地契約を締結することが多いため，その実態についての情報を得にくい状況にあります。

　また，建設会社等が自社で建築工事を受注するために地主と借地を希望する事業者とを結びつけることも少なくありませんが，分譲住宅の販売のように「公募」をすることがほとんどないため，個々の契約内容は「個人情報」として外部に報告されることはほとんどありません。

　こうしたことから，事業用借地権がどの程度利用されているのか，その実数は不明ですし，そのアウトラインについてのまとまった統計資料も多くありません。

　数年前に定期借地権推進協議会がある大手のフランチャイズ会社にヒアリングをしたところでは，その会社だけで全国で200を超える事業用借地権の利用事例があるとのことでしたので，この数字から類推してもその広がりはかなりのものになるのではないかと思われます。

　国土交通省は，平成15年度に，「事業用借地権に関する実態調査」を行っており，また平成20年度にも，同様の調査を行っています。このうち，平成20年度の調査には地代や一時金にかかる項目がないため，ここでは，情報としては少し古いのですが，平成15年度の調査結果を抜粋して紹介することとします。

　なお，前述の通り，事業用借地権にかかる調査は非常に行いにくく，事業用借地の物件を特定すること自体が大変な作業であるため，平成15年度の調査も，サンプル数は全国で116にすぎず，データの中に異常値がひとつでもあると，平均値に

《利用目的》

利用目的	件　数
物販・飲食等チェーン店舗	61
駐車場	8
オフィス・事務所	7
工場・作業所等産業施設	6
配送センター等物流拠点	5
その他	25
無回答	4
合　計	116

大きな影響を与えることとなりますので，以下の記述はあくまで参考値としてお読みください。なお，この調査は，様々な業界に対して無作為にアンケート用紙を送付して回収したと聞いています。

　まず，事業用借地権の利用件数がもっとも多いのは物販・飲食等チェーン店舗であり，オフィスや工場等でもある程度利用されているという状況です。なお，駐車場という回答がありますが，おそらく駐車場用の建物の所有目的でしょう。

　前述のように母数が116と少ないため，この調査結果からは全体像はなかなか見えにくいのですが，それでも，様々な用途で事業用借地権が利用されていることを読み取ることができます。

　なお，冒頭でも述べたように，実際には事業目的の建物所有のために法22条借地権が設定されているケースもあります（数は少ないのですが，事務所ビルも建築されていますし，また後述のように，法22条借地権を設定してドーム球場を建築した事例もあります）。

　いずれにしても，事業目的の定期借地権の底辺はかなりの広さになっているものと思われます。

　次に，立地条件については，既成市街地と郊外のロードサイドがほぼ同数となっています。

　臨海部については，工場や倉庫等のニーズと思われますが，既成市街地や郊外の

110　Ⅵ　事業目的の借地権の実態

《立地条件》

立　地	件　数
臨海部（埋立地・工場跡地）	3
既成市街地	40
郊外のロードサイド	43
上記以外	7
わからない	11
無回答	12
合　計	116

《借地期間》

借地期間	件　数
10 年	13
11～14 年	4
15 年	18
16～19 年	3
20 年	68
無回答	10
合　計	116

《利用目的別の借地期間》

利用目的	10 年	11～14 年	15 年	16～19 年	20 年
物販・飲食等店舗	6	3	12	3	34
オフィス・事務所等	1	0	0	0	5
工場・作業所等	1	0	0	0	5
倉庫配送センター	0	0	3	0	3
駐車場	2	0	0	0	4

《所在地別の月額地代》

(万円/㎡)

所在地	件数	~0.02	~0.05	~0.1	~0.15	~0.2	~0.3	~0.4	~0.5	~1.0	~2.0	2.0超	無回答
全 体	116	14	43	19	5	4	1	0	2	1	5	6	16
東京23区	6	0	0	0	0	2	0	0	0	0	1	0	3
首都圏 (除東京23区)	14	0	7	0	0	0	1	0	0	0	0	2	4
中部圏	28	3	9	8	1	0	0	0	0	0	3	1	3
大阪市	2	0	0	1	0	0	0	0	0	0	0	0	1
近畿圏 (除大阪市)	26	4	6	6	3	1	0	0	1	1	1	2	1
その他	37	7	19	4	1	1	0	0	1	0	0	1	3
不 明	3	0	2	0	0	0	0	0	0	0	0	0	1

ロードサイドについては，店舗または事務所のニーズが中心と思われます。

　この調査が行われた平成15年当時は，まだ20年超～50年未満の定期借地制度が法的に準備されていない状況でした。したがって，借地期間は20年が多いのですが，利用目的別にみますと，物販・飲食等店舗については，他の形態と比べて，比較的短期間の設定例が多いことがわかります。

　店舗の場合は，時間の経過とともに，市場の環境が変わることも多いため，当面は短めの期間を設定して出店した後に，事業が軌道に乗ってきたら，（法律で定められている範囲内で）期間を延長したり再契約を目指すケースも少なくないものと思われます（実際に，定期借地権推進協議会が受ける相談にも期間の延長に関するものも少なくありませんし，Ⅰ-⑬で示した事例の中にも期間を延長したケースが見受けられます）。

　116例のサンプル数ですが，月額地代は，200円超～500円/㎡（611円～1,652円/坪）の事例が最も多く，500円超～1,000円/㎡が続いています。

　なお，10,000円/㎡を超える事例も，全国で12例あり（このうち，20,000円/㎡を超える事例が6例あります），サンプル全体の10％強の割合となっている一方で，200円/㎡未満のケースも14例（サンプル全体の12％）あります。

112　Ⅵ　事業目的の借地権の実態

　住宅所有目的の定期借地権の場合は，地代がここまで乖離することはありませんが，事業用借地権の場合には，業種・業態により収益性に大きな違いが生じることから，こうした極端な数字が出ていると思われます。

　今後は，サンプル数を増やして，業種・業態ごとの分析を行う必要があるでしょう。

　なお，この報告書では，更地価格に対しての地代率について，上記のような表は掲載されておらず，更地価格に対しての年額地代の割合の分析結果のみが掲載されています。それによると，年額地代の平均値は13.3％，中央値は4.7％となっています。実際には1例だけ252％という異常値と思われるデータがあったために，平均値がかなり高くなっているようですので，強いていうならば，中央値あたりが，事業用借地権の地代の平均的なイメージではないかと考えられます。

◆**事業用定期借地権の平均地代率にバラツキが生じる理由**

　大手フランチャイズチェーン店の次の二つのケースについて考えてみましょう。

　Ａ：大都市周辺の駅前立地で，80坪（地価9,000万円）の土地に単独店舗で出店する。

　Ｂ：地方のロードサイドで，同じ規模の店舗所有目的で300坪の土地（地価1,500万円）を借りる。

　仮にどちらのケースでも売上げはほぼ同じとしますと，支払い可能な地代も理論上はほぼ同じになるはずです。

　たとえば，年額地代がどちらも300万円としますと，地代率は，

　Ａ：300万円÷9,000万円＝3.3％

　Ｂ：300万円÷1,500万円＝20.0％

となります。

　このように考えると，事業用借地権については，平均地代率よりも，どのような業態で，何坪くらいの土地が必要で，実際の支払い地代がいくらか，という事例の集積が重要ではないかと思われます。

Ⅵ－❷

事業目的の定期借地権についての その他の調査

定期借地権活用の底辺が確実に広がりつつある。

　国土交通省では，Ⅵ－①で述べた調査以外に，以前から公的主体が実施した事業用の定期借地権の活用実態についての調査を続けていました。

　もっとも，毎年の調査サンプルの数はあまり多くないことから，単年度のデータだけでは深掘りをすることはできませんが，何年かのデータをまとめて分析すれば一定の情報を得ることができるのではないかと考えました。そこで，定期借地権推進協議会では，一般財団法人都市農地活用支援センターとともに国土交通省の了解を得たうえで，平成23年～26年の4年間（以下，「前段」といいます (注18)) と，平成27年～30年の4年間（以下，「後段」といいます (注19)) のデータをまとめて分析してみました。

　事業用の定期借地権については，前述のとおり，データは多くないことから，この分析結果も貴重な資料になるものと思われますので，本項ではその概要について紹介をさせていただきます。

　もっとも，それぞれ4年分のデータをまとめたとはいっても，母数は前段が345で，後段も388にすぎないことから，この結果をもって事業用の定期借地権にかかる一般的な傾向であると結論づけることはできません。

　こうした調査は，継続的に行うことと，結果としてより多くのサンプルを揃えて分析をすることでデータとしての精度は高まりますし，その結果として今回の分析結果とは異なる結論が出ることも考えられます。

　それでは，本論に入りましょう。

　第一に，定期借地権事業に関与している公的機関の数も事業化数も確実に増えている状況にあるのですが，活用目的は時期によって特色が出ているように思えます。このうち，数が増えていることはサンプル数の増加からも読み取ることができます。前段のみの分析ですが，平成23年に定期借地事業の実績がある公的機関は21にすぎませんでしたが，翌年度は51になりました。また，平成25年と26年は

114　Ⅵ　事業目的の借地権の実態

61 となっていますし，その後はさらに数が多くなっています。

　次に，前段と後段のデータから読み取ることができる特色について考えてみましょう。

　まず，前段と比較して，後段は，保育所等および高齢者施設の数が大幅に増えていることが確認できます。この時期は，保育所における待機児童の多さが社会問題となったために，この間に保育園・保育所の新設が大幅に増えたことが，その理由と思われます。個別には，東京23区等の大都市部の自治体において，保育所等の所有目的で定期借地権を設定する数が極端に増えている傾向にありました。

　また，高齢者の数が増えていることから，高齢者施設の数も増えていることは理解できるでしょう。

　では，具体的な借地期間についても見てみましょう。

　最初に「商業施設」ですが，20年および20年以上30年未満の設定をするケースが多くなっていることがわかります。もっとも，前段と比べると後段のほうが設定する期間のバリエーションが増えています。なお，40年以上とする事例は多くありませんが，大型商業施設等の恒久的な施設をつくるときは長めの期間を選択しているようです。

　次に，保育所等については，前段と後段ではより大きな違いがみられます。

　前段では50年以上で設定している施設数も多いのですが，後段では20～30年程度の期間となっているものが圧倒的に多くなっています（30年以上40年未満としているときでも，ほとんどは31年か32年程度の期間となっていました）。共働き世帯が多くなっているなかで，当面は保育所の不足は継続するものの，少子化の影響から将来的にはこの問題は解決すると考えられるため，比較的短い借地期間を設定することが多くなっていることがその大きな理由ではないでしょうか。

　また，高齢者系の施設では老人ホーム等の居住系の施設が多いので，借地期間は相対的に長くなっています。50年未満で設定しているものは，デイケア施設となっています。

　そのほか，工場や事務所については前段も後段も20年以下で設定している施設が多い傾向にありますし，物流施設についても比較的期間が短いものが多い状況にあります（物流施設は後段のほうが，少し期間のバリエーションは多くなっています）。

　なお，平成19年の法改正までは借地借家法24条で規定されていた事業用借地権

Ⅵ-②　事業目的の定期借地権についてのその他の調査　　*115*

《定期借地権の利用用途と借地期間》

▶平成 23 年〜平成 26 年

	合　計	10年以上 20年未満	20年	20年以上 30年未満	30年以上 40年未満	40年以上 50年未満	50年以上
商業施設	101	10	52	23	14	1	1
保育所	25	1	3	2	7	0	12
高齢者系	24	0	0	0	0	0	24
医療系	17	1	6	0	5	0	5
工場・事務所	73	27	28	2	15	0	1
物流施設	31	7	12	3	9	0	0
学校等	7	1	2	1	0	0	3
その他	67	14	15	8	18	1	11
合　計	345	61	118	39	68	2	57
比率（％）	100.0	17.7	34.2	11.3	19.7	0.6	16.5

▶平成 27 年〜平成 30 年

	合　計	10年以上 20年未満	20年	20年以上 30年未満	30年以上 40年未満	40年以上 50年未満	50年以上
商業施設	109	19	32	28	22	3	5
保育所	96	3	11	19	42	3	18
高齢者系	52	3	0	2	3	0	44
医療系	8	1	1	1	1	1	3
工場・事務所	94	26	31	15	14	3	5
物流施設	28	5	8	3	9	2	1
学校等	11	2	2	0	3	0	4
その他	—	—	—	—	—	—	—
合　計	388	59	85	58	94	12	80
比率（％）	100.0	14.9	21.4	17.1	23.6	3.0	20.0

の借地期間は10年以上20年未満でしたが，この法改正の結果，結果として10年以上50年未満の期間で事業用の定期借地権を設定することができるようになったことで，定期借地権の用途が拡大したことは，これらの結果からも見て取ることができます。

　もっとも，20年以上30年未満（借地借家法23条2項）と30年以上40年未満（借地借家法23条1項）の事例は多いのですが，40年以上50年未満の期間で設定する例は多くないようです（保育園のところでも述べましたが，現実には30年以上40年未満で設定されているケースでも，30〜32年程度とする例が多い状況です。このように考えると，定期借地権のニーズは，30年前後くらいまでか50年以上のもの多くなっている状況にあるようです）。

　次に，事業用の定期借地権による地代（賃借権型の定期借地権については，本来は「賃料」と表現すべきですが，ここでは「地代」と表現します）について考えてみましょう。

　定期借地権推進協議会には，「事業目的で定期借地権の計画をしているが，地価に対する地代の相場を教えてほしい」という質問が寄せられることがあります。しかしながら，結論から言えば，事業目的の定期借地権で「地代率」を一般論で語ることは危険であると考えています。

　住宅所有目的の地代や一時金は，地価が高い場所では高額所得者が住宅を購入しますし，通常の住宅地であれば中堅所得層の住宅が立ち並ぶことになるので，場所ごとに賃料や一時金の相場が形成されます。当然ながら，地価に対する年額地代の比率等についても目安となる相場があると考えてよいでしょう。

　これに対して，非住居系の建物を所有する目的で定期借地権を設定するときの地代率や地代の額の目安を示すことは困難です。その理由は，業種業態によって収益性が異なることによります。収益性が高い業種で事業をするときはより高額の地代を支払うことが可能ですし，収益性が低い業種のときは支払い可能な地代は低くせざるを得ません。

　そのほか，全国的なフランチャイズチェーンが出店するときは，店舗当たりの収益性は大きく変わらないはずですから支払い可能な地代額は大きく変わらないはずです。地価が安い場所ですと，地価に対する比率は高くなるのではないでしょうか。

Ⅵ-② 事業目的の定期借地権についてのその他の調査 　*117*

　たとえば，コンビニエンスストアで月額 15 万円の地代の支払いが可能である場合で考えてみましょう。都市部で地価が 100 万円/坪で 100 坪の土地を借りたとすると，地代率は 1.8％＝（15 万円×12 月）/（100 万円×100 坪）にすぎませんが，郊外部で 5 万円/坪で 200 坪の土地を借りたときは，18％＝（15 万円×12 月）/（5 万円×200 坪）となります（この点については，Ⅵ-③を参照してください）。

　以上の内容を理解いただいたうえで，サンプル数が比較的多いもので前段と後段についてまとめてみました[注20]。

《用途別の地代・一時金について》

	前　　段			後　　段		
	地代/㎡ （万円）	年額地代/ 地価（％）	一時金/ 年額地代（倍）	地代/㎡ （万円）	年額地代/ 地価（％）	一時金/ 年額地代（倍）
コンビニ	0.11	8.77	0.82	0.11	11.6	0.67
飲食系	0.04	5.79	0.84	0.03	3.7	0.62
倉庫・物流	0.01	2.88	2.29	0.02	5.2	2.30
工　場	0.01	3.67	3.70	0.01	9.9	3.24
事務所	0.02	3.30	2.41	0.02	17.1	1.36
福祉施設	0.01	1.79	1.76	0.04	2.0	1.41
保育園	0.01	1.60	0.62	0.03	1.5	1.92

　一定以上のサンプルがあるものをまとめたものの，絶対数が多くないことに加え，「工場」や「事務所」は業種業態も立地も様々であることから，前段と後段でデータが異なることもあります。また，地価が安い立地で事業化すると地価に対する地代率も高くなるので，地代率だけで判断をすることは危険です。

　たとえば，後段の「事務所」を見ると，地価に対する地代率は 17.1％と高率になっていますが，㎡当りの地代は 200 円にすぎません。その意味では，二つのデータを併せて読み取ることが必要かもしれません。

　このうち，コンビニについては，㎡当りの地代は前段も後段も 1,100 円となっていますし，一時金も 6〜9 月分程度となっています。そのほか，飲食系，倉庫・物流施設，工場，事務所についての㎡当りの地代は極端に変わっていませんが，地価

118　Ⅵ　事業目的の借地権の実態

に対する年額地代の比率は，工場や事務所では大きく変わっています。

　また，保育園については，後段では前述のように東京 23 区での利用が増えたことから㎡当りの地代は高くなっていますが，地価に対する地代率はほとんど変わっていないところが特徴的な点と考えられます。

（注 19）　大木，佐藤，小谷稿「公的機関における事業用定期借地権の活用状況から」『季刊・不動産研究』Vol.57，No.4 参照

（注 20）　大木稿「定期借地権の昨日・今日・明日③非居住目的の定期借地権について」『月刊フォーラム 21』2022 年 1 月号参照。

（注 21）　（注 19）と（注 20）のデータから作表。

VI－❸
事業用借地権の地代の算出法
貸店舗の賃料からみた上限地代の算出式の考え方は……。

　事業用借地権とは「専ら事業を目的とする借地権」をいいますが，この「事業」には様々なバリエーションが考えられます。たとえば，事務所，工場，倉庫もありますし，小売店や飲食店を目的とする場合もあります。また，医院・診療所などもこの場合の事業の類型に含まれます。

　住宅所有目的の定期借地権の地代は，対象地の地価や家賃相場等にある程度リンクする傾向がありますが（V-⑦参照），事業用借地権の場合には，対象地の地価等よりも，むしろ借地人の業種・業態等により異なる傾向があるようです。

　すなわち，収益性の高い借地人の場合は，自身が借りたい土地であれば比較的高額の地代であっても負担が可能となりますし，逆に収益性の低い借地人は相対的に低い地代しか支払うことができません。たとえば小売店で，仮に販売額に対する仕入額の割合がほぼ同等の店舗を想定すると，1日の売上高が30万円の店舗と100万円の店舗とでは，地代の支払い能力に大きな差が生じます。こうした傾向は，117ページの表を見ても，地代の幅に大きなバリエーションがあることや，必ずしも東京の地代が高いわけではないこと等からも理解できるでしょう。

　なお，参考までに，貸店舗の家賃をベースにして事業用借地権を設定する場合の地代の求め方をあげておきます。すなわち，借地人が仮に建物を賃借するとした場合の想定支払家賃から，家主として建物を所有した場合の負担額（建築費の償却額や固定資産税，維持修繕費等）を差し引いた金額が，借地人として支払い可能な地代の上限額と考えることができるわけです。

事業用借地権の上限地代
　＝建物を借りる場合の支払家賃－建物建築費の償却額－建物等の維持修繕費等

VI　事業目的の借地権の実態

VI−4

事業用借地権の一時金

調査によれば，「保証金のみ」が 116 件中 58 件で最も多い。

　定期借地権事業では，定期的に支払う地代以外に，借地権設定時に一時金を授受することが多く見受けられます。

　事業用借地権においても，下表のように，借地権設定時に一時金を授受するケースが多い一方で，授受しない事例も少なからずあるようです。

　一時金を設定するか否か，あるいはどの程度の一時金を設定するかは，地主と借地希望者との交渉によることになります。

　なお，一時金については，II−⑦〜⑨を参照してください。

　下表に示すように，事業用借地権の設定に際して授受される一時金は「保証金のみ」が多く，次は「一時金なし」です。逆に，「権利金のみ」は116事例中3例しかなく，また「権利金＋保証金」が4例あるのみです。

　これは，事業者が店舗や事務所を借りる場合には，通常，月額家賃の6〜10か月分程度の保証金を支払うことが多いため，事業用借地権の場合でも，保証金方式に

《事業用借地権の設定に際して授受される一時金》

所　在　地	件　数	権利金のみ	保証金のみ	権利金＋保証金	一時金なし	回答なし
全　体	116	3	58	4	24	27
東京23区	6	0	2	0	1	3
首都圏（除東京23区）	14	1	3	1	6	3
中部圏	28	0	13	1	7	7
大阪市	2	0	1	1	0	0
近畿圏（除大阪市）	26	2	11	0	5	8
その他	37	0	26	1	5	5
無回答	3	0	2	0	0	1

Ⅵ-④　事業用借地権の一時金　　121

《権利金の設定額》	（円/㎡）
平　均　値	9,500
中　央　値	2,500
最　大　値	24,000
最　小　値	2,100

《保証金の設定額》	（円/㎡）
平　均　値	6,600
中　央　値	3,800
最　大　値	96,000
最　小　値	200

よる一時金の設定は比較的問題なく行いやすいのではないかと思われます。

　また，権利金および保証金の設定額は上表のとおりです。

　なお，前述したように，この調査もサンプル数が多くありませんし，業種・業態によって一時金の負担能力は大きく異なることから，この数字にはあまりとらわれないでください。あくまで，一つのサンプルとして理解していただけたらと思います。

VII

定期借地権付き住宅の二次流通

124   Ⅶ　定期借地権付き住宅の二次流通

Ⅶ−❶
定期借地権付き住宅の二次流通の概要
データによれば，一戸建住宅よりもマンションの取引件数が多い。

　定期借地権付き住宅が最初に供給されてから今日まで 20 年以上が経過しました。
この間，相当な数の住宅が二次流通市場に出ているものと思われますが，実際に，
不動産仲介業者ごとにどの程度の数に対応しているかは不明です。

　さて，平成 16 年から 21 年までに，（財）東日本不動産流通機構，（社）中部圏不動
産流通機構，（社）近畿圏不動産流通機構，（社）西日本不動産流通機構の 4 団体に登
録されたデータを分析した結果では，次のような取引状況であったことが確認され
ています。

《指定流通機構に掲載された定期借地権付き住宅の取引事例数》

平 成	16 年	17 年	18 年	19 年	20 年	21 年
一戸建住宅	53 戸	69 戸	71 戸	79 戸	81 戸	82 戸
マンション	108 戸	125 戸	112 戸	110 戸	174 戸	173 戸

　なお，この期間内においては，定期借地権付き一戸建住宅については一戸建住宅
の総供給戸数の 0.2％程度，定期借地権付きマンションについてはマンションの総
供給戸数の 0.8％程度の数となっています。

　定期借地権付きマンションの取引事例の方が多い理由は不明ですが，実際の供給
事例では，定期借地権付き一戸建住宅は郊外の住宅地が比較的多い一方，定期借地
権付きマンションは駅近くの利便性の高い物件が多いことのほか，一戸建住宅は家
族構成の変化に応じて増改築などで対応できるのに対して，マンションの場合はこ
うした対応ができないことから，売却して他の住宅を求めるケースも少なくないこ
とを挙げることができるでしょう。

Ⅶ－❷

価格の査定

特に保証金方式の価格査定は難しい。

　定期借地権付き住宅の二次流通における問題点としては，次のようなことがあげられています。

① 　価格査定の問題（特に一時金が保証金方式の場合）

② 　融資の問題

③ 　契約内容の承継の問題

④ 　契約書や重要事項説明書の作成方法の問題

　以下，それぞれについて簡単に述べてみます。

＊　　　　　　＊　　　　　　＊

　不動産仲介業者が定期借地権付き住宅の価格を査定するとき，いくらにすべきかは非常に難しい問題です。

　かつて定期借地権普及促進協議会では，中古の定期借地権付き住宅の価格査定マニュアルを作成していました（**巻末資料13.**（266ページ）参照）ので，それが一つの有力な査定手法になると思われます。

　そのほかには，定期借地権では地代の支払いが必要であることから，地代額を借入金の返済額とみなして，所有権分譲価格から一定額を控除して求める手法が考えられます。

　具体的には次の例のようにして求めます。

【設例】

● 月額地代　　　　　　　　　　　　25,000 円

● 借入金100万円当たりの月額返済額　　5,000 円

（金利と返済年数により，100万円あたりの月額返済額は上下します。）

この場合，月額地代25,000円を支払っているということは，500万円の住宅ローンを返済していることと同じです。

仮にこの住宅が所有権であるとしたときの査定額を2,500万円とし，定期借地権付き住宅として査定する場合は，地代負担額に相当する少なくともこの500万円を控除した額以下でないと，購入者にはメリットがないことになります。

次に，新築の定期借地権付き分譲住宅の販売価額が所有権付き分譲住宅の60%相当だと仮定した場合で，その考え方を準用しますと，所有権付き中古住宅が2,500万円の場合は，定期借地権付きでは1,500万円前後となります。

もちろん，中古住宅の査定と新築の定期借地権付き住宅を同じ土俵で考えなければいけないわけではありませんが，要は，「残存期間○○年の定期借地権付き住宅にどれだけの価値があるか」ということを判断すればよいわけです。

なお，一時金が保証金の場合は，「保証金返還請求権の現在価値をいくらに設定すべきか」という問題があります。

保証金は借地期間の満了後に借地人に返還されることから，保証金方式の定期借地権付き住宅を購入した人は，「○○年後には××万円のお金がはいってくる債権をもっている」と考える必要があるためです。

ただし，保証金返還請求権はある種の金銭債権ですが，取引市場があるわけでもありませんから，実際の不動産取引に際しては，この評価は非常に難しいといえます。

二次流通業者の話では，たとえば，「めんどうだから，○○年後に500万円が戻ってくる権利であっても，あえて割引現価率等の概念を使わずに，保証金が500万円だから，保証金返還請求権の評価も500万円である」ということで対応しているケースもあるようです。

なお，このように考えますと，二次流通時に不動産会社が取得できる仲介手数料は著しく低くなってしまいます。そうなると，定期借地権付き住宅の二次流通に積極的に取り組む不動産会社が少なくなる懸念が生じます。

いずれにしても，保証金返還請求権の現在価値については，だれでも簡単に査定ができるマニュアルが必要です。たとえば，前述の中古の定期借地権付き住宅の価格査定マニュアルを各団体が一般化すればよいのではないでしょうか。

なお，一時金が権利金や前払い地代の場合には，この問題は発生しません。

Ⅶ-❸

二次流通における融資

現状では，プロパーのローンが用意されているケースは少ない。

　定借調査データではあまり多くありませんが，二次流通の調査では住宅ローンの利用状況は次ページの表のようになっています。

　この調査では，39のサンプル数の中で，住宅ローンを利用したケースと利用しないケースがほぼ拮抗しています。また，住宅ローンの種類は，ほとんどが民間の金融機関となっています。

　次に，定期借地権の融資については，新築の分譲物件でも，いわゆるプロパーの融資はほとんどなく，多くが提携ローンの形態をとっています。

　当然ながら，中古物件についても，現状ではプロパーのローンが用意されているケースは少ないため，最近では，分譲会社の系列の不動産会社に仲介を依頼する場合には，二次流通でも提携ローンを用意しているケースがあります。

　現実に，所有権付き物件に比べた住宅ローンについてのアンケートでは，「取り扱っている民間の金融機関を探すのに苦労した」という回答が多くあります。

　いずれにしても，二次流通が困難な物件は，新築の販売にも影響するでしょう。

　定期借地権の場合は二次流通価格も安いことは確かですが，一方で，住宅ローンを利用しないと回答している人が全体の半数近くいるということは，融資の制度に問題があるのか，あるいは，潜在的な購入希望者の数は多くても，現実には融資がつかないために，購入をあきらめているのではないかと考えられます。

　なお，前述のように，大手デベロッパーの分譲案件では，二次流通の際も一定の条件付きで購入者向けに融資可能な提携ローンを設定した事例もあるようです。

　条件の具体的な内容ですが，デベロッパーの系列の不動産仲介会社による販売の義務付き等と思われますが，多少の条件があるとしても，二次流通向けの融資の仕組みがあるのはよいことだと思います。

　定期借地権制度が今後一層発展するためには，定期借地権にかかる融資制度が整備されることを望んでやみません。

128　Ⅶ　定期借地権付き住宅の二次流通

《二次流通における住宅ローンの利用の有無》

	合　計	利用あり	利用なし
全　体	39	21	18
一戸建住宅	13	8	5
マンション	26	13	13

《住宅ローンの種類》

	合　計	機構のみ 〈注〉	民間のみ	無回答
全　体	39	3	17	19
一戸建住宅	13	0	8	5
マンション	26	3	9	14

〈注〉　機構：住宅金融支援機構

《所有権付き物件と比較した住宅ローン》 　（複数回答あり）

	合計	取り扱っている民間の金融機関を探すのに苦労した	融資額が少なかった	融資期間が短かった	融資金利が高かった	その他	無回答
全　体	44	10	1	2	3	4	24
一戸建住宅	16	3	1	2	2	0	8
マンション	28	7	0	0	1	4	16

　　住宅金融支援機構のフラット35においては，二次流通でも利用できる融資の仕組みが用意されています。しかしながら，この融資を利用した割合が少ないのは何故でしょうか？　定期借地権のいっそうの普及のためにも，二次流通でフラット35の利用を増やすような取組みが必要かもしれません。

Ⅶ-④

契約内容の承継

承継にかかる「合意書」を当事者間で必ず交わすこと。

　Ⅱ-⑩でも述べましたが，借地権を譲渡する場合には，実務上は，「定期借地契約の承継にかかる確認合意書」（名称には特に制約はありません）を，地主・譲渡人・譲受人の間で交わす必要があるでしょう。

　ところで，定期借地権付き建物を第三者に売却等する側は，売却に際して，地主との間で，定期借地権にかかる「確認合意書」の締結をすることを失念している可能性があります。このような場合は，契約に際して地主の側から同書の調印を申し出ればよいと思います。

　そのためには，地主が借地権の譲渡・転貸の事実を知るような仕組みにしておけばよいわけですから，「定期借地権設定契約書」において，譲渡・転貸の際には地主の承諾もしくは通知を求めるように規定しておく必要があります。

　なお，定期借地権が地上権の場合は，借地人は譲渡・転貸が自由にできますが，上述のような点を考えますと，地上権であっても，譲渡・転貸をする場合には，少なくとも地主に通知する義務を借地人に課す内容とすべきでしょう。

　また，「確認合意書」の形態ですが，定期借地権の原契約の内容であらかじめ用意しておくのが最良であると思われます。

　極端な話，表紙に「定期借地契約の承継にかかる確認合意書」等と銘打ち，「土地所有者○○，借地権譲渡人△△，借地権譲受人××の三者は，△△と××との間の○○年○○月○○日付け定期借地権の譲渡契約に際して，譲受人××は，○○と△△間での添付定期借地契約の内容の承継を確認した」等の文言を書き，三者が署名・押印をした書面に，定期借地権の原契約書の写しを添付した程度のものでも構わないでしょう。

　なお，重要事項説明書については，新規の定期借地権の設定契約でも同じですから，Ⅴ-⑯を参照してください。

定期借地権の税務

VIII 定期借地権の税務

VIII-❶

認定課税のあらまし

特殊な仕組みで定期借地権事業を企画する場合は，必ず税理士等の専門家に相談すること。

　ここでは，定期借地権の税務として考慮すべき点について概括的に述べます。

　定期借地権の税務は，基本的には借地権にかかる税務を前提としていますが，これまでに述べてきたことからもおわかりのように，現在でもなお定期借地権の制度自体がまだ完全には定まっていない状況があると考えられます。

　たとえば，借地権の設定時に授受する一時金について，保証金，権利金，前払い地代等，様々なバリエーションがありますし，また地代についても，特に相場が形成されているとはいえない状況です。

　こうしたことから，たとえば普通借地権の設定に際して権利金の授受が慣行とされている地域において，特殊利害関係者間で権利金を支払わない，あるいは権利金は支払うものの相場よりも著しく低い額しか授受しないような場合には，本来支払うべき権利金と実際に支払われた権利金との差額については，借地人から地主に対して贈与等がなされたと認定され（当事者同士が，個人間か個人・法人間か等によって異なります），課税対象となります。

　定期借地権の場合は，前述の通り，一時金は必ずしも権利金とは限らず，仮に保証金を授受したとしても，そのことで認定課税の対象になることはないと思われます。

　しかし，類似の地域で同種の定期借地物件が多く供給されている場合に，他と比べて著しく低い一時金の授受で済ませているケースがあり，それについて合理的な説明ができないときは，税務当局から認定課税等の扱いを受ける可能性があります。

　このように考えますと，特殊な仕組みで定期借地権事業を企画する場合には，税理士等の専門家とよく相談しながら，枠組みづくりを進める必要があるでしょう。

　さて，このような特別な場合を除いて，定期借地権の税務で特に重要と思われる事項には次があります。

① 相続が生じた場合の定期借地権と底地の評価

② 保証金方式の定期借地権に相続が生じた場合の保証金債務の考え方

③ 保証金と所得税の問題

④ 権利金と所得税の問題

⑤ 前払い方式の場合の地代の処理の問題

⑥ 保証金方式の定期借地権付き住宅にかかる住宅ローン控除

⑦ 定期借地権の設定にかかるその他の課税問題

以下，各項目について検討しましょう。

134 Ⅷ 定期借地権の税務

Ⅷ—❷

定期借地権の相続評価のあらまし

借地権と底地にかかる相続税上の評価の原則は，[土地価格＝借地権価格＋底地価格]。

　相続税法上の定期借地権および底地の評価については，非常にわかりにくいものとなっています。

　まず，定期借地権の種類や相続の時期によって，次のように分けることができます。

●財産評価基本通達による評価方法———原則法
　　　　　　　　　　　　　　　　　　　　　簡便法

●個別通達による評価方法

　上記のように，財産評価基本通達による評価と，平成10年8月25日付の個別通達（平成11年7月26日に一部改正されています）による評価の二つの考え方があり，さらに，財産評価基本通達による評価方法には，原則法以外に簡便法があり，このなかのどれが実際に適用されるのかが非常にわかりにくくなっています。

　また，財産評価基本通達で評価する場合，借地権設定時の一時金を保証金にしたときは，権利金にしたときよりも計算がやや面倒になっています。

　以下，その内容を解説しますが，具体的な税務が発生した場合は，ぜひ税理士等の専門家に相談されることをお勧めします。

　なお，借地権と底地にかかる相続税評価は，原則としては，[土地価格＝借地権価格＋底地価格]という式で成り立っています。

　以下の評価についても，個別通達により底地を評価する場合を除いて，この式が成り立つことを理解しておいてください。

Ⅷ-❸

財産評価基本通達か個別通達か？

どんな場合に，どの評価方法を利用すればよいのか？

　前述のように，相続に際して定期借地権や底地を評価する場合には，いくつかの計算方法があり複雑に見えます。

　しかし，問題点を整理すると，どの場合にどの評価方法を利用すべきかについては，次のように簡潔に分類することができます。

●個別通達による評価………………法22条借地権のうち，借地権割合が路線価
　　　　　　　　　　　　　　　　　図のC～G地区および評価倍率表に示される
　　　　　　　　　　　　　　　　　借地権割合が70％，60％，50％，40％，
　　　　　　　　　　　　　　　　　30％の地域の底地評価

●財産評価基本通達による評価……上記以外の定期借地権が設定されている土地
　　　　　　　　　　　　　　　　　の底地および定期借地権の評価

　なお，財産評価基本通達により評価する場合で，原則法を採用するか，または簡便法を採用するかについては，相続税を申告する人が有利な方を選択すればよいことになっています。

136　Ⅷ　定期借地権の税務

Ⅷ-4

財産評価基本通達による評価の原則法
評価通達の算定式の仕組みをよく理解しよう。

　財産評価基本通達による評価の基本は,「定期借地権価額」の評価方法について示したものであると考えてよいでしょう。

　前述の通り，原則として，[土地価格＝借地権価格＋底地価格]と考えられていますから，定期借地権の価格が確定すれば，定期借地権が設定された土地の価格（底地価格）は，[土地価格－定期借地権価格]で算定できます。

　財産評価基本通達には，次のような定期借地権の価額の計算式が示されています。

定期借地権の価額
　＝①課税時期における自用地価額×②借地権設定時における定期借地権割合
　　×③定期借地権の逓減率

---

　①の「課税時期における自用地価額」とは，路線価または倍率方式により算定される相続時の土地の更地評価額です。

　②の「借地権設定時における定期借地権割合」は，次式により求めます。

借地権設定時における定期借地権割合
　＝定期借地権設定時における借地人に帰属する経済的利益の総額÷定期借地
　　権設定時におけるその土地の通常の取引価格

　「定期借地権設定時における借地人に帰属する経済的利益の総額」とは，一時金が権利金方式または前払い地代方式の場合は，その権利金または前払い地代の額が

VIII-④ 財産評価基本通達による評価の原則法　　*137*

これに相当します。

　すなわち，たとえば地価が 10,000 千円（自用地価額 8,000 千円）の土地で，3,000千円の権利金を授受した場合の借地権設定直後の定期借地権割合は 80％で，定期借地権の価額は 2,400 千円になります。

　なお，一時金が保証金方式の場合には，「保証金の授受に伴う経済的利益の額」を求める必要があります。

　簡単にいえば，権利金は地主の所得であり，将来の期間の満了時に借地人に返還する必要はありませんが，保証金は原則として期間の満了時には借地人に返還する必要があるため，借地権の設定時に受領した保証金の額から，借地権の設定時における地主の債務相当額（借地権の返還時まで，所定の金利（基準年利率）で運用した場合に，保証金の額となる元本額）や，保証金の返還時に一定の利息を付す場合には約定利息の総額を差し引いた金額が，保証金の授受に伴う経済的利益の額ということになります。

　この「保証金の授受に伴う経済的利益の額」は，次式により求めます。

保証金の授受に伴う経済的利益の額

　＝保証金の額に相当する金額－（保証金の額に相当する金額×定期借地権等の設定年数に応ずる基準年利率による複利現価率）－（保証金の額に相当する金額×基準年利率未満の約定利率×定期借地権等の設定年数に応ずる基準年利率による複利年金現価率）

　なお，保証金の返還時に利息を付す特約があるケースはほとんどありません。そのため，この場合は，［保証金の額に相当する金額×定期借地権等の設定年数に応ずる基準年利率による複利現価率］のみの計算でよいこととなります。

　また，これ以外に地代が低額で設定されている場合の計算式もありますが，実務で使われるケースはほとんどないと思われますので，その説明は割愛します。

　実務上，周辺の相場よりも明らかに低額の地代が設定されている場合には，こうした計算方法があることに留意して相続財産を評価する必要があることを覚えておけばよいでしょう。

138   Ⅷ　定期借地権の税務

　次に，③の「定期借地権の逓減率」は，次式により求めます。

```
定期借地権の逓減率
　＝課税時期における残存期間の年数に応ずる基準年利率による複利年金現価
　　率÷設定期間年数に応ずる基準年利率による複利年金現価率
```

　ところで，定期借地権にかかる税を検討する場合，「複利現価率」や「複利年金現価率」等の用語が登場し，混乱することがあります。

　どちらも，各金利による複利現価率や複利年金現価率の表をもとにして計算すればよいのですが，ここでこの用語の意味を簡単に説明しておきましょう。

　「複利現価率」とは，複利計算による将来価値の現在価値への乗数率をいいます。簡略にいえば，「△年後に〇〇〇円になるために，毎年同じ利息で複利運用するとした場合，今いくらあればよいか？」を計算するための乗数です。

　「複利年金現価率」とは，一定の金銭を定期的に積み立てて一定の金利で複利運用した場合の総額の現在価値を求める率をいいます。

VIII—⑤

財産評価基本通達による評価の簡便法

借地権の残存期間に応ずる逓減率は最高で 20%。

　次式により貸宅地を評価した価額が，原則的な評価法によって評価した価額を下回る場合は，この算式により評価します。

貸宅地の評価額＝自用地評価額×（1－残存期間に応ずる逓減割合）

「残存期間に応ずる逓減割合」は，次表のとおりです。

残存期間	逓減割合
5 年以下	5%
5 年超～10 年以下	10%
10 年超～15 年以下	15%
15 年超	20%

140　VIII　定期借地権の税務

VIII−❻

個別通達による評価法

この評価法は，特殊利害関係者間には適用されない。

　個別通達では，法22条借地権が設定されている土地（底地）の評価方法は次の通りとされています。

　なお，前述の通り，個別通達による評価には，第一に法22条借地権の底地であること，第二に普通借地権にかかる借地権割合によること，という制約があります。

　これに該当しないもの，たとえば法23条借地権が設定された土地や，または法22条借地権についても借地権割合が路線価図のB地区で定期借地権が設定されている土地のような場合には，この個別通達の評価対象にはなりませんので注意してください。

　なお，この取扱いは当面の間の措置とされていること，また，租税回避行為を防止するために課税上弊害がない場合のみ適用されるため，特殊利害関係者間（親族間や同族法人とそのオーナー間等）の場合は適用されません。

貸宅地の評価額＝自用地評価額−一般定期借地権相当額

　「一般定期借地権相当額」は，次の算式で求めます。

一般定期借地権相当額
　＝自用地評価額×（1−①定期借地権設定時の底地割合）×②逓減率

①の「定期借地権設定時の底地割合」は，次表のとおりです。

借地権割合	普通借地権の底地割合	一般定期借地権（法22条借地権）の底地割合
C 地区（70%）	30%	55%
D 地区（60%）	40%	60%
E 地区（50%）	50%	65%
F 地区（40%）	60%	70%
G 地区（30%）	70%	75%

②の「逓減率」は，次式より求めます。

逓減率
＝課税時期における残存期間の年数に応ずる基準年利率による複利年金現価率÷設定期間年数に応ずる基準年利率による複利年金現価率

VIII — ❼

相続の場合の保証金にかかる債務控除

評価通達では，保証金返還債務の額は保証金全額ではない。

　定期借地権制度が誕生した当初は，定期借地権を設定する際の一時金を保証金として，もし地主に相続が発生した場合は次のように取り扱うと考えられていました。

①　たとえば，地主が保証金として借地人から 10,000 千円の預託を受けた場合は，地主には 10,000 千円の保証金が存在する。

②　しかし，借地権設定時または，借地権の設定契約において借地人からの中途解約を認めることが規定されている場合は，中途解約時にはその 10,000 千円を無利息で借地人に返済する義務を地主は負っている。

③　そのため，地主からすれば，実際の保証金と同額の保証金返還債務があることから，相続税上は結果的にはプラスマイナス 0 となる。

　ところで，財産評価基本通達においては，相続時の保証金返還債務の額は，保証金全額ではなく，次式により計算することとされています。

　この計算式では，次の二つの合計額が保証金返還債務の額となります。

①　借地期間満了までの間に基準年利率により運用した場合に保証金相当額となる元本相当額

②　借地期間満了時に保証金に利息を付して返還することを約定している場合には，その分の評価額

　なお，定期借地権の一般的な手続きにおいては，保証金に利息を付していないため，この場合には結果として①の額が保証金返還債務の額ということになります。

保証金返還債務の額

　＝保証金の額に相当する金額×課税時期における残存期間の年数に応ずる基準年利率による複利現価率＋保証金の額に相当する金額×約定利率×課税時期における残存期間の年数に応ずる基準年利率による複利年金現価率

Ⅷ—8

保証金の運用にともなう所得税

保証金の使途には十分に注意すること。

　定期借地権の設定契約により地主が保証金の預託を受けた場合には，その使途によっては所得と認定され，所得税が発生します。

　これは，所得税法においては，経済的利益の額も収入に算入することが定められているからです。

　たとえば，無利息や低利で金銭を借り受けた場合も，本来支払うべき金利との差額分については経済的利益であるとされます。

　地主が借地人から保証金の預託を受けた場合は，その保証金は事実上，借地期間中は地主が自由に運用できる金銭であり，仮に借地期間の満了時に利息を付さずにその保証金を借地人に返還する約定となっている場合は，その保証金は無利息の借入金であるとみなされます。

　こうしたことから，地主が保証金を運用する場合には，原則として，その保証金に対する経済的利益については収入とみなされ，所得税の課税対象となります。

　具体的な考え方は，次のとおりです。

①　保証金を事業もしくは事業をするための資産の取得に充当している場合は，次のような計算をするため，事実上，上記の課税対象とはなりません。

　　すなわち，保証金について適正な利率により計算した利息に相当する金額を，保証金を返還するまでの各年分の収入に算入するとともに，同額を，その所得を計算する場合の必要経費として計上することとされています（この場合，「適正な利率」は，下記③の保証金の経済的利益が課税されるときに使用される利率によることもできます）。

　　このように保証金の経済的利益と必要経費を両建て経理することにより，実際には，課税対象から免れています。

②　保証金を預貯金，公社債，指定金銭信託，貸付信託等の金融資産に運用している場合には，その預貯金等の利子に対しては所得税が源泉徴収されているの

で，その保証金の経済的利益にかかる所得税の計算はしなくてもよいとされています。

③　上記の①あるいは②以外の方法で保証金を運用した場合は，保証金について適正な利率により計算した利息に相当する金額を，その保証金を返還するまでの間，毎年不動産所得の計算に算入しなければなりません。

いずれにしても，保証金方式で定期借地権事業を行う場合には，その保証金の使途については注意が必要です。

Ⅷ－9

権利金と所得税

権利金が地価の2分の1を超えるかどうか。

　定期借地権の設定時に地主が借地人から権利金を受領した場合，権利金は地主の収入となるため，所得税（地主が法人の場合は法人税）の課税対象となります。

　このうち，地主が個人の場合は，授受した権利金の地価に対する割合によって，不動産所得となる場合（総合課税）と譲渡所得になる場合（分離課税）があります。

　なお，譲渡所得税の対象となる割合の権利金が設定されている場合で，長期譲渡に該当する場合（その年の1月1日現在で5年以上所有している場合）は，分離課税により比較的低い税率（平成27年11月現在：所得税15％・住民税5％）が適用されるほか，各種の買換え特例の適用対象ともなります。

　そのため，定期借地権事業の計画地がたとえば三大都市圏の特定市に立地する場合には，定期借地権を用いた等価交換方式マンションの検討も可能となります。

　なお，地主が法人の場合は，権利金の多寡にかかわらず，法人税では，その金額を益金に算入し，その権利金を受けることで，地価の下落割合が2分の1を超える場合は，これに対応する借地権の帳簿価額を損金に算入し，各種の買換え特例の適用対象ともなります。

　ただし，法人が赤字決算であれば，少なくともその赤字を埋める水準までは権利金を授受しても，実質的には課税関係は発生しないため，決算状況をみながら定期借地権事業を検討するのも一つの便法かもしれません。

　具体的な課税関係は，次のとおりです。

▶譲渡所得になる場合

　一般に，借地権の設定に際して，その対価として授受する金額が地価の2分の1を超える場合は，その土地の一部の譲渡があったものとして譲渡所得に区分されます。

　この場合の「その対価として授受する金額」が権利金です。

課税対象となる譲渡所得は，収入から譲渡資産の取得費および譲渡費用を控除して求めます。

なお，権利金の額が地価の2分の1を超えることが明らかな場合はよいのですが，2分の1を超えるか否かの境界線上の場合は，「地価」をどのようにとらえるかという微妙な問題があります。

これについての判断は，路線価とか公示地価相当という明確な基準があるわけではなく，あくまでも「時価」と考えられるため，具体的にはこの問題に精通した税理士等の意見を十分に踏まえて検討されることをお勧めします。

▶不動産所得となる場合

権利金の額が地価の2分の1以下の場合は，原則として不動産所得とされ，総合課税となります。

また，地価が明らかでない場合で，権利金の額が年額地代の20倍以下のときは不動産所得と推定されるようですが，この規定の適用を受けるケースはほとんどないと思われます。

なお，不動産所得とされる権利金の収入が高額となる場合もありますが，一定の要件をみたす場合には，税負担を緩和するために「臨時所得の平均課税制度」を利用するという選択肢もあります。

平均課税は次のように行います。

① 平均課税の対象となる臨時的な所得の5分の1について，その他の所得と合算（これを「調整所得金額」といいます）して税額を計算します。

② 調整所得金額に対する税額の割合を残りの5分の4に乗じて税額を計算します。

③ 上記①，②の税額を合計します。

なお，臨時所得の平均課税制度の適用を受けるには，次の要件が必要です。

(a) 不動産を所有する者が，3年以上の期間，その不動産を他人に使用させることにより，一時的に支払われる権利金の額であること

(b) その権利金の額が，その不動産の年額使用料の2倍相当以上であること

(c) 臨時所得の金額（権利金の金額や一定の変動所得も含みます）が，その年の総所得金額の20％以上であること

VIII－⑩

前払い地代の税務

一定の要件を満たさない前払い地代は権利金等と認定される。

　Ⅱ-⑨で述べたように，借地権の設定契約に際して借地人が地主に支払った一時金は，一定の要件を満たした場合は，前払い地代としての処理が可能となります。

　なお，この一定の要件を満たさない場合には，その一時金は権利金等として取り扱われます。

　前払い地代として認められることにより，借地人は前払いをした一時金を「前払費用」として計上し，その年（法人の場合は事業年度）分の地代に相当する額を必要経費（法人の場合は損金）として算入します。

　また，地主は，前払いされた一時金を「前受収益」として計上し，その年（法人の場合は事業年度）分の地代に相当する金額を収入（法人の場合は益金）として算入します。

　なお，前払い地代の支払いに充当するための借入金については，住宅ローン控除の適用対象にはなりませんので注意が必要です。

　また，相続税を計算するときは，財産評価基本通達のただし書きにより定期借地権を評価する場合，すなわち136ページに掲げた計算式により評価する場合は，定期借地権の設定時における借地人に帰属する経済的利益の総額に，権利金や保証金等の授受による経済的利益の総額等を加え，さらに借地権の設定時に支払った前払い地代を加算します。

一時金にかかる住宅ローン控除

前払い地代は住宅ローン控除の対象外。

　定期借地権の設定時に授受される一時金にかかる住宅ローン控除の取扱いは，一時金の種類によって異なります。

　具体的には，次のような取扱いとなります。

① 　権利金……全額が土地等の取得の対価となります。

② 　保証金……一定の計算式により算出した金額を土地等の取得の対価とすることができます。

③ 　前払い地代……住宅ローン控除の対象にはされていません。

　次に，保証金については，次式により算出した額が土地等の取得に要する資金に該当するとされています。

保証金の授受に伴う経済的利益の額

　＝保証金の額に相当する金額−（保証金の額に相当する金額×定期借地権等の設定年数に応ずる基準年利率による複利現価率）−（保証金の額に相当する金額×基準年利率未満の約定利率×定期借地権等の設定年数に応ずる基準年利率による複利年金現価率）

Ⅷ—⑫

定期借地権の設定時にかかる税金

登録免許税の税率（本則）は 1,000 分の 10。

　不動産を取得すると，通常は不動産取得税と登録免許税がかかりますが，定期借地権の場合はどうでしょうか。

　まず，建物については所有権となるため，通常の所有権付き分譲物件を購入する場合と同様に，不動産取得税と登録免許税がかかります。

　なお，所有権の移転登記にかかる税率（本則）は 1,000 分の 20 です。

　次に，土地に定期借地権の設定登記をするときの登録免許税の税率（本則）は 1,000 分の 10 となっています。

　もちろん，土地に定期借地権の設定登記をしない場合は登録免許税はかかりません。

　なお，借地権には不動産取得税はかかりません。

IX

定期借地権の活用事例

IX-1
土地活用策の一類型としての定期借地活用
新たなる貸地ビジネスの展開。

　定期借地権は，地主の計画する土地の有効活用の手法の一つです。
　本項では，土地の有効活用手法のなかで定期借地権がどのような位置づけにあるのか，あるいは定期借地権の活用による地主および借地人のメリット・デメリット等について検討したうえで，その基本的な考え方を述べましょう。

　　　　　　　　＊　　　　　　　＊　　　　　　　＊

　土地の有効活用手法についてはいろいろな分類が可能ですが，ここでは次のように三つに分類します。

　すなわち，地主が土地の活用を検討する場合には，
① 自らが土地上に建物を建築して，その建物を第三者に貸すことで家賃収入を得るか
② または，第三者に土地を貸すことで，その対価としての地代収入を得るか
③ または，土地を売却して換金するか
究極的には，この三つの手法の中のいずれかを選択することになります。
　このうち，土地を維持しながら活用するには，①の建物の貸借か，②の土地の貸借の選択になりますが，その大きな違いは，建物を建てることによる収益の収受やリスクの負担を，地主本人が負うか，または第三者が負うかということです。
　もちろん，一般論でいえば，リスクを負う者のほうが享受できる収益も大きいこ

とになります。すなわち，地主がリスクを負いながら建物を建てるほうが，事業が成功した場合に受ける収益は大きくなるのは当然といえるでしょう。

逆にいえば，第三者に土地を貸す場合は，土地を借りる第三者の選択さえ誤らなければ，安定した収益を享受できますが，収益性は決して高いものとはならないわけです。

一方で，不動産を利用する側のニーズが高度化し，また不動産そのものも需要に対して供給が余っている現状から，不動産の活用をする側にも，専門的な知見や能力が必要とされる場面も少なくありません。

また，建物を第三者に賃貸するビジネスの場合には，建物の管理の責務は貸主が負わなければいけないため，貸し手側の煩わしさが大きくなります。

これに対して，貸地ビジネスも土地の管理は貸主が負う必要があるものの，建物の管理をする場合と比較すると，手間ははるかに少ないでしょう。

こうしたことから，貸地ビジネスの裾野はより拡大する余地があるのではないでしょうか。

平成4年の借地借家法の制定以前は，借地人が強く保護されていたことから，建物所有目的で第三者に土地を貸すビジネスは新規には成り立たない状況にありました。

すなわち，土地を貸した場合，借地人が借地契約の継続を望む限りは，土地は半永久的に地主の元に戻ってこない仕組みとなっていたため，新たに貸地を始めようとする地主がいなくなっていたのです。

ところが，定期借地権の誕生により，建物所有目的で土地を貸すビジネスの余地が生まれ，現在に至るまで活用事例は増え続けています。

また，今後も貸地ビジネスは工夫次第ではいろいろな方向に広がり得ると思われますし，これに付随して新たなビジネス展開も可能となるでしょう。

154 Ⅸ 定期借地権の活用事例

Ⅸ–❷
これまでの定期借地権事業の事例
「つくば方式」,「定期所有権」など。

　定期借地権は，平成4年の借地借家法の制定以降，様々な場面で活用されてきました。

　定期借地権を利用した仕組みの中で，示唆的な事業手法であったと思われるものを次に紹介しましょう。

つくば方式

　これはⅠ–⑫でも触れましたが，千葉大学工学部の小林秀樹教授が中心となって開発した事業スキームです (注21)。

　内容を簡単にまとめますと，定期借地契約にかかる部分と建物の構造にかかる部分および事業方式にかかる部分の三つに分けて理解する必要があります。

①　定期借地契約にかかる部分

　　具体的には，法22条借地権を設定するとともに，法24条借地権を特約で設定します（なお，当該借地権提案当時は法23条でした）。

　　また，法24条により地主が建物を買い取るときは，その時点での居住者に対して，その後20年間にわたる借家契約を締結します。

　　なお，地主は建物買取代金を一括で借地人に支払わず，20年分割として地代と相殺することで，借家人となった旧借地人の家賃負担が，それまでの地代負担＋α程度に納まるような仕組みとなっています。

②　建物の構造にかかる部分

　　スケルトンインフィルをベースにした堅牢な建物としています。

　　構造体をしっかりつくれば，50年経過後にインフィル部分を更新するだけで，十分に商品価値のある企画を，建て替えることなく実現することができます。

③　事業方式にかかる部分

ベースは，コーポラティブ方式です。

つまり，コンサルタントが地主と定期借地活用にかかる合意をした後に，当該地に居住する希望者を募り，建築希望者が地主と定期借地契約を締結し，建築組合をつくってマンションを建築します。

このつくば方式を利用したマンションは，つくば市だけではなく，東京・神奈川をはじめ，関西圏でも建築・分譲されています。

この事業方式は斬新で，示唆される部分も多いのですが，仕組みがやや煩雑で難しいことがあり，一定の供給がされた後はあまり拡大をしていません。

定期所有権

稲本洋之助東京大学名誉教授が中心となって提唱された仕組みであり，その概要は，次のとおりです。

①　地上権方式の定期借地権とする。

②　定期借地権の設定時に，借地人は地主に地価の50％強の権利金を支払う。

③　借地期間中は，借地人は地代を支払わない。

このように，借地人は借地期間中は地代を支払わない，つまり定期借地権の設定時にある程度まとまった対価（権利金）を支払うことで，借地期間中は借地人は所有権のような形で土地を利用することができるため，「定期所有権」という名称が付けられたものと思われます。

なお，権利金を地価の50％強としているのは，個人地主の場合，50％を超える権利金を授受すると，当該権利金は譲渡所得とされ分離課税になるからです。

また譲渡所得であれば，地主は当該権利金で等価交換方式により定期借地権付きマンションを取得することも可能となります。

この定期所有権については，平成10年当時，稲本教授を座長にして「定期所有権のあり方と活用方策に関する研究会」がつくられて一通りの研究がなされています (注22)。

この仕組みの最大のネックは，地主の固定資産税の負担です。

地方税法によれば，期間100年以上の地上権を設定した場合は，固定資産税の納税義務者は地上権者とすることができます。

そこで，稲本教授は，法22条借地権の期間に合わせて50年以上の地上権を設定

156 IX 定期借地権の活用事例

する場合にも，この枠組みが利用できるように税制を改正すべきであると主張され
ていましたが，残念ながら，この件について，執筆時点では税制改正はなされてい
ません。

定期所有権に近い概念の分譲事例は少数ですが確認されているほか，地上権型で
権利金一括払い方式の定期借地権付きマンションの事例も確認されています。

なお，定期借地権推進協議会と一般財団法人都市農地活用支援センターが共同で
提案をした災害公営住宅用地として定期借地権を活用する仕組みの検討に際しても
定期所有権にかかる研究成果を参考にしています（IX-⑧，**巻末資料14.**（277ペー
ジ）参照）。

さらに，地代一括前払い方式の借地権のケースでも，地代全額を一括して前払い
する定期借地権付きマンションの事例も数例ですが確認されています（IX-④参
照）。

＊ ＊ ＊

新しい事業方式の仕組みができると，ベースとなる仕組みに様々な工夫を凝らし
た事業が構築されてきます。こうした中には，その後さらに発展するものと，その
時点では脚光を浴びるものの，事業としては中途半端な形で消えてしまうものがあ
ります。

今までに定期借地権事業においても，「○○システム」，「○○方式」という様々
な仕組みが，事業会社やコンサルタント等から提案されてきましたが，その多く
は，一例から数例の事業実績のみで消滅している状況です。

なお，以上の二つの仕組みについても事例は多くありませんが，今後の定期借地
権を考える上で示唆に富んだものであると思われますので，本書であらためて紹介
した次第です。

(注21) 小林他・前掲（注8）書。ちなみに，この仕組みを「スケルトン・インフィル型の定
期借地権」という人もいます。
(注22) 土地総合研究所編『定期所有権活用マニュアル—定期所有権のあり方』ぎょうせい，
1998年

Ⅸ-❸

定期借地権付き住宅の活用事例

良好な街並みの整備に寄与する事例が多い。

これまでも述べてきたように，定期借地権は様々な事例で用いられてきました。

活用主体で考えると，個人地主以外に，法人所有地や地方自治体等の公的なセクターなどにも広がっています。

最近では，CRE（法人の土地活用），PRE（公的主体の土地活用）等という言葉が広がっていますが，定期借地権を利用したCREやPREの事例も少なくありません。

また，定期借地権のユーザー，すなわち借地人も，個人・法人・公的セクターとそれぞれの事例があります。

具体的な活用事例を挙げると，次のようなものがあります。

① 分譲住宅や分譲マンション

② 店舗・事務所・工場・倉庫等の事業所

③ 野球場やコンサートホール等

④ 高齢者施設・診療所等の福祉施設

⑤ 阪神・淡路大震災でのマンションの復興

⑥ 定期借地権を利用した中心市街地の再開発

⑦ 公的な施設

⑧ 特殊利害関係者間

⑨ その他

          *   *   *

まず，定期借地権普及促進協議会の会報に掲載された定期借地権付き住宅の事例の中で，大型開発物件と思われるものを紹介しましょう。

なお，以下に示す図面は同会報に掲載されたものの転載であり，概要や説明も同会報の内容をまとめたものに若干のコメントを付していることをあらかじめお断りしておきます。

158　Ⅸ　定期借地権の活用事例

《定期借地権を利用した大規模分譲住宅の事例》

名　　称	所在地 [地主の類型]	土地面積 [有効宅地積]	区画数 [平均区画積]	借地時期 [借地期間]
① 江戸川台 PJ	千葉県流山市 [個人地主]	20,328.38㎡ [15,419.30㎡]	88 区画 [約 175㎡]	平成 9 年 よ り [53 年間]
② サフラワータウンガ ーデナーズ新鎌ヶ谷	千葉県鎌ケ谷市 [法人地主]	28,917㎡ [21,640㎡]	102 区画 [187㎡]	平成 9 年より
③ 柏大津が丘パークヴ ィラ	千葉県東葛飾郡 沼南町 [個人地主]	28,397㎡ [有効宅地率： 39%]	51 区画 [208㎡]	平成 9 年 よ り [建物引渡し時 より 50 年間]
④ メンバータウン福田	香川県高松市 [個人地主]	3,698.81㎡	15 区画 [約 220㎡]	平成 9 年 よ り [50 年 6 か月]
⑤ 鳴滝京都	京都市右京区 [市公社]	1,928.26㎡	10 区画 [151.32㎡～ 368.93㎡]	平成 9 年 よ り [51 年間]
⑥ 天拝坂団地	福岡県筑紫野市 [UR]	3,459.10㎡	14 区画	平成 9 年 よ り [51 年間]
⑦ UTOPIA 芦屋	兵庫県芦屋市 [法人]	161,148㎡	34 区画 [1,003 ㎡ ～ 11,881㎡]	平成 10 年より [72 年間]

　上表のうちで主な事例の概要を説明します。

●**江戸川台 PJ**（定期借地権普及促進協議会会報 11 号より）

　次ページの図にみるように，定期借地権を利用した大規模な分譲物件です。

　北道路から東道路に抜けるメイン道路以外に南北に抜ける緑道が設定されています。また，南側に公園が配置されているため，「緑道沿いの宅地」，「公園に面した宅地」，「角地」等のコンセプトが設定された宅地が多く見受けられます。

　なお，所有権分譲の場合でも，最近は良好な街並み整備は行われていますが，定期借地権活用の最大の特徴は，一区画当たりの面積が広いことです。

　過去に定期借地権推進協議会が行った調査でも，所有権分譲に比べて，2 割程度面積が広くなる傾向がありますが，宅地面積の広さは結果的に良好な街並みの整備に寄与するものと思われます。

IX-③ 定期借地権付き住宅の活用事例　　159

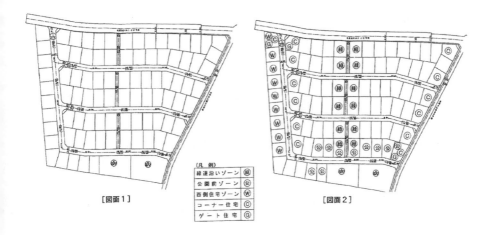

こうした意味からも，定期借地権の普及には大きな意味があります。

● **サフラワータウンガーデナーズ新鎌ヶ谷**（同協議会会報11号より）

　これは，法人所有地の活用事例です。東西に細長い土地で，公道からのアプローチは一本ですが，内部で8の字状に道路をめぐらすことで，南向きの区画を多く構成しています。こうした形態の道路であれば，平成10年の建設省の通達（**巻末資料10.**（260ページ）参照）の適用は可能でしょう。

　本事例での同通達の適否は不明ですが，定期借地権による開発という意味では，示唆のある物件といえるでしょう。なお，前掲の江戸川台とこの新鎌ヶ谷の開発事例では，開発地全体に対する有効宅地率は概ね75％前後となっています。

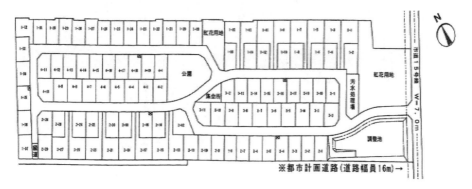

●柏大津が丘パークヴィラ（同協議会会報11号より）

　JR常磐線の柏駅からバス便の立地にあり，小高い丘を開発して，緑豊かな住宅地をつくり上げた事例です。

　敷地中央に，幅の広い道路を設け，その道路を中心に左右に広がる街並みを形成しています。また，随所に「緑地」が残されており，環境的にも優れた街並みの設計となっています。

　本事例の開発面積に対する有効宅地率は39％程度であり，前掲の二つの事例と比べても，宅地化していない土地の割合が圧倒的に多い状況にあります。

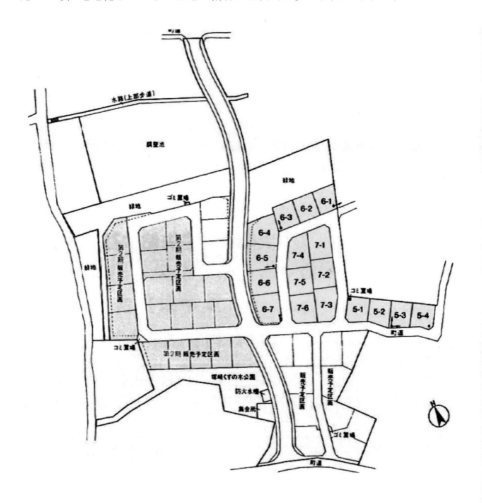

緑地帯等を残すこのような形での開発は，定期借地権独特のものといえるでしょう（単なる所有権分譲では，地主のこだわりで街並みを設計することはできませんし，残した緑地帯を旧地主がそのまま持ち続ける場合も，最終的にその緑地帯の活用をどうするかの検討が必要となりますが，定期借地権の場合は，街並み全体が地主の所有であることには変わりないため，街づくりの中でこうしたこだわりを実現することは可能です。ところで，この緑地帯を借地権者に共同で貸し付けるような仕組みにする場合に，この緑地帯にかかる契約を賃貸借契約とする場合は，民法上の賃借権が適用されることはⅣ-①で述べたとおりです）。

なお，当該土地は個人の所有地とのことですが，郊外でもこうしたまとまった規模の土地を所有している場合には相続税も相当な額になると思われます。

税制面で何らかの対応があれば，良好な街並みを維持できるでしょうし，大規模な地主が定期借地権を利用して良好な住宅地をつくるためのインセンティブにもなるでしょう。

なお，このような大規模分譲物件の多くのケースでは，事業形態として「転売方式」が用いられています。

後述しますが，東京都が東村山市や東大和市で都営住宅の跡地利用で行った定期借地権事業は「転貸方式」によっています。

● **UTOPIA 芦屋**（同協議会会報 19 号より）

国立公園内における既存宅地の分譲事例です。

エントランス道路からは川を挟んだ立地にあることから，ゲートシティのような形態がとれていることも，この事例の特色の一つです。

さらに，区画面積が非常に大きいことも特色の一つとなっています（もっとも，場所柄，所有権でも定期借地権でもエンドユーザーの設定は十分に可能と思われます。そうした意味では，「定期借地権ならでは」という物件ではないかもしれませんが，逆に，定期借地権を使ってこうした物件の企画もできる事例であるともいえるでしょう）。

Ⅸ－❹

定期借地権付きマンションの活用事例

所有権付きマンションよりも専有面積が広く，利便性が高い物件が増えてきた。

定期借地権制度の誕生当初，定期借地権付き住宅は，一戸建住宅よりもマンションで普及するという話がありました。

その理由は，将来，建物の朽廃時の再建を考えた場合に，一人の地主に権利が帰属し，複数の区分所有者で構成されるマンションのままでいるよりも容易に再建できることから，マンションは定期借地権に適していると考えられていたのです。

ところが，現実には，定期借地権付き一戸建住宅のほうが先行し，定期借地権付きマンションの普及はこれにやや遅れる形となりました。

また，分譲初期の定期借地権付きマンションは，デベロッパーが勉強代わりに自社所有地で企画するケースや，不動産価格の下落の結果，所有権では分譲が困難になったマンションを定期借地権付きで価格を安くして分譲するケースが少なくない状況でした。

しかし，そうした事例が一巡した平成 10 年頃からは，定期借地権の優位性，すなわち土地価格を反映しない結果，所有権付きマンションよりも専有面積が広く住みやすい物件も増えてくるようになりました。

また，都心部にある法人所有地の有効活用策として定期借地権を企画する事例も増えてきました。

定期借地権推進協議会では，平成 20 年と平成 21 年に「定期借地権マンション研究会」を立ち上げ，不動産鑑定士の二木憲一氏の協力で，平成 14 年から平成 21 年にかけて首都圏近郊で分譲が確認された定期借地権付きマンション（35 物件）について調査を行いました。

その概要は，以下のとおりです。

定期借地権付きマンションの傾向を上掲のサンプル数で判断するのは危険であるとは思いますが，

① 地上権型の定期借地権が多く，逆に賃借権型の定期借地権の利用がかなり少

なくなってきている。

② 地方公共団体等を中心に，転借地権を利用した物件が出始めている。

③ 初期の頃に分譲された定期借地権付きマンションは，定期借地権付き一戸建て住宅のケースと同様に，借地権の形態としては賃借権型で，一時金は保証金を採用するケースが多かったが，最近ではこうした傾向も変わってきている（権利金や前払い地代の事例が増えている）。

また，定期借地権付きマンションの立地は，郊外地であっても，その地域の中では比較的利便性が高く，土地面積もまとまっていることから，相続税の負担を考えると個人地主では事業化は困難ではないかといわれていましたが，個人地主による事業案件も少なくないことがわかります。

《定期借地権付きマンションの活用事例》

	名　　　　称	所在地	土地面積	地主の分類	借地権の種類 [契約年数]	一時金の種類
①	銀座タワー	東京都 中央区	2,938.76㎡	法　人	地上権 [52年3月]	権利金
②	ニッセーさちが丘	神奈川県 横浜市	4,167.93㎡	個　人	賃借権 [50年4月]	保証金
③	クレッセント鷺沼 リブレス	神奈川県 川崎市	2,179.60㎡	個　人	地上権 （不明）	保証金
④	リッツレジデンシャル八王子みなみ野	東京都 八王子市	4,144.29㎡	個　人	地上権 [52年間]	（不　明）
⑤	神楽坂アインスタワー	東京都 新宿区	4,566.21㎡	法　人 （分譲会社）	地上権	権利金
⑥	サンクタスガーデン目黒	東京都 目黒区	3,309.21㎡	個　人	賃借権 [51年間]	（不　明）
⑦	LP初台グランフォート	東京都 渋谷区	1,914.43㎡	法　人 （分譲会社）	地上権 [60年間]	権利金
⑧	タンタタウン	神奈川県 横浜市	49,219.10㎡	UR	転借権 [68年間]	権利金

⑨	サンクタスガーデン砧	東京都 世田谷区	752.57㎡	個　人	地上権 [52年間]	権利金
⑩	ブリリアタワー品川シーサイド	東京都 品川区	2,387.57㎡	法　人	地上権 [53年間]	権利金
⑪	アルボの丘	東京都 稲城市	48,784.81㎡	UR	転借権 [約60年間]	権利金
⑫	トラスティア北野	東京都 八王子市	3,892.73㎡	法　人 (分譲会社)	賃借権 [約62.5年間]	権利金
⑬	ブリリアタワー大崎	東京都 品川区	3,121.70㎡	法　人	地上権	権利金
⑭	ウエストレジデンス大崎	東京都 品川区	2,723.52㎡	宗教法人	地上権 [53年間]	権利金
⑮	プラウド国分寺	東京都 国分寺市	996.40㎡	個　人	地上権 [72年3月]	権利金
⑯	グレーシアスクエアー横浜鶴見	神奈川県 横浜市	1,421.96㎡	横浜市	転借権 [約52年間]	保証金
⑰	パークホームズ新浦安カーサセントリア	千葉県 浦安市	10,992.08㎡	個　人	地上権 [52年間]	前払い地代
⑱	広尾ガーデンフォレスト	東京都 渋谷区	19,516.42㎡	公益法人	地上権 [57年5月]	――
⑲	パークハウスプレシアタワー	千葉県 船橋市	7,442.83㎡	法　人	転借権 [約53年間]	権利金
⑳	ブリリア葛西	東京都 江戸川区	1,145.55㎡	法　人	地上権 [72年間]	前払い地代
㉑	イニシア川口元郷	埼玉県 川口市	3,820.32㎡	法　人	地上権 [52年間]	前払い地代
㉒	プラウド柏ディアージュ	千葉県 柏市	2,999.83㎡	個　人	地上権 [55年間]	権利金
㉓	シティタワー品川	東京都 品川区	10,092.03㎡	東京都	転借権 [70年間]	実質なし
㉔	イニシア湯島三組坂上	東京都 文京区	401.31㎡	個　人	地上権 [50年間]	前払い地代

IX-④　定期借地権付きマンションの活用事例　*165*

㉕	フォルム道灌山	東京都荒川区	1,194.71㎡	個　人	地上権[52 年 3 月]	前払い地代
㉖	パークコート神宮前	東京都渋谷区	13,452.16㎡	東京都	転借権[60 年間]	敷　金
㉗	ベリスタ長後	神奈川県綾瀬市	6,275.08㎡	法　人	地上権[60 年間]	権利金
㉘	パークホームズ若葉台ステーション	神奈川県川崎市	2,489.94㎡	個　人	地上権[50 年間]	前払い地代
㉙	イニシア馬込	東京都大田区	1,970.76㎡	法　人	地上権[62 年間]	前払い地代
㉚	パークハウス葉山翠邸	神奈川県三浦郡	2,009.52㎡	法　人	地上権[52 年間]	権利金
㉛	イニシア新百合ヶ丘	東京都稲城市	6,130.02㎡	個　人	地上権[52 年間]	前払い地代
㉜	ワザック東村山	東京都東村山市	3,700.22㎡	東京都	転借権[71 年間]	敷　金
㉝	ブリリアシティひばりが丘	東京都西東京市	14,485.07㎡	法　人	地上権[52 年間]	前払い地代
㉞	パークコート神楽坂	東京都新宿区	4,069.23㎡	宗教法人	賃借権[70 年間]	権利金
㉟	麻布台パークハウス	東京都港区	13,333.87㎡	法　人	転借権[51 年間]	権利金

166　Ⅸ　定期借地権の活用事例

Ⅸ−⑤

大規模商業施設の活用事例

国土交通省のホームページに掲載された事例の紹介。

　Ⅵで述べたように，事業向けの定期借地権の活用事例の底辺は広いといえます。

　実際には，比較的小規模な店舗等から大規模な商業施設や事務所，工場等まで，その用途の幅は広がっています。

　次ページには，国土交通省のホームページに掲載された事例を紹介します。

　事例としては，アウトレットモールのケースが比較的目につきます。立地は郊外が比較的多いようですが，都心近くの事例もあるようです。

　また，地方自治体等の公的セクターや企業が地主になっています。

　なお，ここでは個人地主の例は紹介されていませんが，個人の所有地に事業用定期借地権を設定して大規模な商業施設が運営されている事例があります。

《定期借地権の利用による大規模商業施設の事例》

	名称	所在地	敷地面積	店舗面積	建物の構造	駐車台数	事業方式[契約期間]	開業年月	店舗数	土地所有者
①	佐野プレミアアウトレット	栃木県佐野市	102,608㎡	22,168㎡	鉄骨造1階建	3,000台	事業用借地権[20年間]	平成15年3月	111	都市再生機構
②	御殿場プレミアムアウトレット	静岡県御殿場市	355,000㎡	36,300㎡	鉄骨造1階建	4,200台	事業用借地権[20年間]	平成12年7月	165	企業
③	ラゾーナ川崎	神奈川県川崎市	110,000㎡	80,000㎡	地上6階・地下1階建	2,000台	事業用借地権[20年間]	平成18年9月	287	企業
④	ららぽーと豊洲	東京都江東区	67,500㎡	165,000㎡	地上5階・地下1階建	2,200台	事業用借地権[20年間]	平成18年10月	200	企業
⑤	アウトレットレーサート長柄	千葉県長柄町	78,470㎡	15,318㎡	鉄骨造1階建	3,000台	一般定期借地権[50年間]	平成16年3月	58	長柄町
⑥	ガーデンウォーク幕張	千葉県千葉市	16,717㎡	16,300㎡	鉄骨造2階建・一部3階建	1,400台	事業用借地権[15年間]	平成12年10月	91	千葉市
⑦	ラ・フェット南大沢	東京都	47,538㎡	16,468㎡	地上2階建	1,400台	事業用借地権[16年間]	平成12年9月	76	東京都
⑧	横浜ベイサイドマリーナ	横浜市金沢区	31,945㎡	15,219㎡	地上2階建	1,000台	事業用借地権[15年間]	平成10年9月	80	横浜市
⑨	グランベリーモール	東京都町田市	87,000㎡	25,000㎡	鉄骨造1階建・一部2階建	1,000台	事業用借地権[20年間]	平成12年4月	82	企業

IX－6

野球場その他アミューズメント施設の活用事例

名古屋ドーム球場は 67 年の定期借地契約で建てられた。

　名古屋ドーム球場が期間 67 年の定期借地契約でつくられているほか，期間満了で営業は終了しましたが，六本木にあったクラブ「ベルファーレ」は期間 12 年の事業用借地契約で建築されていました。

　そのほか，㈱ホールネットワークの運営によるコンサートホール（ゼップ東京他）の多くが事業用借地権を利用して運営されています。

　プレス発表された資料等では，以下のような内容が確認されています。

《㈱ホールネットワークによる事業用借地権の活用事例》

	名　　称	所在地	土地面積・建物面積	借地権設定時期 ［借地期間］	土地所有者
①	ゼップ東京	東京都 港区	（不　明）	平成 10 年 ［12 年間］	東京都
②	ゼップ大阪	大阪市	（不　明）	平成 10 年 ［10 年 6 月］	大阪市 大阪港振興協会
③	ゼップ仙台	仙台市	（不　明）	平成 12 年 8 月 ［10 年間］(注)	JR 東日本
④	ゼップダイバーシティ東京	東京都 港区	延床面積：約 3,900㎡	平成 24 年 ［20 年間］	（不　明）
⑤	ゼップなんば	大阪市 浪速区	土地面積：約 3,000㎡ 延床面積：約 3,400㎡	平成 24 年 ［20 年間］	（不　明）

〈注〉　ゼップ仙台は，2 年間の期間延長がされた後，期間満了で営業は終了しています。また，ゼップ大阪も，3 年半ほどの期間延長がされた後，同じく閉館しています。

IX-⑦
阪神・淡路大震災における
被災マンションの建替え事例

県公社が被災マンションの敷地を購入して定期借地権付きマンションを建てて分譲した。

　1995（平成7）年の阪神・淡路大震災では，100を超える被災マンションが建て替えられることとなりました。

　マンションの建替えは，好立地で容積率に余剰がある場合は，その余剰容積率から生み出された保留床の売却により，再建コストを相当程度捻出できますが，既存のマンションがすでに容積率を消化しきっている場合には，区分所有者の経済的な負担が大きな問題となります。

　阪神・淡路大震災の被災マンションには高齢化が進んだものが少なくなかったことから，再建が困難なマンションが相当程度あることが想定されました。

　そこで，兵庫県の住宅供給公社は，被災マンションの敷地を購入したうえで定期借地権付きマンションを建築し，その再建されたマンションを従前の権利者に再分譲する仕組みをつくりました。

　結果的には，県公社が購入した土地の所有権と，分譲時の定期借地権の一時金の差額分を，再建マンションの購入費用のかなりの部分にあてることができたため，従前の権利者は大きな負担をすることなくマンションの再建ができました。

　その仕組みは，次ページの図のとおりです。

　現行の区分所有法では，区分所有者および議決権の各5分の4以上の賛成でマンションを建て替えることができますが，区分所有関係を一度解消してその敷地を第三者に売却する場合は，区分所有者全員の同意が必要となります（注23）。こうしたことから，被災マンションの区分所有者全員が県公社に被災マンションにかかる権利を売却できなければ，このスキームによるマンション再建は成り立ちません。

　なお，定期借地権推進協議会が，平成20年に当時の県公社の担当者にヒアリングしたところ，定期借地権で再建したマンションの一時金は保証金とし，時価の20％相当で設定したそうです。

　つまり，県公社が土地を購入した費用から一時金に充当した部分を除く80％相

170   Ⅸ　定期借地権の活用事例

《定期借地権の活用による被災マンション再生のしくみ》

《被災マンション》　　　　　　　　　　　　　　　《再建マンション》

建物　　　（区分所有）　　　　　　　　　　　　　　（区分所有）

全員から県公社が購入

定期借地権

所有権

土地　（区分所有者間で共有）　　　　　　　　　　　所有権

（県公社）

当分を建物の購入費用に充当することができたわけです。これに加えて補助金等が交付されましたから，結果的には従前の区分所有者は大きな負担をすることなく再建マンションを取得することができたわけです。

　なお，区分所有者の地代負担は，次のような計算式で求めたとのことです。

> 年額地代の総額＝（再建時の地価－保証金）÷50

　すなわち，保証金は50年後に放棄してもらうとすれば，結果的には地価の80%相当額（地価の20%が保証金であるため）を50年で除した数値，すなわち年額換算で1.6%程度の地代を区分所有者全員で負担してもらうという考え方です。

　この考え方によれば，県公社が土地を取得した費用は，50年後にはすべて回収できることになります。

　なお，ここでは金利の負担は考慮されていませんが，非常時の住宅再建であるということを考えますと，まずまずの手法ではないかと思います。

　ところで，この手法による被災マンションの再建は，具体的な相談件数はある程度はあったとのことですが，採用されたのは2例にすぎなかったようです。

　その理由としては，子孫に財産を残したいということで，このスキームについて

の全員の合意が得られないケースが多かったからだと聞いています。

なお，阪神・淡路大震災の被災地である神戸市は，比較的地価が高い地区であったことから，こうしたスキームも有効に機能したものと思われます。逆にいえば，地価が安いところにあるマンションの再建は，必ずしもこのスキームで対応できるわけではありません。

その理由は，仮に保証金等の一時金を地価の20％相当で設定した場合でも，地価そのものが安いことから，建物の取得費に充当できる金額が少なくなってしまいます。そのため，従前と同じ広さの住戸を取得しようとした場合の負担額が大きくなるので，再建が困難となるわけです。しかし，この事例でもわかるように，定期借地権も利用方法を考えますと，震災復興等に有効に活用できるといえます。

(注23)　被災区分所有建物の再建等に関する特別措置法（平成7年3月24日法律第43号）の改正（平成25年6月28日法律第62号）により，大規模災害で全部滅失した区分所有建物については，敷地共有者集会における特別多数決議で敷地の売却を決議できるようになりました。また，建物が一部滅失した区分所有建物についても，区分所有者集会で建物と敷地の売却が特別決議でできるようになりました。

◆東日本大震災における区分所有権の解消

仙台市内の被災マンションの中には，区分所有者全員の同意により解体され，更地としたうえで売却を決定した例もあったようです。

公費によってマンションが解体できることから，更地になった土地を売却してその売却益を分配した方が，資金を投下してマンションを建て替えるよりも区分所有者のメリットが大きいと判断した結果だと思われます。

いずれにしても，マンションが被災した場合には，再建が難しいことは阪神・淡路大震災のときから指摘されていたとおりです。

そうしたときに，定期借地権を活用して対応したいという話しが出てくることも少なくありませんが，問題は，「誰がその土地を購入するか」ということです（Ⅸ-⑬参照）。

IX — 8

災害復興に際しての住宅供給と定期借地権

最大の課題は，被災自治体の担当者に定期借地権の知識・経験が少ないこと。

▶災害復興に際しての住宅供給に定期借地権が必要な理由

2011（平成23）年の東日本大震災では，津波等により，多くの家屋が被害を受けました。この地震は，主として福島県から岩手県にわたる広い範囲で深刻な被害が発生したことから，復興には相当な時間がかかっています。

その中でも住宅の復興については，特に三陸地方を中心に，移転先の住宅に適した土地が限られている地区も少なくなかったことから，住宅を失った被災者のための仮設住宅の供給にもかなりの時間が必要とされましたし，その後の恒久的な住宅の供給には土地の手当てが難しいことも多く，さらに時間がかかることとなりました（震災から4年半以上が経過した本稿執筆時点においても，復興途上の地区は少なくありません）。

ところで，大規模災害が生じた場合における被災者の住宅については，当面は仮設住宅が提供されますが，その後の恒久的な住まいの手当て方法としては，被災者が自力で被災地等に住宅を再建することのほか，自力建設が困難な被災者に対しては災害公営住宅が提供されます。

また，今回の津波被害を受けた地区のように被災地において再建が困難な場合には，防災等集団移転事業により集団移転する場合もあります。自治体が災害公営住宅を供給するときや，防災等集団移転事業を具体化する際，その自治体が住宅用として適した土地を保有していれば問題はありませんが，そうでない場合，特に土地の絶対量が不足している場合には，土地の手当てが大きな問題となります。

さて，自治体等が災害公営住宅を供給する目的で住宅用地から手当てをする場合，通常は土地の購入を検討することになると思われますが，それ以外に土地を借りるという選択肢があります。土地を借りて災害公営住宅等を供給する手法としては，具体的には定期借地権（住宅所有目的ですから，法22条の適用となります）の採

用が考えられるでしょう。

　仮に用地確保の際に定期借地権を採用すれば，購入する場合と比較して，用地費を大幅に圧縮できる可能性があります。加えて，災害公営住宅等に適した土地を有しているものの，「先祖伝来の土地だから売りたくない」という考えを持っている地主がいる場合には，「期間満了で土地は返却する」という考え方で対応できる場面もあるでしょう。

　東日本大震災の復興に際しては，災害公営住宅用地の確保については国から7/8の助成があったことと，被災地に比較的地価が低い地区が多かったことから，用地買い取り方式が中心でしたが，前述のように「土地は売りたくない」という地主の要望もあったことから，定期借地権による災害公営住宅供給事例が，仙台市や石巻市において確認されています。

　被災者のための恒久的な住宅の供給には，できるだけ早く対応する必要があることから，用地を確保する側としては，「土地の購入」以外に，「土地を借りて供給する」という選択肢があることを認識しておく必要があるでしょう。そうすることで，仮に「事業には協力したいが，土地は売りたくない」という地主がいた場合には，すぐに借地方式で地主の説得をすることが可能となるためです。

　2014（平成26）年に一般財団法人都市農地活用支援センターと定期借地権推進協議会で，宮城県，岩手県と仙台市，石巻市と東松島市でヒアリングや実地調査を行った際に，仙台市では6件，石巻市では2件の災害公営住宅が定期借地権を利用して供給されていることを確認しています。また，このヒアリングの際には，他に，石巻市で2件の災害公営住宅が定期借地権を利用して供給する予定であると聞いています。なお，仙台市内で供給された6物件のうち3物件は公募買取り型のケースだったそうです。

　次に，被災者が恒久的な持ち家の取得を希望する場合で，被災地には再建築ができないときには，防災等集団移転事業により移転先に土地を確保して住宅を建築することがあります。このとき，被災者が土地を確保する手法として，「土地の購入」以外に「借地」という選択肢があります。

　同じく2014年の調査の際にヒアリングした中では，仙台市においては防災等集団移転事業の移転先については，その土地を求める被災者が土地の購入と借地（定期借地）といずれかの選択ができるようにしたところ，ヒアリング時点では9割の

人が借地方式を選択していると聞いています。ちなみに仙台市のケースでは，被災地を市に売却した代金を分割して地代に充当するような仕組みとしたようです（この場合，土地の売却額と地代との相関関係の中で地代として充当できた期間は異なりますが，25～30年相当の地代となったケースが多かったようです）。

　また，仙台市以外でも，東松島市のあおい地区では，防災等集団移転事業においては定期借地方式を採用しています。こちらは，一定期間は地代を免除するような仕組みをとったと聞いていますが，具体的な契約書の内容等については調査ができていません。

　今後，大規模災害等が発生することで，防災等集団移転事業に際して定期借地方式を採用する場合には，これらの事例について調査されることをお勧めします。

▶災害公営住宅を建設する場合の一時金等の考え方

　前述したように，災害公営住宅を供給する場合には，定期借地権の活用は一つの有力な手段となります。また，仮に地価がより高い地区で大きな災害が生じた場合には，その有用性はさらに高まるものと思われます。

　ところで，災害公営住宅の手当てに際して，一時金や地代等についてはどのように考えたらよいのでしょうか。東日本大震災の復興の際のケースをもとに考えてみましょう。東日本大震災の復興に際しては，前述の通り，災害公営住宅の用地費については，国から7/8の補助金がおりています。しかしながら，地代等は補助対象となりませんでした。

　ところで，定期借地権の設定の際の一時金には，大きく，「権利金」「保証金」「前払い地代」等があることはⅡで述べたとおりです。次に，定期借地権を「地上権型」とすれば，地代を発生させない仕組みで対応することも可能となります（Ⅱ－⑥参照）。そこで，定期借地権を設定する場合について一時金と地代のバリエーションを考えると，次のような選択肢が考えられます。

　一般財団法人都市農地活用支援センターと定期借地権推進協議会では，上記の類型の中で補助の対象となるものについて国に確認をしたところ，権利金は対象となるが，保証金や前払い地代は対象とならない旨の回答を得ましたので，定期借地権により災害公営住宅用地を手当てする場合には，月額地代の負担のない「権利金のみ支払い方式」が適しているのではないかという結論となり，報告書を発行しまし

IX-⑧ 災害復興に際しての住宅供給と定期借地権 *175*

《定期借地権の設定に際しての一時金と地代のバリエーション》

一時金と地代	備　　考
保証金＋地代	定期借地権における一般的な手法
保証金のみ（地代なし）	理論的には考えられるが，現実には考えにくい手法
権利金＋地代	定期借地権における一般的な手法
権利金のみ（地代なし）	事例は少ないが採用例はある（地上権型で対応する必要あり）
前払い地代＋月額地代	前払い地代方式では一般的な類型
一括前払い地代	定期借地マンション等で事例はある

〈注〉なお，一時金については，他に「保証金と権利金」というような複合的な考え方もあります。

た (注24)。

　現実に，仙台市では，地上権型の定期借地権にするとともに，地代の支払いはせず権利金一括払い型の手法が採用されています。なお，この際の権利金の評価については，不動産鑑定で算定をしているようです。

　また，石巻市は，一時金については権利金を採用したものの，地代一括払い方式ではなく地代も別途支払う方式を採用しています。この際の地代については，定期借地権にかかる平均的な地代利回りを参考にして決めているそうです。

　なお，参考までに，阪神・淡路大震災の復興に際しても，尼崎市において定期借地権を利用した災害公営住宅が供給されていることを，定期借地権推進協議会では確認しています。なお，尼崎市の災害公営住宅については，保証金＋地代方式を採用していました。ちなみに，尼崎市の事例についても，地主は法人であり，土地を売却する意向はないものの復興には協力したいということで，定期借地権方式を採用したようです。

　定期借地権については，一時金の選択等については特にルールがあるわけではないことから，その時々のニーズに応じて様々な工夫が可能であることが，災害公営住宅の事例からも確認することができます。

(注24)　定期借地権を利用した災害公営住宅の供給について，一般財団法人都市農地活用支援センターと定期借地権推進協議会では，月額地代の支払いなしの権利金一括交付方式を推奨しており，その際の権利金の算定方法について 2012 年 9 月に「災害公営住宅に係る定期借地権取得費用の考え方について」という報告書を発表しています（**巻末資料14.**（277 ページ）参照）。

中心市街地の再開発事例

市街地の土地の共同化には，定期借地権の活用は有効。

　中心市街地の空洞化は，地方都市の大きな課題です。

　香川県高松市の高松丸亀商店街の再開発は，空洞化しつつある中心商店街を再開発により活性化させた事例として有名です。

　この事例については，すでに様々な文献や論文で紹介されていますので，本書ではスキーム等の詳細についての説明は割愛し，再開発に際して地主を説得する材料として定期借地権を利用すること，すなわち各地主の権利はそのまま保護しながら，それぞれの土地に定期借地権を設定して再開発をする仕組みであることが，この手法の大きな特色となっていることのみを言及しておきます。

　中心市街地においては各地主の権利は細分化されていることが多いため，このような土地である程度まとまった大きさの土地を確保するには，共同化が必要となります。

　こうした場合には，土地をまとめるには，土地の持分権を処分するのではなく，利用権にすぎない定期借地権を活用するほうが地主を説得するうえで有効になるケースも十分に考えられます。

　一般財団法人都市農地活用支援センターと定期借地権推進協議会が発行した『定期借地権の新たな活用に向けて』（以下，『定借冊子』といいます）には，次ページのような再開発事例が紹介されています。

　以上の事例から，多数の個人や法人の地主が存在する中心市街地を再開発する場合には，定期借地権の活用は重要な考え方の一つになるものと思われます。

　なお，将来的には，借地期間中に地主に相続が発生することもあるでしょうし，土地（底地）を売却したいと考える地主が出てくるかもしれません。このような場合に備えて，事業化後も地主間の利害をどのように調整するかということも検討しておく必要があるでしょう。また，このような仕組みを整えておけば，借地人との地代改定を協議する窓口にもなるでしょう。

IX-⑨ 中心市街地の再開発事例 *177*

《定期借地権の利用による中心市街地の再開発事例》

	①	②	③
名　　称	高松市丸亀商店街 A 街区第一種市街地再開発事業	北 12 西 23 地区第一種市街地再開発事業	長野駅前 A-2 地区第一種市街地再開発事業
所在地	香川県高松市	札幌市中央区	長野県長野市
敷地面積	約 4,400㎡	約 11,300㎡の一部	約 1,600㎡
建物の構造	SRC・RC 造10 階建(地下 1 階),8 階建	鉄骨造・SRC 造2 階建，6 階建	SRC 造10 階建（地下 1 階）
延床面積	約 16,600㎡	約 10,700㎡	約 10,130㎡
用　　途	住宅（47 戸），商業・コミュニティ施設等	事務所	商業施設・業務施設・駐輪場
事業開始年月	平成 17 年 3 月	平成 10 年 12 月	平成 8 年 7 月
権利形態[契約期間]	一般定期借地権[62 年]	建物譲渡特約付き借地権 [30 年]	一般定期借地権[50 年]
事業手法	全員同意型（110 条）組合施行	全員同意型（110 条）〈土地は分筆所有〉	全員同意型（110 条）
土地所有者	個人（複数土地を定期借地で一体化)	個　人	個人等（複数土地を定期借地で一体化)

　中心市街地の活性化は，これからの我が国の，特に地方都市における大きなテーマです。定期借地権の活用も重要な手法になり得ると思われますので，上掲のような先行事例を検証することによって，より有効な手法を生み出すことができるのではないでしょうか。

IX　定期借地権の活用事例

IX－⑩

自治体等による活用事例(1)

公有地の活用策の目玉として，定期借地権のニーズは今後ますます高まるだろう。

国や地方公共団体も定期借地権の活用対象者となります。

PRE 研究会の報告では，わが国全体の土地の面積ベースでは 40％（評価ベースでも約 20％）は公的主体に属するとされており (注25)，土地の有効利用を図るには，自治体等の公的主体も，定期借地権を選択肢の一つと考えるべきでしょう。

財務省は，平成 22 年 6 月に，未利用国有地の売却手続き暫定活用（一時貸付・事業用定期借地）の基本方針を公表しています。

公有地に定期借地権を活用することには，次のような意味があります。

①　民間のノウハウを有効に利用して，街の活性化や利便性の向上が図れる。

②　公共建物等を建築するための適当な公有地がない場合，土地を購入するのではなく，たとえば建物の耐用年数見合いの期間の定期借地権を設定すれば，土地の取得費用を圧縮できる。

③　上記②の場合で，土地を売りたくない地主に対しては，定期借地のほうが説得しやすくなる場面も出てくる。

次に，公有地活用での定期借地事例や公的主体が定期借地権を設定して公益施設等を建設した事例をいくつか紹介しましょう。

一戸建住宅の分譲事業の事例には次ページの上の表のようなものがあります。

ちなみに，インターネットで調べたところでは，埼玉県住宅供給公社では 13 団地 174 戸，京都市住宅供給公社では 4 団地 79 戸の定期借地権による住宅供給が確認できました。

また，公有地に事業目的で定期借地権が設定された事例も少なくありません。前掲の事業用借地権を活用したショッピングセンターの事例や，コンサートホールの活用事例の中にも，公有地がいくつかあることが確認されています。

なお，『定借冊子』には，これまでに紹介した事例以外に次ページの下の表のような事例が掲載されています。

IX-⑩ 自治体等による活用事例(1)　　*179*

《公的主体による一戸建住宅の分譲事業の事例》

	事業主体	所在地	建物種類	戸　数	借地権設定年	借地期間
①	京都市公社	京都市右京区	一戸建住宅	10 戸	平成 9 年	51 年間
②	北九州市公社〈注1〉	北九州市八幡区	一戸建住宅	29 戸	平成 11 年	（不　明）
③	福岡県公社	福岡市筑紫野	一戸建住宅	14 戸	平成 9 年	51 年間
④	大阪府公社	大阪府寝屋川市	コーポラティブ住宅	40 戸	平成 9 年	60 年間
⑤	東京工務店（都有地の活用）〈注2〉	東京都東村山市	一戸建住宅	281 戸	平成 17 年	70 年間
⑥	鳥取県公社	鳥取県南部町	一戸建住宅	91 戸	平成 18 年	61 年間
⑦	――――	東京都東大和市	一戸建住宅	約 200 戸	平成 24 年	70 年間

〈注1〉　北九州市住宅供給公社の事例は，廃校の跡地利用です。
〈注2〉　都有地の定期借地権事業では，「転貸方式」がとられています。

《公有地の活用による定期借地事例》

名　称	①	②	③	④
名　称	江別駅前再開発事業	「蔵のまち」広場飲食拠点施設	静岡東部拠点特定再開発事業	北5西5街区整備事業
所在地	北海道江別市	愛知県半田市	静岡県沼津市	札幌市
地　積	約 4,500㎡	1,244.48㎡	5,140.43㎡	約 3,400㎡
建物の構造	鉄骨造4 階建	鉄骨造2 階建	鉄骨造6 階建	鉄骨造地上 5 階・地下1 階建
延床面積	約 6,340㎡	1,251.48㎡	15,926.55㎡	約 15,300㎡
建物の用途	クリニック，薬局，業務施設等	売店，座敷等	店舗，シネコン，駐車場等	駐輪場，商業施設
借地権設定年月	平成 19 年 2 月	平成 19 年 3 月	平成 17 年 5 月	平成 16 年 5 月
借地権の種類	事業用借地権	事業用借地権	事業用借地権	事業用借地権
借地期間	20 年間	20 年間	20 年間	20 年間
事業手法	SPC 事業	（不　明）	（不　明）	土地区画整理事業

180   IX　定期借地権の活用事例

　公有地の活用については，特に建物の建築や維持管理を考えた場合に，定期借地権と PFI 事業の組合せの有効性が唱えられています (注26)。

　施設の運営ノウハウが乏しい地方自治体も少なくないと思われ，加えて今後は箱モノの建築も予算的に厳しい状況が見込まれるなか，公有地の活用策の目玉として定期借地権のニーズはより高まるといえるでしょう。

　その他の事例には次があります（PRE 研究会報告書より）。

	事業主体	所在地	建物の用途	事業開始年	借地権の種類 [借地期間]
①	千葉県柏市	千葉県 柏市	自走式立体駐車場等	平成 11 年	法 22 条借地権 [53 年間]
②	大阪府公社	大阪府 寝屋川市	特優賃（49 戸）	平成 6 年	法 22 条借地権 [70 年間]
③	京都府宮津市	京都府 宮津市	共同住宅（52 戸）	平成 19 年	法 22 条借地権 [50 年間]
④	岐阜県	岐阜県 岐阜市	複合商業施設	平成 11 年	事業用借地権 [20 年間]

（注 25）　公的不動産の合理的な所有・利用に関する研究会『PRE 戦略を実践するための手引書』2 ページ

（注 26）　赤川彰彦著『地方自治体と定借 PFI』(財)大蔵財務協会，1999 年

IX-⑪

自治体等による活用事例(2)

鹿児島市の星が峰みなみ台の定期借地権分譲について。

　定期借地権推進協議会が相談を受けてアドバイスをした自治体等による定期借地権活用事例として，「星が峰みなみ台」のケースを簡単に紹介します (注27)。

　星が峰みなみ台は，鹿児島市住宅供給公社が分譲した634区画の住宅地でした。立地は，鹿児島市西部に位置する星が峰ニュータウン (4,400世帯，11,000人) に隣接することから，ニュータウン内の小・中学校，商業施設，医療施設等が利用できるほか，現地からバスで10分ほどの鹿児島本線広木駅から鹿児島中央駅までは一駅というアクセスが良い分譲地です。

　同分譲地は2004 (平成16) 年から分譲が開始されたものの，区画のなかで118区画を残した時点で住宅公社が清算されることになったため，市が当該地の所有者になりました。そして市は，早期に空地を解消するために，この118区画について一部は所有権として販売するものの，一部は定期借地権を用いて分譲する方針を立てました。

　なお，この方向性を出した時点で，市の幹部職員が定期借地権推進協議会にも相談に来られたため，当協議会でも定期借地権についての基本的な考え方や事業遂行上の留意点等についてアドバイスをしました。

　その後，鹿児島市は，地元の有力なシンクタンクをコンサルタントとして採用したうえで，当該シンクタンクとともに事業の枠組みの整理をしたうえで，具体的な事業を推進することとなりました。

　具体的には，次のような方針で事業を遂行することとなりました。

① 118区画のうち52区画を，公募により事業会社に定期借地権分譲をした (事業方式は「転売方式」となる)。公募の結果，合計15社の事業会社が定期借地権を設定し，当該事業会社で「協議会」を設立した。

　なお，この際の条件として，事業会社は，2012 (平成24) 年12月頃に定期借地権設定契約をした後，当該地上に，翌2013年のゴールデンウィークまで

IX　定期借地権の活用事例

《星が峰みなみ台区画図》

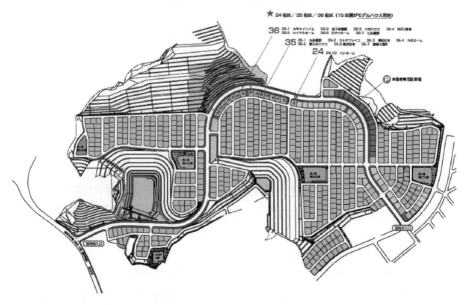

に少なくとも1棟は住宅を建築する。
② 2013（平成25）年のゴールデンウィークに住宅フェアを開催して一斉に分譲はするものの，各社はそれ以前にも個々に集客をして定期借地権付き住宅を分譲できる。
　ただし，住宅フェアの期間中は，少なくとも1棟はモデルハウスとして使う（なお，住宅購入者にも，その旨を伝えて契約をする）。
③ また，48区画は，住宅フェアの期間中に市が分譲するが，この区画については定期借地権と所有権の二つの価格を提示して分譲する。
　なお，同一区画に所有権で購入したい区分所有者と定期借地権を設定したい区分所有者がいる場合には，所有権での購入者を優先する。
④ 残りの18区画は，市が所有権分譲をする。
　〈注〉　住宅フェアの広告宣伝等については，ハウスメーカー15社で構成する協議会で一斉に行うこととした。

なお，定期借地権推進協議会が市の幹部職員からこの事業について具体的な相談

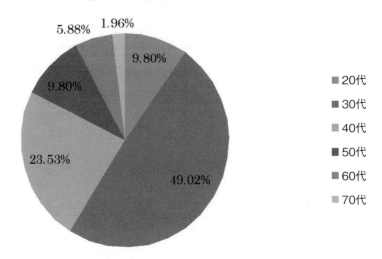

《市との直接契約者の年齢構成》

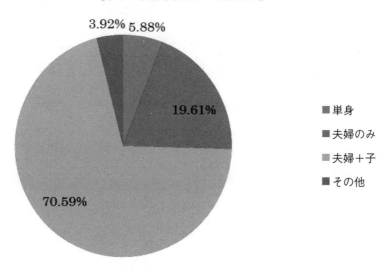

《市との直接契約者の家族構成》

184 IX 定期借地権の活用事例

を受けたのは，平成24年の6月でした。その後，事業は以下のようなスケジュールで進んだわけですが，この間に市議会の同意も取り付けているわけですから，かなりしっかりとしたスケジュールを組み，そのスケジュールに合わせた段取りをとっていたことがわかります。

事業スキームの構築から販売までの概略のスケジュールは以下の通りです。

平成24年10月　コンサルティング会社の選定。事業にかかるスキームの構築。

　　　　11月　52区画の定期借地権分譲に取り組む事業会社の公募。

　　　　12月　事業会社と市との間で定期借地権設定契約の締結。

　　　　　　　星が峰みなみ台定期借地権分譲事業の発表（なお，平成24年12月1日に開催された市民向けセミナーでは200名を超える市民の来場があった）

平成25年 3月　市民向けの販売セミナーの開催

　　　　 4月　販売開始

以上のように，万全の準備をそろえて住宅フェアを迎えた結果，ゴールデンウィーク期間中の7日間に，累計で2,800人，958組（再来場も含む）の集客がありました。

その結果，定期借地権の分譲については順調に販売できたほか，所有権の部分についても全部ではなかったようですが，一定の成果が出たようです。

なお，市との直接契約者を分析したところ，30代が約49%，40代が約24%にのぼりました。さらに，購入者の家族構成も「夫婦＋子供」世帯が全体の70.59%と，周辺住民の高齢化が進捗するなかで，住民の若返りを果たすことができました。

なお，この事業の成功要因としては，次のようなものが考えられます。

①　当初は市が主体となり，定期借地権制度の説明や販売についての情報発信を積極的に行ったこと

②　民間活力の有効活用

③　市が地主であることの安心感

④　定期借地権者に底地の買取りオプションを与えたこと

特に，①ですが，あらかじめ平成25年に住宅フェアを行うことを目標として，早い時期から手を打つとともに，市でもパンフレットを作成し，市役所や関係機関

からパンフレットを配布するようにしていました。また，12月に定期借地権の紹介と星が峰みなみ台の事業についてのセミナーを市主催で行いました。

　また，②にも関係しますが，各住宅メーカーが52区画分について市と定期借地権設定契約をした後は，「協議会」が主体となり，同じようなセミナーを数回行うほか，各社は自社が定期借地権を設定した区画については個々にエンドユーザーに販売も行う中で，住宅フェアを迎えることとなりました。

　また，③の市が地主であることの安心感ですが，50年以上という長期間にわたる借地契約となるわけですから，地主の信用は非常に重要なポイントとなります。その意味では，市が地主であることで，市民に与えた安心感は大きかったものと思われます。地方自治体が定期借地権事業を行う場合には，こうした点を強調すべきでしょう。

　(注27)　この事例については，『都市農地とまちづくり』68号「地方自治体による定期借地権分譲の取組」と同69号「地方自治体・地方公社の宅地分譲における定期借地権活用について」を参照してください。

特殊利害関係者間での活用事例

活用にあたっては，特に認定課税に注意すること。

　定期借地権を利用する一つの場面として，特殊利害関係者間での土地の貸借という観点が考えられます。

　具体的には，親子等の親族間での貸借と，法人とその法人の所有者間における貸借が考えられます。

▶親族間での土地の貸借

　たとえば子供がA，Bの2人いて，Aが親所有の土地に住宅を建てる場合，通常は使用貸借で対応するでしょうが，将来，相続に際して，その土地をBと共有する可能性が高い場合には，相続後に問題となる可能性があります。

　つまり，建物を所有しないBの立場からすると，親から相続した土地が収益を生まないため，相続した土地上に居住しているAに対して強い不公平感を抱く可能性があります。

　一方で，Aとしては，自分が資金を投下して（多くの場合は住宅ローンを組んで）住宅を建てたわけですから，少なくともその住宅の効用を享受できる期間は，建物の存在についてBから異議を言われたくないはずです。

　そこで，Aは多少の地代を支払ってでも，その土地を住宅所有目的で利用できる同意を共有者であるBから取得しようとするかもしれませんが，相続後の時点でA・B間において地代の額について同意を得ることは難しいでしょう。また，それまでは使用貸借だったにもかかわらず，AからBに地代を支払えばAに借地権が発生する可能性があります。この場合は，AがBに権利金を支払わないと，Aに権利金相当の贈与が認定されるかもしれません。

　こうした事態を避けるためには，親の土地に子Aが住宅を建築するときに，親と子A間で定期借地契約を設定しておくという方法があるのではないでしょうか。

　仮に，50年の一般定期借地権の設定契約を締結した場合には，親の死亡後も期

間満了まではＡは土地を利用することができますし，仮にＢと共同で土地を相続した場合でも，Ｂに対しては定期借地権の設定契約に基づく地代を支払えばよいわけです。

なお，親と子Ａの間の契約については問題がありませんし，仮にその土地を子Ｂがすべて相続する場合でも大きな問題は生じません。

仮に親の死亡後に子ＡとＢがその土地を相続した場合は，厳密にいえば自己借地権となりますが，自己借地権については，Ⅱ-⑪で述べましたように，借地人と建物所有者がその建物を共有する場合には有効ですが，このケースでは逆となるため，相続後にこの権利が適正かどうかについては疑問が残ります。

▶法人とその所有者間での土地の貸借

法人とその所有者は，法的には別の人格です。しかし，法人の所有者である個人は，しばしば「同じ財布」でものを考えがちです。

もちろん，会計処理や税法上は，こうしたことは正しくなく，あくまで法人としての行為と個人としての行為は別に考える必要があります。

ここでは，法人の所有者である個人の土地の上に法人が建物を建てる場合，あるいは法人の土地の上に法人の所有者である個人が建物を建てる場合を考えてみましょう。

法人と個人間での土地の貸借に関しては，税務上，複雑な理屈となっていますが，本書では詳細な説明は割愛し，ごく簡単に述べますと，次のような留意点があります (注28)。

(1) 個人所有の土地を法人が借りる場合

借地権の設定に際して権利金を授受する慣行のある地区において，個人所有の土地を法人が借り受けるときは，次ページの表のように，いずれかの対応をしないと，権利金等について認定課税の対象となります。

実際には，個人所有の土地を法人が借り受けて建物を建てる場合，相場での権利金の授受は考えにくいですし，相当の地代の支払いも現実的ではありません（借地人である法人は，当該地上でよほど収益性が高い事業を行わない限りは，地価の6％相当の地代の支払いは困難です）。

こうしたことから，普通借地権で対応する場合には，「借地権の無償返還の届出」

権　利　金	地　　代	課税上の問題
借地権の設定時に相当の権利金を支払う。	普通地代を支払う。	特になし。
借地権の設定時に権利金を授受しない。	相当の地代（現行は，年額で地価の6％相当）を支払う。	権利金の授受がない場合でも，相当の地代の支払いがあれば，権利金にかかる認定課税はない。
借地権の設定時に権利金を授受しない。	普通地代を支払う。	本来であれば，借地権の設定時に権利金相当額は認定課税の対象となるが，借地権の設定時に「借地権の無償返還の届出」が提出してあれば，認定課税の問題はない。

をすることが一般的であると思われます。

　なお，かつて地価が上昇を続けていた局面では，子供が株主である法人が親の土地を借り受けて，当初は相当の地代を支払い，その後の地価の上昇にもかかわらず地代の改定をしないという手法がありました。

　これは，いわゆる自然発生借地権による相続対策ですが，今日のように地価の継続的な上昇が期待できない状況下では，この手法はなかなか難しいでしょう。

⑵　法人所有の土地を個人が借りる場合

　この場合の基本的な考え方は，⑴と同様に，「借地権の設定時に通常の権利金を支払う」ことが原則です。

　また，借地権の設定時に権利金の授受を行わなかった場合でも，借地人が相当の地代を支払えば，権利金の授受がなかったことに対する認定課税の問題は発生しません。

　問題は，借地権の設定時に権利金も支払わず，また相当の地代の授受もないまま「借地権の無償返還の届出」をする場合です。

　この場合も，「借地権の無償返還の届出」をすることにより，権利金の授受を行わなかったことに対する認定課税の問題は免れることができますが，相当の地代を支払わず，通常の地代（細かな統計資料はありませんが，概ね地価の1％前後ではないかと思われます。地域ごとの通常の地代については，不動産鑑定士等の専門家の意見を聞くことが大切です）程度しか支払わない場合は，相当の地代と実際の支払地代の差額分は，法人から個人に対する役員賞与等の扱いを受けることとなります。

すなわち，個人所有の土地を法人が借りる場合には，「借地権の無償返還の届出」を税務署長に提出すれば，権利金も，また相当の地代も支払わない場合でも，認定課税の問題は生じませんが，法人所有の土地を個人が借り受ける場合には，借地権の設定時に権利金を支払った上で普通地代を払うか，または権利金は支払わないものの相当の地代を支払うか，いずれかの対応をしなければ認定課税の問題から逃れることはできません。

こうした中で，普通借地権で「借地権の無償返還の届出」を提出する選択肢以外に，法人と個人との間で定期借地権を設定するという考え方があります。

定期借地権については，設定時に一時金を授受する慣行はあると考えられますが，Ⅱ-⑦でも述べたように，その一時金は権利金でも，保証金でもよいでしょう。

また，その額も普通借地権よりも相当程度低くてもよいことが多いため，近隣の相場程度の一時金を授受して地代を支払うことは十分に可能です。さらに地代についても，通常の定期借地権の地代を支払えばよいわけです。

このように考えますと，特殊利害関係者間での土地の貸借においては，定期借地権の設定を検討することは大きな意味があるといえます。

▶特殊利害関係者間で定期借地権を設定する場合の留意点

特殊利害関係者間で定期借地権を設定して借地人が建物を建てるという考え方には，借地人がその建物の利用権原を一定期間確保することや，また特に地価が高い地区においては，借地権の設定に伴い事実上の権利金の授受は困難であることから，便宜的に定期借地権を利用する考え方があることは前述の通りです。

なお，特殊利害関係者間で定期借地権を設定する場合にも留意すべき点がありますので，それらについて簡単に述べておきましょう。

第一に，借地人が建物の建築資金を金融機関から借りる場合に問題が生じる可能性があります。

一般に定期借地権付きの分譲住宅については，担保価値が不明である等の理由から，融資が困難なケースが多いものと思われます。

分譲住宅の場合には分譲会社の提携ローン等で対応ができていますが，こうした特殊利害関係者間の融資の場合には，計画の時点であらかじめ金融機関と建築資金の融資についてよく協議しておく必要があるでしょう。

190　IX　定期借地権の活用事例

　その際には，定期借地権付き住宅についてはすでに中古流通もなされていること等を金融機関に伝える必要があるでしょう。

　また，場合によっては，金融機関等から定期借地権が設定されている底地に抵当権を設定することを求められる可能性も考えられます。

　いずれにしても，借入れが必要な場合には，計画の初期から金融機関とのこうした協議が必要であることを留意しておくべきです。

　第二に，特に個人地主の場合に注意が必要な点として，地代を不動産所得として申告することを忘れないことです。

　すなわち，将来，何らかの理由で定期借地権の存在を問われる可能性があるとすると，地代の支払いが継続的になされているか否かという点がポイントとなるでしょう。

　また，仮に地代が支払われていても，不動産所得として確定申告をしていないと，それが地代であるのか，あるいは単に小遣いであるのかを立証することは困難です。そして，不動産所得があるにもかかわらず，申告をしていないと，税務上大きな問題となりますので注意してください。

　第三は，契約の履行の問題です。

　第三者間での契約の場合には，お互いに損になるようなことはしないことから，契約は厳密に順守されると思われますが，特殊利害関係者間の場合には，たとえば「地主が父だから」とか，「事実上同じ財布である法人だから」といった甘えがでて，地代の支払いが途中で滞ったり，地代の改定等を適切に行わないようなケースが考えられます。

　特に前者のようなケースでは，前述の通り，借地権の存立の有無にかかる問題が生じる可能性があるため十分に留意してください。

（注28）　増原繁樹・渡辺淑夫・桜井巳津男著『借地権課税の理論と実務』107～121 ページ，財経詳報社，1993 年

IX - ⑬

マンションの建替えに
定期借地権を利用できるか？

はたして底地を買う事業会社がいるか？

　近年，マンションの老朽化が大きな社会問題となっていますが，2015（平成27）年4月1日現在，阪神・淡路大震災での復興事例を除くと，建替え決議終了後ベースでカウントしても，マンションの建替え決定事例（竣工も含みます）は211例にすぎません（注29）。

　分譲マンションの建替えが進まない大きな理由の一つとして，経済的な理由があげられています（注30）。

　すなわち，都市部にある多くのマンションでは容積率を使い切っているため，建替えに際して余剰容積率を売却して再建資金に充当することが困難です。

　こうしたマンションでは，再建資金は区分所有者の手持ち資金と銀行等からの借入金によるしかないわけですが，マンションは多数の区分所有者により構成されているという特色から，区分所有者の中には高齢化等の事由により資金負担が困難な人が含まれる可能性も高く，なかなか建替えの方向で足並みをそろえることは難しいとされています。

　そのため，定期借地権を利用してマンションの再生を検討できないかという意見が定期借地権推進協議会にも何件か寄せられています。

　仕組みとしては，震災復興で兵庫県の公社が実施した手法と同じであり，区分所有者から事業者（法人でも個人でもよい）が土地を購入した後に，当該敷地に新たに定期借地権付きマンションを建築して，従前の区分所有者の中から引き続き再建後のマンションの取得を希望する者に売却するという手法となるでしょう（IX-⑦参照）。

　この手法をとることができれば，所有権価格と定期借地権の設定に伴う一時金の差額分を建物の取得費に充当できるとともに，不足分の床を買い取る場合でも，定期借地権付きマンションの価格は所有権付きマンションの75〜85％程度といわれていることから，比較的低額の負担で済むと思われます。

192   IX 定期借地権の活用事例

　この手法は，今後のマンション再生の一つの方向性を示唆しているということは
いえますが，では実現の可能性がどの程度あるかというと，厳しいと答えざるをえ
ません。

　その最大の理由は，「底地を購入する事業会社がはたしているのか」という問題
に帰結するのです。

　たとえば上場企業が新たに資産を購入する場合には，購入した資産による投資効
果をかなり厳密に測定するでしょう。

▶定期借地権付きマンションの平均的な底地の利回りの試算

　2010（平成22）年の定期借地権付き住宅の実態調査による首都圏の定期借地権付
きマンションの平均的な権利金の割合は，地価の24.5％です。

　首都圏の定期借地権付きマンションの年額地代の地価に対する割合は1.1％です
が，この数字ではなく，全国の割合の1.8％を前提に底地価格（1－権利金価額）
に対する地代率を計算すると次のようになります。

---

　　　　　① 　地価に対する一時金の割合………25％とする。
　　　　　② 　地価に対する年額地代の割合……1.8％とする。
　　底地の平均利回り＝ 0.018 ÷（1 － 0.25）＝ 2.4％

　実際には，この利回りは，上場企業の要求する投資利回りには遠く及ばないもの
と思われます。

　逆に利回りを上げようとすると，非常に安く土地を購入するか，または地代の負
担を極端に増やすかという選択肢になると思われますが，どちらも現実的な手法で
はありません。

　次に，証券化を利用したらどうかという考え方があり，実際にこうした相談を受
けることも少なくありませんが，現実には同じ理由で検討は困難でしょう。

　仮にグロスの利回りが2.4％にすぎないとして，これから諸経費（PM等費用）を
差し引くと，ネットの利回りはさらに少なくなります。

　また，出口戦略を考えた場合も，底地の購入者がどの程度いるかについては疑問
が大きいところです。

なお，Ｊリートには定期借地権の底地が入っていますが，これについては後述します。

▶全員合意というハードル

区分所有法では，マンションの建替えは区分所有権および議決権の各５分の４以上により決議されます。

そして，建替えに賛成しなかった区分所有者に対しては，建替え合意者または建替え合意者全員が指定する買受指定者が売渡請求権を行使することにより，実質的な全員合意が擬制されます。

ところで，仮に，上述したようなスキームに応じてくれる個人または法人の投資家が現れたとしましょう。

ところが，厳密に考えると，このスキームは，

①　区分所有者全員が投資家に土地をいったん売却する。

②　投資家が土地上に定期借地権付きマンションを建築する。

③　投資家が従前の区分所有者に定期借地権付きマンションを分譲する。

となるはずです。

そうしますと，大前提であるマンションの土地の売却は，建替え決議ではなく，区分所有者全員の合意が必要となります (注31)。

このように考えると，スキームとしては面白いのですが，現行法では，この手法でマンションの建替えを検討するのは相当に困難であると思われます。

(注29)　国土交通省ホームページより。

(注30)　拙稿「マンション再生を鑑みた管理組合のあり方」『日本不動産学会誌』No.97
　　　　(2011, Vol.25, No.2)
　　　　拙稿「実務面から見たマンション建替えの阻害要因と対策」『都市問題』Vol.105, No.
　　　　10

(注31)　マンションの建替え等の円滑化に関する法律により，特定行政庁から要除却認定を受けたマンションについては，特別多数決議によりマンション敷地の売却を決議することができる。

定期借地権と不動産の証券化

定期借地権の底地が組み入れられたＪリートの事例が出てきている。

　賃貸マンションやオフィスビル等を建築する場合，建物の賃料は立地や建物の良否で決まってきます。

　仮に立地の評価も土地上の建物の評価も全く同程度の二つの物件があり，一方が定期借地上の建物で，もう一方が所有地上の建物であった場合には，定期借地権の残存期間が短くなっている場合を除くと，賃料には差がでないはずです。

　ところで，所有権付き分譲住宅と定期借地権付き分譲住宅を比較すると，一般には定期借地権付き分譲住宅のほうが安価です。一戸建住宅の場合は，所有権価格の60〜65％前後で価格設定がなされているケースが多いですし，マンションの場合でも所有権価格の75〜85％程度の価格設定がされているケースが多いようです（なお，この数値は筆者の経験値的なものであり，厳密には場所によって異なります）。

　もちろん，定期借地権の場合は地代の負担があるため，この部分も勘案する必要がありますが，賃料が同じで分譲価格が安いのであれば，投下資金に対する利回りは高くなるため，この視点から考えると，定期借地物件は投資用の商品として適しているように思われます。

　ところで，不動産証券化の商品構成としては，投資利回り以外に出口戦略が重要ですから，二次流通市場が整備されているとはいい難い定期借地物件については，証券化への組入れは困難であるという意見もあります。

　しかし，借地権の残存年数がある程度残っている限り，一定の利回りが見込める物件であれば，投資案件として購入を検討する人はいると思われますし，仮に残存期間が短くなったとしても，運用が可能な年数は明らかであることから，中古物件の流通価格を判断するのは難しくないはずです。

　事業用途の事案を中心に定期借地権の底地が組み入れられているＪリートの事例が実際に出てきているなかで，今後は定期借地権付き建物が組み入れられた物件が誕生する可能性も高いと思われます。

IX ― ⑮
他の土地活用策との組合せによる
定期借地権の活用

一時金を他の用途に投下して収益以外のメリットを享受する。

　定期借地権の活用は，信頼できる借地人が確保できれば，安定した事業となりますが，一方で，収益性の面から考えると，借地人が高収益の事業用途で利用する場合を除くと，地価に対して高い利回りを期待することは困難です。

　地主が所有する土地を活用する場合には，事業の安定性は重要なファクターですが，その他のメリットがなければ，定期借地権ではなく他の活用策を検討する可能性も高いと考えられます。

　では，安定性以外に定期借地権活用のメリットを訴求することは可能でしょうか。

　結論からいえば，定期借地権の設定時に一定の一時金が取得できるケースでは，その一時金の運用を検討することでさまざまなメリットを訴求できる場面も少なくありません。

　たとえば，複合的な土地活用が可能なケースでは，定期借地権と他の土地活用策を組み合わせることで，一定の収益性を確保することが可能なケースがありますし，一時金をその他の用途に投下することで収益以外のメリットを享受することも可能です。

　より具体的にいいますと，次のような場面では有効となるでしょう。

▶一時金を活用して他の事業を行う

　これについては，個人情報でもあるため，詳細な紹介はできませんが，次のような事例が報告されています。

①　保証金で隣接地等に賃貸住宅を建築する。

　　保証金は 50 年後に返還すればよいため，家賃収入の中から保証金を 50 で除した金額を毎年積み立てても，金融機関等からの借入れに依存しない計画であるため，一定の収益を上げることが可能です。

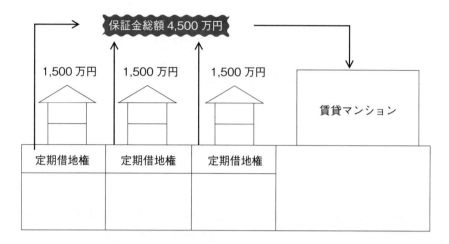

　このスキームは，定期借地権の保証金を賃貸マンションの建築資金に投下することで，賃貸マンションの建築にかかる借入金の負担を減少させることで，トータルでの収益性を向上させるものです。

　なお，保証金は期間の満了時に無利息で返還する必要があるため，その金銭は定期的に積み立てておく必要があります。

　また，借地人が借地期間中に中途解約を申し出た場合には，地主はその時点で保証金を借地人に返還する必要があるため，こうしたスキームで事業を検討する場合には，借地権の設定から一定期間（たとえば，20年または30年間）は，借地人は中途解約権を行使できないような契約とする等の対応も必要かもしれません。

② 定期借地権付きマンションの場合で，地主が保証金や権利金でそのマンションを買い戻して賃貸等に供しているケース

　個人地主の場合，権利金が地価の50％を超える設定ができれば，権利金は譲渡所得となるため，立体買換えの特例を利用することができます（Ⅷ-⑨参照）。

▶一時金で本業の事業資金をまかなう

① 一時金を本業の運転資金に投下するケース

　一般には土地を売却して売却益を投下することが多いのですが，立地がよ

く，多額の一時金が期待できるようなケースで，かつ何らかの理由で土地を売却したい場合には，一つの有効な手法です。

　もっとも，定期借地権を設定した後の土地（底地）は，借地期間中は売却が困難となるため，この手法を考える場合は，こうしたことに十分に考慮して検討すべきでしょう。

② 定期借地権の一時金で社屋等を建てるケース

　そのほか，宗教法人が庫裏の建築資金に充当した事例もあります。

▶一時金を相続資金や代償分割の資金に供する

① 前払い地代方式で得た資金を代償分割資金に充当したケース

　なお，前払い地代の場合には，前払い地代の毎年の償却額が不動産所得として認識されるため，当該不動産所得に対応する所得税・住民税の支払いが確保できる手法をあらかじめ検討しておく必要があります。

② そのほか，権利金等を納税資金に充当したケースがあると聞いていますが，物件の特定はできていません。

　以上に述べたように，定期借地権は工夫次第で，土地活用のメニューの一つとして有効な手法となりえます。

▶地代収入をベースに事業資金を借り入れて他の事業に投資する

　定期借地権による安定した地代収入をベースに，事業資金を借り入れて他の事業に投資するという考え方もあります。ただし，事業手法としてはリスクを伴いますので，慎重な検討が必要です。

　安定した投資ではあるが，当面の借入れが困難な場合などでは，こうした事業手法の検討も可能でしょう。

　次ページに，その具体例を紹介します。

　ほかの例でも紹介したように，「定期借地権事業＋他の事業」という組み合わせで事業を構築することで，プラスアルファーのメリットを創出できる可能性もあります。税制や土地の状況をみて，臨機応変に工夫する余地は十分にあるものと思われます。

《地方都市の準幹線道路沿いにある約300坪の土地の活用事例》

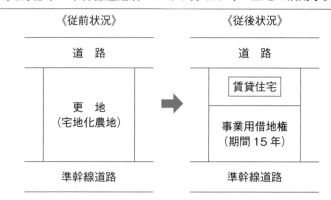

　Aさんは40代半ばの公務員であり，生活は安定しているものの，豊かな老後の生活設計を考えていた。

　土地は地方の中規模都市の郊外にあり，準幹線道路に面してはいるが，貸店舗等のニーズはあまり強くない。また，賃貸住宅の市場は十分にあるが，家賃は高くない。

　Aさんには，老後の生活を見据えて，借入金で事業を行う場合は，定年退職までに借入金の償還を終えたいという希望があったため，家賃相場から考えると，事業が成り立たない状況であった。

　そこで，たまたま，単独の住宅展示場用地を探していた住宅メーカーが，期間15年の事業用借地権を設定して土地を借り受け，その地代収入を充当することで，敷地の奥に2LDK4戸の賃貸住宅を建築する計画となった。なお，借入金は国民生活金融公庫の低利の固定金利でまかなっている。

　結果として，定年退職までは，全体の事業は収支トントンの状況であるが，その後は安定した家賃収入を期待できる状況にある。

これからの定期借地権を考える

X これからの定期借地権を考える

X-1

都市における空き家問題

有効活用が困難な空き家が少なくない。

　2011（平成23）年に総人口が初めて純減を記録して以来、我が国は本格的な人口減少社会に突入したと言われています。また、統計上では、かなり以前から住宅ストックが世帯数を上回る状況が続いていますが、その傾向は年を追うごとに激しくなってきています。

　空き家が増えている最大の理由は、建物の供給が需要を上回っていることでしょう。下のグラフは、総務省が発表している住宅土地統計の空き家率を抜粋したものですが、空き家率が高くなる中で、建物のストックも増えていることからも、このことは確認できます。

《空き家率の推移》

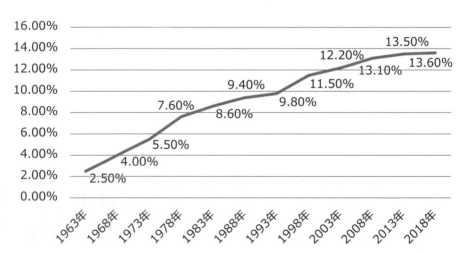

X-① 都市における空き家問題 *201*

このような状況の中で，空き家となっている住宅ストックの有効活用が叫ばれており，各方面から様々な提案がされています (注32) し，筆者も活用できるストックは活用すべきであると考えています。

しかしながら，建物の老朽化の進展等の理由から有効活用が困難な空き家も少なくないため，これらの空き家については，早い時点での解体が必要と思われます。

（注32）　浅見泰司編『都市の空閑地・空き家を考える』プログレス，2014年等

202　X　これからの定期借地権を考える

X-2

建物の出口戦略の必要性

使わなくなり，使えなくなった建物については，出口戦略の検討が非常に重要になる。

　前述のように，都市における空き家が社会問題となり，2014（平成26）年11月には「空き家対策の推進に関する特別措置法」（平成26年法律第127号。以下「空き家対策法」という）が公布され，2015（平成27）年2月に施行されました。

　この法律では，市町村長に対して，法律で規定する限度内で空き家の調査をすることや，空き家についてのデータベースの整理に努めることを求めています。そして，これに加えて，「特定空き家等」に指定された建物については，次のような対応が可能となりました。

- ・所有者に対して，「特定空き家等」の除去・修繕，立木の伐採等の助言，指導，勧告，命令等
- ・上記措置を講じても所有者が対応しない場合には，行政代執行による建物解体

　既存の建物ストックは，我が国においても貴重な資源ですから，基本的にはそれを有効に利用する手法を検討すべきでしょう。その受け皿として，たとえば規制緩和により，民泊等が行いやすくなるような仕組みも考えられていますし，そのほか，国民の叡智を絞った検討が必要であることは言うまでもありません（注33）。

　しかしながら，現実には立地特性等により，転用が比較的容易なケースとそうでないケースがあるほか，立地としては転用が可能な場合でも，残存耐用年数の関係で利用したくても利用が困難な建物も少なからず存在します。

　その意味では，私たちは，既存ストックの有効活用を検討するとともに，利用しなくなった建物については，最終的には解体して更地にする仕組みも検討しておくべきではないかと思います。

　この利用されなくなった建物を解体して更地にすることを，ここでは「建物の出口戦略」と呼ぶことにします。

　ところで，建物の出口戦略はなぜ必要なのでしょうか。

　いうまでもなく，建物が利用されないままで放置されると，その劣化は時間の経

過とともにひどくなります。劣化した建物は，雰囲気の面でも周りに良い影響は与えませんし，防犯や防災上も問題がありますから，そのような建物が目立つようになると，街そのものの価値も毀損されることになりかねません。このようなことから，使わなくなり，また使えなくなった建物については出口戦略の検討が非常に重要になります。

　これまで，このことがあまり大きな問題にならなかった理由は，少なくとも大都市部は郊外に向かって広がり続けてきたことや，特に地価が上がり続けていた時代までは，中心市街地については，利用されない建物が建っている土地でも，所有者に売却の意思があれば，買い手はいくらでもいたことが挙げられます。

　すなわち，特に街なかにおける空き家については，キャピタルゲイン狙いで戦略的に空き家にしているケースも少なくなかったように思います。

　ところが，人口減少時代に突入した我が国では，今後は，売りに出しても買い手がいない不動産が増えてくるものと思われます。特に，土地上の建物の解体価格が，更地になった土地価格を上回るようなケースでは，下手をすると利用しなくなった建物が放置されるリスクが高くなるのではないでしょうか。

　このように考えると，たとえば土地の活用を検討する場合には，その土地の活用法とともに，最終的に土地上の建物の出口戦略も併せて検討することが必要なのではないかと思われます。

（注33）　中川寛子著『解決！空き家問題』ちくま新書，2015年等，参考文献も多くある。

X－❸

定期借地権における建物の出口戦略

定期借地権は建物の出口戦略が明確な土地活用手法である。

　これまで本書でも繰り返し述べてきましたように，定期借地権は，期間満了で契約が終了する借地契約です。

　ところで，定期借地権が誕生した当時は，バブルの余韻が残っていた時代ですから，「期間満了で本当に土地が地主に戻ってくるのか？」ということが，この制度を巡る議論のひとつとなっていました。

　しかしながら，その後，「失われた10年（あるいは20年）」と言われる時代を経て，また本格的な人口減少時代に突入したという時代背景の中で，不動産を取り巻く環境は大きく変わりました。

　すなわち，仮に定期借地権を設定して土地活用をしたとしても，「土地を返されても，次の利用の目途が立たないから借り続けてほしい」という地主が増えている状況にあります。

　ちなみに，定期借地権が終了した事例についてはⅠ-⑬で紹介していますので，そちらを参照してください。

　さて，話を元に戻しましょう。

　定期借地権は，期間満了で借地契約が終了する制度ですから，契約書の中で，契約終了時点での建物の取り扱いについて地主と借地人が取り決めをしています。多くの場合は，借地人は期間満了までに土地上の建物を解体し，更地で返却する旨規定されています。

　もっとも，土地上の建物が良好な状態で維持されているのであれば，地主は建物の無償譲渡を選択できるとするような特約が設けられていることもありますが，この場合でも，原則は更地返還となっているわけです。

　このように，契約の中で，建物の解体義務を借地人に課していることが定期借地権の一つの特色であり，これにより，使わない，また利用することが困難な建物であれば，地主は更地返還を選択することで土地の更地化を果たすことが可能となり

ます。

　もっとも，契約上は更地返還義務を借地人に課していても，借地人が義務を履行しない可能性も考えられます。

　この問題に対しては，多くの定期借地契約では，借地権設定時に「保証金」を授受していることが，事実上の問題解決策の一つとなっています。

　すなわち，借地人が建物を解体しない場合には，地主は自ら建物を解体したうえで，預託されている保証金から当該額を差し引いた残額を借地人に返還できるような特約を契約の条項にいれておけば，十分な対応策となり得るためです。

　また，定期借地権付きマンションの場合には，多くのケースで「解体積立金」を管理組合で積み立てています。

　以前は，この解体積立金の存在が，所有権マンションと比べた場合の定期借地権付きマンションのデメリットであるといわれていましたが，昨今では，所有権マンションの場合でも老朽化等により建替えの検討が必要となる場合を考えると，解体費相当額をあらかじめ積み立てておくべきであるということが議論されるようになってきています。

　このように考えると，むしろ，定期借地権の仕組みが世の中の先を行っていたということができるのかもしれません。

　もちろん，定期借地権の場合も，出口戦略が万全であるとは言えません。

　前述の通り，契約で約定があるからといって，借地人が必ずしも約定を守る保証はありませんし，借地人が破産した場合には，保証金の返還を求められる可能性もあります。

　しかしながら，他の活用手法と比較すると，定期借地権は出口戦略が明確な土地活用手法であることは間違いないでしょう。

　特に，郊外で広い土地を有する地主が大型商業施設等で土地活用をする場合には，定期借地権による検討をお勧めしたいと思います。

まとめとして

定期借地権が誕生したのは，バブル経済の余韻が残っている時期でした。当時は，「土地は所有から利用の時代へ」等という標語が口にされることもありましたが，定期借地権を活用するメリットについては，土地を購入する場合と比較して初期コストが安くて済むことに注目が集まっていました。

その典型的な例は定期借地権付き住宅であり，「所有権価格の6割で住宅を取得できる」という点がマスコミ等でも大きく取り上げられました。

ところで，定期借地権が誕生してから四半世紀近い月日が経過する中で，不動産を取り巻く状況も大きく変わりつつありますが，その中で土地についての考え方も大きな変容を遂げています。

たとえば，昔は，不動産を所有していると担保価値も増大することから，金融機関から融資を受ける際に有利であるという考え方があり，多くの企業は不動産を購入していました。

ところが，昨今では，企業の経営指標として「総資産利益率」等が重要な指標となったことから，資産が増えると，この指標が悪化することから，企業も不急不要の不動産は持たずに，利用することを選択するようになっています。

加えて，バブル期以前のように，地価も右肩上がりで上昇する時代ではなくなっていることから，土地を所有することでキャピタルゲインが得られるわけでもありません。

一方で，地主の立場に立った時には，経営の安定性とともに，Ⅹで述べたように，これからの不動産を考える場合には，建物の出口戦略が重要な視点になると思われます。すなわち，優良立地であれば問題はないでしょうが，少なくとも立地特性も考えずに，アパート経営を検討することも難しくなりつつあります。

以上のようなことを考えると，これからは土地を貸す側の立場からも，また借りる側の立場からも，定期借地権を再評価する必要があるように思われます。併せて，「土地は所有から利用の時代へ」という言葉について，私たちはよく考える必要があるように思います。

【資　料】

1. 定期借地権設定契約約款の概要

2. 定期借地権設定契約書（戸建住宅・賃借権）

3. 定期借地権設定契約書（戸建住宅・地上権）

4. 定期借地権設定契約書（集合住宅・賃借権）

5. 定期借地権設定契約書（集合住宅・地上権）

6. 賃貸代理業務委託契約書

7. 事業用定期借地権設定契約にかかる合意書

8. 定期借地権の賃料の一部又は全部を前払いとして一括して授受した場合における税務上の取扱いについて（平成16年12月16日付国土企第14号照会／平成17年1月7日付課審1-1外回答）

9. 定期借地権の賃料の一部又は全部を前払いとして一括して授受した場合における相続税の財産評価及び所得税の経済的利益に係る課税等の取扱いについて（平成17年6月28日付国土企第2号）

10. 一般定期借地権の目的となっている宅地の評価に関する取扱いについて（平成10年8月25日課評2-8外（一部改正：平成11年7月26日課評2-14外））

11. 定期借地権を活用した開発行為等により設置された道路の取扱い基準について（平成9年3月28日建設省経民発第13号）

12. 定期借地権の設定による保証金の経済的利益の課税に係る平成23年分の適正な利率について（平成24年2月6日国土交通省土地・水資源局土地市場課）

13. 定期借地権付住宅の価格査定手法の検討に関する報告書—中古定借住宅の仲介に向けて（抄）（平成15年3月・定期借地権普及促進協議会）

14. 災害公営住宅に係る定期借地権取得費用の考え方について（平成24年9月・（財）都市農地活用支援センター／定期借地権推進協議会）

210　資　料

1. 定期借地権設定契約約款の概要

（定期借地権推進協議会ホームページより）

　本契約約款は，借地借家法第22条（一般定期借地権）に基づく，住宅を前提に構成されている。定期借地権設定契約書等は後記のとおりであるが（契約書等の原文は協議会ホームページをご覧ください），全体の構成及び契約書等の概要は次のとおりである。

1.　全体の構成について

(1)　戸建住宅の場合は，土地所有者と住宅購入者が直接に定期借地権設定契約を行う方式，土地所有者と事業者が一旦定期借地権設定契約を行い，その後，住宅購入者に譲渡する方式の2種類の方式を想定し，2.の場合は，土地所有者と住宅購入者との間で，別途定期借地権に関する確認書を取り交わすこととしている。

(2)　集合住宅の場合は，(1)2.の方式を想定し，土地所有者と住宅購入者との間で，別途定期借地権に関する確認書を取り交わすこととしている。

(3)　また，借地権の内容としては，賃借権方式及び地上権方式を想定している。

(4)　各契約書に掲げた主な規定を，時間の流れを追って示すと次のとおりである。
　　　（借地契約の開始）
　　　　　○建物の建築義務
　　　　　○敷金等の支払
　　　　　○登記，公正証書等
　　　（借地期間中の関係）
　　　　　○建物の維持管理
　　　　　○賃料（地代）の支払
　　　　　○建物の増改築等
　　　　　○借地権の譲渡・転貸
　　　　　○土地（底地）の譲渡
　　　　　○契約の解除（地上権の消滅）
　　　（借地期間の満了）
　　　　　○原状回復（建物の無償譲渡の特約）

2.　定期借地権設定契約書（戸建住宅・賃借権）について

(1)　借地人による建築物の建築義務及び借地権の存続期間中は建物を良好に維持する義務を規定している。（第2条）

(2)　土地の賃料改定は，一定期間ごとに純賃料を消費者物価指数に連動させて改定するという考え方を採用している。（第4条）

(3) 契約時点で支払われる一時金は，敷金の授受を標準とし，特約として，いわゆる保証金を授受する場合の規定を示している。また，敷金は，賃料の改定に伴い変動することとしている。保証金は，その額が比較的多額であることに鑑み，保証金返還請求権を担保するため，土地所有権に抵当権を設定することとしている。（第5条）

(4) 建物の増改築・再築は，あらかじめ土地所有者への通知を要することとしている。（第6条）

(5) 土地を譲渡する場合は，あらかじめ借地人に通知して行うこととしている。（第8条）

(6) 契約終了時は借地人による原状回復を基本とするが，特約として，契約期間満了時において土地所有者は建物の無償譲渡を請求できることとしている。（第10条）

3. 定期借地権設定契約書（戸建住宅・地上権）について

(1) 契約時点で支払われる一時金は，権利金，敷金を想定している。（第4条，第6条）

(2) 借地権の譲渡は，あらかじめ土地所有者への通知を要することとしている。（第8条）

(3) 借地人が地代の支払を2年以上怠ったときは，地上権の消滅請求をすることができることとしている。これは，民法第266条により準用される第276条の規定と同趣旨を定めているものである。（第10条）

4. 定期借地権契約に関する確認書（戸建住宅・賃借権）について

定期借地権設定契約書（戸建住宅・賃借権）の内容を確認したものである。

5. 定期借地権契約に関する確認書（戸建住宅・地上権）について

定期借地権設定契約書（戸建住宅・地上権）の内容を確認したものである。

6. 定期借地権設定契約書（集合住宅・賃借権）について

（以下，6.から9.については，戸建住宅と同じ事項は，省略している。）

(1) 契約時点で支払われる一時金としては，敷金の授受を標準とし，特約として，権利金を授受する場合の規定を示している。（第5条）

(2) 建物の増改築は，あらかじめ土地所有者への通知を要することとしているが，建物の共用部分の共有持分又は借地権の準共有持分に変更を生じるときは，土地所有者の承諾を得ることとしている。（第6条）これは，これらの変更が賃料債権の金額に影響を及ぼすためである。

(3) 土地所有者は，事業者が区分された建物部分（以下「専有部分」という。）を譲渡する場合に，譲渡を受ける第三者（以下「区分所有者」という。）が契約書に定める契約条件を承諾し，かつ，賃料の支払を3ヶ月以上怠ったとき又は土地所有者に無断で借地権の準共有持分を譲渡したときは，土地所有者が区分所有者の所有す

212　　資　　料

る専有部分を自己に帰属させることを請求できる旨の契約条件に承諾する場合には，譲渡を承諾しなければならないこととしている。

　これは，土地所有者と事業者間のこの契約条件が債権的特約と解されるおそれがあるため，区分所有者がこの契約条件を承継したことを承諾する必要があるためである。なお，専有部分の帰属請求を契約条件として定める趣旨は，7.(3)のとおりである。

　また，事業者が第三者に譲渡する借地権の準共有持分割合は，専有部分の床面積の割合により定めることとしている。(第7条)

7. 定期借地権契約に関する確認書（集合住宅・賃借権）について

　集合住宅の場合の確認書は戸建住宅の場合とは異なり，単なる確認書ではなく一種の契約としての意味を持つ文書となる。

(1)　土地の賃料は，区分所有者が土地全体の賃料のうち借地権の準共有持分に対応する割合の金額を負担することとしている。(第4条) 敷金も同様の考え方である。(第5条)

(2)　建物の増改築は，あらかじめ土地所有者への通知を要することとしているが，建物の共用部分の共有持分又は借地権の準共有持分に変更を生じるときは，土地所有者の承諾を得ることとしている。(第6条) これは，これらの変更が賃料債権の金額に影響を及ぼすためである。

(3)　区分所有者が賃料の支払を3ヶ月以上怠ったとき又は土地所有者に無断で借地権の準共有持分を譲渡した場合は，土地所有者はその区分所有者の専有部分を自己に帰属させることを請求できることとしている。定期借地権設定契約は一つの契約であり，その借地権の準共有持分が区分所有者に帰属しており，したがって，一部の区分所有者が賃料の滞納をしたときに，定期借地権契約を解除することは認めるべきではない。このような場合は，土地所有者の請求により区分所有者の専有部分を帰属させ，専有部分の価額と未払賃料等とを清算することが適当である。(第9条)

(4)　契約期間満了時は，区分所有者全体の責任による原状回復を基本とするが，特約として，契約期間満了時において土地所有者は建物の無償譲渡を請求できることとしている。(第10条)

8. 定期借地権設定契約書（集合住宅・地上権）について

(1)　契約時点で支払われる一時金としては，権利金，敷金の授受を標準としている。(第4条，第6条)

(2)　建物の増改築は，あらかじめ土地所有者への通知を要することとしているが，建物の共用部分の共有持分又は借地権の準共有持分に変更を生じるときは，土地所有者の承諾を得ることとしている。(第7条) これは，これらの変更が地代債権の金額に影響を及ぼすためである。

(3)　借地権の譲渡は，あらかじめ土地所有者への通知を要することとしている。(第

8条)
(4) 借地人が地代の支払を2年以上怠ったときは，地上権の消滅請求をすることができることとしている。これは，民法第266条により準用される第276条の規定と同趣旨を定めているものである。（第10条）

9. 定期借地権契約に関する確認書（集合住宅・地上権）について

(1) 土地の地代は，区分所有者が土地全体の地代のうち借地権の準共有持分に対応する割合の金額を負担することとしている。（第4条）敷金も同様の考え方である。（第5条）
(2) 建物の増改築は，あらかじめ土地所有者への通知を要することとしているが，建物の共用部分の共有持分又は借地権の準共有持分に変更を生じるときは，土地所有者の承諾を得ることとしている。（第6条）これは，これらの変更が地代債権の金額に影響を及ぼすためである。
(3) 借地権の譲渡は，あらかじめ土地所有者への通知を要することとしている。（第7条）
(4) 区分所有者が地代の支払を2年以上怠ったときは，土地所有者はその区分所有者の専有部分を自己に帰属させることを請求できることとしている。定期借地権設定契約は一つの契約であり，その借地権の準共有持分が区分所有者に帰属しており，したがって，一部の区分所有者が地代の滞納をしたときに，定期借地契約を解除することは認めるべきではない。このような場合は，土地所有者の請求により区分所有者の専有部分を帰属させ，専有部分の価額と未払地代等とを清算することが適当である。これは，7.(3)に記述した考え方と同じである。（第9条）
(5) 契約期間満了時は，区分所有者全体の責任による原状回復を基本とするが，特約として，契約期間満了時において土地所有者は建物の無償譲渡を請求できることとしている。（第10条）

〈参考〉
1. 定期借地権設定契約書における賃借権方式と地上権方式との相違

事　項	賃借権方式	地上権方式
借地権の譲渡	あらかじめ土地所有者の承諾を得て譲渡（民法612条）	あらかじめ土地所有者に対して通知して譲渡
契約の解除 （権利の消滅）	賃料を3ヶ月以上滞納した場合等一定の解除事由に該当する場合に契約を解除	地代を2年以上滞納した場合に地上権の消滅を請求

(注) 以上は，戸建住宅・集合住宅とも基本的に共通である。

214　　資　　料

2. 集合住宅の場合の定期借地権設定契約書と定期借地権契約に関する確認書の相違

事　項	契　約　書	確　認　書
賃料・敷金債権の性質	専有部分の分譲以前は一つの債権	専有部分の分譲後は準共有持分に対応する分割された債権
契約の解除（賃借権）	賃料を3ヶ月以上滞納した場合等一定の解除事由に該当する場合に契約を解除	賃料を3ヶ月以上滞納した場合又は土地所有者に無断で賃借権を譲渡した場合には，土地所有者の請求により専有部分を土地所有者に帰属
権利の消滅（地上権）	地代を2年以上滞納した場合に地上権の消滅を請求	地代を2年以上滞納した場合には，土地所有者の請求により専有部分を土地所有者に帰属

（筆者注）　本書では「確認書」は割愛しています。詳細は，定期借地権推進協議会のホームページでご確認ください。

2. 定期借地権設定契約書（戸建住宅・賃借権）

（定期借地権推進協議会ホームページより）

（前文）

賃貸人○○○（以下「甲」という。）と賃借人△△△（以下「乙」という。）は，甲が所有する物件表示記載の土地（以下「本件土地」という。）について，借地借家法（以下「法」という。）第22条に定める定期借地権の設定契約を以下の条項に従って締結した（以下，本契約によって設定される借地権を「本件借地権」という。）。

（契約の目的）

第1条

1. 甲は，本件土地上に建築する物件表示記載の建物（以下「本件建物」という。）の所有を目的として乙に本件土地を賃貸し，乙はこれを賃借する。
2. 本件借地権については，更新の請求及び土地の使用の継続による契約の更新並びに建物の築造による存続期間の延長がなく，また，乙は，法第13条の規定による本件土地上の建物の買取りを請求することができない。

（建物の建築義務等）

第2条

乙は，物件表示に記載する条件に従い，かつ，建築基準法その他の法令を遵守して本件建物を建築し，本件借地権の存続期間中，本件建物を良好な状態に維持しなければならない。

（存続期間）

第3条

本件借地権の存続期間は，平成　　年（西暦　　　年）　　月　　日から平成　　年（西暦　　　年）　　月　　日までの　　年間とする。

（賃料）

第4条

1. 本件土地の賃料は，月額○○○円とする。乙は，甲に対して，毎月○○日までに，その翌月分を甲が指定する金融機関口座に振込むことにより支払わなければならない。
2. 甲又は乙は，○年毎に，以下に掲げる方式により算定した額に賃料を改定することを請求することができる。

改定賃料の年額＝（従前の賃料の年額−従前の賃料決定時の公租公課の年額）×変

動率＋賃料改定時の公租公課の年額

公租公課とは，本件土地に係る固定資産税及び都市計画税とする。変動率とは，賃料改定年において公表されている直近の年の年平均の総務省統計局の消費者物価指数（全国平均・総合）を従前の賃料決定時に採用した同消費者物価指数で除した数値とする。

3. 前項の規定にかかわらず，賃料が，本件土地に対する租税その他の公課の増減により，土地の価格の上昇若しくは低下その他の経済事情の変動により，又は近傍類似の土地の賃料等に比較して不相当となったときは，甲又は乙は，将来に向かって賃料の増減を請求することができる。

※注1　固定資産税及び都市計画税以外の公租公課を含める場合には，その範囲を明らかにしておくことが必要である。

※注2　変動率の基礎として引用し得る指数は，この他にも地域別の消費者物価指数等がある。

※注3　初回の賃料改定において使用する「従前の賃料決定時の公租公課」及び「賃料改定時の公租公課」については，住宅用地の場合の固定資産税及び都市計画税の軽減の特例により初回賃料改定時の公租公課よりも次回の公租公課が低くなることがあり得ることに留意する必要がある。

（敷金）
第5条
1. 乙は，本契約に基づいて生ずる乙の債務を担保するため，本契約の成立後遅滞なく，甲に対し敷金として第4条に規定する賃料の〇か月分に相当する金員を預託しなければならない。
2. 乙は，賃料が増額されたときは遅滞なく，甲に対し敷金として当該賃料の〇か月分に相当する額に不足する金員を追加して預託し，また，甲は，賃料が減額されたときは遅滞なく，乙に対し当該賃料の〇か月分に相当する額を超える部分の金員を返還しなければならない。
3. 乙に賃料の不払いその他本契約に関して発生する債務の支払遅延が生じたときは，甲は，催告なしに敷金をこれらの債務の弁済に充当することができる。甲は，この場合には，弁済充当日，弁済充当額及び費用を乙に書面で通知する。乙は，甲より充当の通知を受けた場合には，通知を受けた日から〇日以内に甲に対し敷金の不足額を追加して預託しなければならない。
4. 本契約の終了に伴い乙が本件土地を原状に復して甲に返還した場合において，甲は，本契約に基づいて生じた乙の債務で未払いのものがあるときは敷金の額から未払債務額を差し引いた額を，また，未払いの債務がないときは敷金の額を，それぞれ遅滞なく乙に返還しなければならない。この場合において，返還すべき金員には利息を附さないものとする。

2. 定期借地権設定契約書（戸建住宅・賃借権） *217*

5. 前項の場合において，未払債務額を差し引いて敷金を返還するときは，甲は，敷金から差し引く金額の内訳を乙に明示しなければならない。

6. 乙は，本件土地を原状に復して甲に返還するまでの間，敷金返還請求権をもって甲に対する賃料その他の債務と相殺することができない。

7. 乙は，敷金返還請求権を第三者に譲渡し，又は担保に供してはならない。ただし，第7条第2項に規定する場合については，この限りでない。

（保証金）（特約）
第○条

1. 乙は，本契約に基づいて生ずる乙の債務を担保するため，本契約の成立後遅滞なく，甲に対し保証金として○○○円を預託しなければならない。

2. 本契約の終了に伴い乙が本件土地を原状に復して甲に返還した場合において，甲は，本契約に基づいて生じた乙の債務で未払いのものがあるときは保証金の額から未払債務額を差し引いた額を，また，未払いの債務がないときは保証金の額を，それぞれ遅滞なく乙に返還しなければならない。この場合において，返還すべき金員には利息を附さないものとする。

3. 前項の場合において，未払債務額を差し引いて保証金を返還するときは，甲は，保証金から差し引く金額の内訳を乙に明示しなければならない。

4. 乙は，本件土地を原状に復して甲に返還するまでの間，保証金返還請求権をもって甲に対する賃料その他の債務と相殺することができない。

5. 甲は，乙に対する保証金返還債務を担保するため，保証金全額を被担保債務額とし，遅延損害金を年○％として，本件土地に乙を抵当権者とする抵当権を設定する。

6. 乙は，保証金返還請求権を第三者に譲渡し，又は担保に供してはならない。ただし，第○条第2項に規定する場合については，この限りでない。

（建物の増改築等）
第6条

乙は，本件建物を増改築し，又は再築しようとする場合には，あらかじめ，その旨を甲に通知しなければならない。

（借地権の譲渡，転貸）
第7条

1. 乙は，甲の書面による承諾を得て，第三者に，本件借地権を譲渡し，又は本件土地を転貸することができる。

2. 甲が前項の譲渡に承諾を与えたときは，乙は本件借地権とともに甲に対する敷金返還請求権を当該第三者に譲渡し，甲はこれを承諾する。

218　　資　　料

（借地権の譲渡，転貸）（特約）
第○条
1. 乙は，甲の書面による承諾を得て，第三者に，本件借地権を譲渡し，又は本件土地を転貸することができる。
2. 甲が前項の譲渡に承諾を与えたときは，乙は本件借地権とともに甲に対する保証金返還請求権を当該第三者に譲渡し，甲はこれを承諾する。

（土地の譲渡）
第8条
1. 甲は，本件土地を第三者に譲渡しようとする場合には，あらかじめ，その旨を乙に通知しなければならない。
2. 甲は，本件土地を第三者に譲渡した場合には，乙に対する敷金返還債務を当該第三者に承継させなければならない。

（土地の譲渡）（特約）
第○条
1. 甲は，本件土地を第三者に譲渡しようとする場合には，あらかじめ，その旨を乙に通知しなければならない。
2. 甲は，本件土地を第三者に譲渡した場合には，乙に対する保証金返還債務を当該第三者に承継させなければならない。

（契約の解除）
第9条
以下の各号の一に掲げる事由が乙に存する場合において，甲が相当の期間を定めて当該事由に係る義務の履行を乙に対し催告したにもかかわらず，乙がその期間内に当該義務を履行しないときは，甲は，本契約を解除することができる。ただし，本契約における当事者間の信頼関係が未だ損なわれていないと認められるときは，この限りでない。
　Ⅰ. 第2条に従って本件建物の建築をしないとき。
　Ⅱ. 第4条に規定する賃料の支払いを3ヶ月以上怠ったとき。
　Ⅲ. 第5条第7項の規定に違反して，敷金返還請求権を譲渡し又は担保に供したとき。
　Ⅳ. 第6条に規定する通知を行うことなく，本件建物を増改築し又は再築したとき。
　Ⅴ. 第7条第1項に規定する承諾を得ないで，第三者に本件借地権を譲渡し又は本件土地を転貸したとき。
　Ⅵ. その他本契約の規定に違反する行為があったとき。

（契約の解除）（特約）
第○条
以下の各号の一に掲げる事由が乙に存する場合において，甲が相当の期間を定めて当
該事由に係る義務の履行を乙に対し催告したにもかかわらず，乙がその期間内に当該
義務を履行しないときは，甲は，本契約を解除することができる。ただし，本契約に
おける当事者間の信頼関係が未だ損なわれていないと認められるときは，この限りで
ない。

 Ⅰ．第2条に従って本件建物の建築をしないとき。

 Ⅱ．第4条に規定する賃料の支払いを3ヶ月以上怠ったとき。

 Ⅲ．第○条第6項の規定に違反して，保証金返還請求権を譲渡し又は担保に供した
  とき。

 Ⅳ．第6条に規定する通知を行うことなく，本件建物を増改築し又は再築したと
  き。

 Ⅴ．第○条第1項に規定する承諾を得ないで，第三者に本件借地権を譲渡し又は本
  件土地を転貸したとき。

 Ⅵ．その他本契約の規定に違反する行為があったとき。

（原状回復義務）
第10条
1. 本契約が終了する場合には，乙は，自己の費用をもって本件土地に存する建物そ
 の他乙が本件土地に附属させた物を収去し，本件土地を原状に復して甲に返還し
 なければならない。

2. 本件借地権が存続期間の満了によって消滅する場合には，乙は，期間満了○年前
 までに本件建物の取壊し及び本件建物の賃借人の退去等本件土地の返還に必要な
 事項を書面により甲に報告しなければならない。

3. 第1項に規定する本件土地の返還が遅延した場合には，乙は，遅延期間に応じ，
 本件土地の賃料の○倍に相当する額の遅延損害金を甲に支払わなければならない。

 ※注 契約書においては，原状回復の具体的内容を明確にしておく必要がある。

（原状回復義務等）（特約）
第○条
1. 本契約が終了する場合には，乙は，自己の費用をもって本件土地に存する建物そ
 の他乙が本件土地に附属させた物を収去し，本件土地を原状に復して甲に返還し
 なければならない。

2. 本件借地権が存続期間の満了によって消滅する場合には，乙は，期間満了○年前
 までに本件建物の取壊し及び本件建物の賃借人の退去等本件土地の返還に必要な
 事項を書面により甲に報告しなければならない。

220   資　料

3. 第1項に規定する本件土地の返還が遅延した場合には，乙は，遅延期間に応じ，本件土地の賃料の○倍に相当する額の遅延損害金を甲に支払わなければならない。
4. 前各項の規定にかかわらず，甲は，本件借地権の存続期間満了○年前までに，本件借地権の存続期間満了時に本件建物を無償で譲り渡すべきことを，乙に対して請求することができる。

※注　契約書においては，原状回復の具体的内容を明確にしておく必要がある。

（登記）
第11条
1. 甲及び乙は，本契約を締結した後，遅滞なく本件土地について定期借地権設定登記をする。
2. 本契約が終了した場合には，乙は，第5条の規定による甲の敷金の返還と引き換えに，定期借地権設定登記を抹消する。

（登記）（特約）
第○条
1. 甲及び乙は，本契約を締結した後，遅滞なく本件土地について定期借地権設定登記をする。
2. 本契約が終了した場合には，乙は，第○条の規定による甲の保証金の返還と引き換えに，定期借地権設定登記及び第○条第5項に規定する抵当権設定登記を抹消する。

（遅延損害金）
第12条
乙は，本契約に基づき甲に対して負担する賃料その他の債務の履行を遅滞したときは，甲に対して年○％の割合による遅延損害金を支払わなければならない。

（公正証書）
第13条
甲及び乙は，本契約締結後遅滞なく，本契約を内容とする公正証書の作成を公証人に委嘱する。

（管轄裁判所）
第14条
本契約に係る紛争に関する訴訟は，本件土地の所在地を管轄する地方裁判所を第一審の管轄裁判所とする。

（協議）

第15条

本契約に定めのない事項又は本契約の規定の解釈について疑義がある事項については，甲及び乙は，民法その他の法令及び慣行に従い，誠意を持って協議し，解決する。

① この契約書式では，一時金として敷金方式を採用しており，特約として保証金方式を例示しておりますが，他に権利金あるいは前払い地代方式の採用も可能です。

② この契約書式には，中途解約条項は採用しておりません。必要に応じて検討してください（Ⅱ-②参照）。

③ 建替えや譲渡・転貸の承諾については，契約書であらかじめ「承諾料は不要」とするケースもあります（Ⅱ-⑤参照）。

3. 定期借地権設定契約書（戸建住宅・地上権）

（定期借地権推進協議会ホームページより）

（前文）

土地所有者○○○（以下「甲」という。）と地上権者△△△（以下「乙」という。）は，甲が所有する物件表示記載の土地（以下「本件土地」という。）について，借地借家法（以下「法」という。）第22条に定める定期借地権の設定契約を以下の条項に従って締結した（以下，本契約によって設定される借地権を「本件借地権」という。）。

（契約の目的）

第1条

1. 甲は，乙に対して，本件土地上に建築する物件表示記載の建物（以下「本件建物」という。）の所有を目的として本件土地に地上権を設定し，乙は地上権の設定を受ける。
2. 本件借地権については，更新の請求及び土地の使用の継続による契約の更新並びに建物の築造による存続期間の延長がなく，また，乙は，法第13条の規定による本件土地上の建物の買取りを請求することができない。

（建物の建築義務等）

第2条

乙は，物件表示に記載する条件に従い，かつ，建築基準法その他の法令を遵守して本件建物を建築し，本件借地権の存続期間中，本件建物を良好な状態に維持しなければならない。

（存続期間）

第3条

本件借地権の存続期間は，平成　　年（西暦　　　年）　　月　　日から平成　　年（西暦　　　年）　　月　　日までの　　年間とする。

（権利金）

第4条

1. 乙は，甲に対し，本件借地権設定の権利金として○○○円を支払う。
2. 前項の権利金は，返還しない。

3. 定期借地権設定契約書（戸建住宅・地上権） *223*

（地代）

第5条

1. 本件土地の地代は，月額○○○円とする。乙は，甲に対して，毎月○○日までに，その翌月分を甲が指定する金融機関口座に振込むことにより支払わなければならない。

2. 甲又は乙は，○年毎に，以下に掲げる方式により算定した額に地代を改定することを請求することができる。

   改定地代の年額＝（従前の地代の年額－従前の地代決定時の公租公課の年額）×変動率＋地代改定時の公租公課の年額

   公租公課とは，本件土地に係る固定資産税及び都市計画税とする。変動率とは，地代改定年において公表されている直近の年の年平均の総務省統計局の消費者物価指数（全国平均・総合）を従前の地代決定時に採用した同消費者物価指数で除した数値とする。

3. 前項の規定にかかわらず，地代が，本件土地に対する租税その他の公課の増減により，土地の価格の上昇若しくは低下その他の経済事情の変動により，又は近傍類似の土地の地代等に比較して不相当となったときは，甲又は乙は，将来に向かって地代の増減を請求することができる。

※注1　固定資産税及び都市計画税以外の公租公課を含める場合には，その範囲を明らかにしておくことが必要である。

※注2　変動率の基礎として引用し得る指数は，この他にも地域別の消費者物価指数等がある。

※注3　初回の地代改定において使用する「従前の地代決定時の公租公課」及び「地代改定時の公租公課」については，住宅用地の場合の固定資産税及び都市計画税の軽減の特例により初回地代改定時の公租公課よりも次回の公租公課が低くなることがあり得ることに留意する必要がある。

（敷金）

第6条

1. 乙は，本契約に基づいて生ずる乙の債務を担保するため，本契約の成立後遅滞なく，甲に対し敷金として第5条に規定する地代の○か月分に相当する金員を預託しなければならない。

2. 乙は，地代が増額されたときは遅滞なく，甲に対し敷金として当該地代の○か月分に相当する額に不足する金員を追加して預託し，また，甲は，地代が減額されたときは遅滞なく，乙に対し当該地代の○か月分に相当する額を超える部分の金員を返還しなければならない。

3. 乙に地代の不払いその他本契約に関して発生する債務の支払遅延が生じたときは，甲は，催告なしに敷金をこれらの債務の弁済に充当することができる。甲は，この場合には，弁済充当日，弁済充当額及び費用を乙に書面で通知する。乙は甲よ

り充当の通知を受けた場合には，通知を受けた日から〇日以内に甲に対し敷金の不足額を追加して預託しなければならない。

4. 本契約の終了に伴い乙が本件土地を原状に復して甲に返還した場合において，甲は，本契約に基づいて生じた乙の債務で未払いのものがあるときは敷金の額から未払債務額を差し引いた額を，また，未払いの債務がないときは敷金の額を，それぞれ遅滞なく乙に返還しなければならない。この場合において，返還すべき金員には利息を附さないものとする。

5. 前項の場合において，未払債務額を差し引いて敷金を返還するときは，甲は，敷金から差し引く金額の内訳を乙に明示しなければならない。

6. 乙は，本件土地を原状に復して甲に返還するまでの間，敷金返還請求権をもって甲に対する地代その他の債務と相殺することができない。

7. 乙は，敷金返還請求権を第三者に譲渡し，又は担保に供してはならない。ただし，第8条第2項に規定する場合については，この限りでない。

（建物の増改築等）
第7条
乙は，本件建物を増改築し，又は再築しようとする場合には，あらかじめ，その旨を甲に通知しなければならない。

（借地権の譲渡）
第8条
1. 乙は，第三者に本件借地権を譲渡しようとする場合には，あらかじめ，その旨を甲に通知しなければならない。

2. 乙は，前項の場合には，当該第三者に本件建物と敷金返還請求権を譲渡しなければならない。

3. 乙は，第1項の場合には，本契約に基づく乙の義務を当該第三者に承継させ，甲はこれを承諾する。

（土地の譲渡）
第9条
1. 甲は，本件土地を第三者に譲渡しようとする場合には，あらかじめ，その旨を乙に通知しなければならない。

2. 甲は，本件土地を第三者に譲渡した場合には，乙に対する敷金返還債務を当該第三者に承継させなければならない。

（地上権の消滅請求）
第10条
1. 乙が地代の支払いを2年以上怠った場合には，甲は，地上権の消滅を請求して本

契約を終了させることができる。

2. 前項の場合には，乙は甲に対して第13条に規定する遅延損害金を支払うほか，甲に生じた損害を賠償しなければならない。

（原状回復義務）

第11条

1. 本契約が終了する場合には，乙は，自己の費用をもって本件土地に存する建物その他乙が本件土地に附属させた物を収去し，本件土地を原状に復して甲に返還しなければならない。

2. 本件借地権が存続期間の満了によって消滅する場合には，乙は，期間満了〇年前までに本件建物の取壊し及び本件建物の賃借人の退去等本件土地の返還に必要な事項を書面により甲に報告しなければならない。

3. 第1項に規定する本件土地の返還が遅延した場合には，乙は，遅延期間に応じ，本件土地の地代の〇倍に相当する額の遅延損害金を甲に支払わなければならない。

※注　契約書においては，原状回復の具体的内容を明確にしておく必要がある。

（原状回復義務等）（特約）

第〇条

1. 本契約が終了する場合には，乙は，自己の費用をもって本件土地に存する建物その他乙が本件土地に附属させた物を収去し，本件土地を原状に復して甲に返還しなければならない。

2. 本件借地権が存続期間の満了によって消滅する場合には，乙は，期間満了〇年前までに本件建物の取壊し及び本件建物の賃借人の退去等本件土地の返還に必要な事項を書面により甲に報告しなければならない。

3. 第1項に規定する本件土地の返還が遅延した場合には，乙は，遅延期間に応じ，本件土地の地代の〇倍に相当する額の遅延損害金を甲に支払わなければならない。

4. 前各項の規定にかかわらず，甲は，本件借地権の存続期間満了〇年前までに，本件借地権の存続期間満了時に本件建物を無償で譲り渡すべきことを，乙に対して請求することができる。

※注　契約書においては，原状回復の具体的内容を明確にしておく必要がある。

（登記）

第12条

1. 甲及び乙は，本契約を締結した後遅滞なく，本件土地について法第22条，不動産登記法第111条に従い，地上権の設定登記をする。

2. 本契約が終了した場合には，乙は，第6条の規定による甲の敷金の返還と引き換

えに，地上権の登記を抹消する。

（遅延損害金）
第13条
乙は，本契約に基づき甲に対して負担する地代その他の債務の履行を遅滞したとき
は，甲に対して年○％の割合による遅延損害金を支払わなければならない。

（公正証書）
第14条
甲及び乙は，本契約締結後遅滞なく，本契約を内容とする公正証書の作成を公証人に
委嘱する。

（管轄裁判所）
第15条
本契約に係る紛争に関する訴訟は，本件土地の所在地を管轄する地方裁判所を第一審
の管轄裁判所とする。

（協議）
第16条
本契約に定めのない事項又は本契約の規定の解釈について疑義がある事項について
は，甲及び乙は，民法その他の法令及び慣行に従い，誠意を持って協議し，解決す
る。

4. 定期借地権設定契約書（集合住宅・賃借権）

（定期借地権推進協議会ホームページより）

（前文）

賃貸人○○○（以下「甲」という。）と賃借人△△△（以下「乙」という。）は，甲が所有する物件表示記載の土地（以下「本件土地」という。）について，借地借家法（以下「法」という。）第22条に定める定期借地権の設定契約を以下の条項に従って締結した（以下，本契約により設定される借地権を「本件借地権」という。）。

（契約の目的）

第1条

1. 甲は，本件土地上に建築する物件表示記載の建物（以下「本件建物」という。）の所有を目的として乙に本件土地を賃貸し，乙はこれを賃借する。
2. 本件借地権については，更新の請求及び土地の使用の継続による契約の更新並びに建物の築造による存続期間の延長がなく，また，乙は，法第13条の規定による本件土地上の建物の買取りを請求することができない。

（建物の建築義務等）

第2条

乙は，物件表示に記載する条件に従い，かつ，建築基準法その他の法令を遵守して本件建物を建築し，本件借地権の存続期間中，本件建物を良好な状態に維持しなければならない。

（存続期間）

第3条

本件借地権の存続期間は，平成　　年（西暦　　　年）　　月　　日から平成　　年（西暦　　年）　　月　　日までの　　年間とする。

（賃料）

第4条

1. 本件土地の賃料は，月額○○○円とする。乙は，甲に対して，毎月○○日までに，その翌月分を甲が指定する金融機関口座に振込むことにより支払わなければならない。ただし，乙が本件建物を区分した建物部分（以下「専有部分」という。）とともに本件借地権の準共有持分を第三者に譲渡した後にあっては，譲渡した借地権の準共有持分に係る賃料の部分を差し引いた金額をもって乙が甲に支払うべき賃料の額とする。

228　　資　料

2. 甲又は乙は，○年毎に，以下に掲げる方式により算定した額に賃料を改定することを請求することができる。

改定賃料の年額＝（従前の賃料の年額－従前の賃料決定時の公租公課の年額）×変動率＋賃料改定時の公租公課の年額

公租公課とは，本件土地に係る固定資産税及び都市計画税とする。変動率とは，賃料改定年において公表されている直近の年の年平均の総務省統計局の消費者物価指数（全国平均・総合）を従前の賃料決定時に採用した同消費者物価指数で除した数値とする。

3. 前項の規定にかかわらず，賃料が，本件土地に対する租税その他の公課の増減により，土地の価格の上昇若しくは低下その他の経済事情の変動により，又は近傍類似の土地の賃料等に比較して不相当となったときは，甲又は乙は，将来に向かって賃料の増減を請求することができる。

※注1　固定資産税及び都市計画税以外の公租公課を含める場合には，その範囲を明らかにしておくことが必要である。
※注2　変動率の基礎として引用し得る指数は，この他にも地域別の消費者物価指数等がある。
※注3　初回の賃料改定において使用する「従前の賃料決定時の公租公課」及び「賃料改定時の公租公課」については，住宅用地の場合の固定資産税及び都市計画税の軽減の特例により初回賃料改定時の公租公課よりも次回の公租公課が低くなることがあり得ることに留意する必要がある。

（敷金）
第5条
1. 乙は，本契約に基づいて生ずる乙の債務を担保するため，本契約の成立後遅滞なく，甲に対し敷金として第4条に規定する賃料の○か月分に相当する金員を預託しなければならない。ただし，第7条第1項の規定により本件借地権の準共有持分を専有部分とともに第三者に譲渡した後にあっては，乙の有する敷金返還請求権の金額は，譲渡した借地権の準共有持分の割合に係る敷金返還請求権の金額を差し引いた金額とする。
2. 乙は，賃料が増額されたときは遅滞なく，甲に対し敷金として，前項に従って乙が負担すべき賃料の○か月分に相当する額に不足する金員を追加して預託し，また，甲は，賃料が減額されたときは遅滞なく，乙に対し同項に従って乙が負担すべき賃料の○か月分に相当する額を超える部分の金員を返還しなければならない。
3. 乙に賃料の不払いその他本契約に関して発生する債務の支払遅延が生じたときは，甲は，催告なしに敷金をこれらの債務の弁済に充当することができる。甲は，この場合には，弁済充当日，弁済充当額及び費用を乙に書面で通知する。乙は，甲より充当の通知を受けた場合には，通知を受けた日から○日以内に甲に対し敷金の不足額を追加して預託しなければならない。

4. 定期借地権設定契約書（集合住宅・賃借権）　　*229*

4. 本契約の終了に伴い乙が本件土地を原状に復して甲に返還した場合において，甲は，本契約に基づいて生じた乙の債務で未払いのものがあるときは敷金の額から未払債務額を差し引いた額を，また，未払いの債務がないときは敷金の額を，それぞれ遅滞なく乙に返還しなければならない。この場合において，返還すべき金員には利息を附さないものとする。

5. 前項の場合において，未払債務額を差し引いて敷金を返還するときは，甲は，敷金から差し引く金額の内訳を乙に明示しなければならない。

6. 乙は，本件土地を原状に復して甲に返還するまでの間，敷金返還請求権をもって甲に対する賃料その他の債務と相殺することができない。

7. 乙は，敷金返還請求権を第三者に譲渡し，又は担保に供してはならない。ただし，第7条第4項に規定する場合についてはこの限りでない。

（権利金）（特約）
第〇条
1. 乙は，甲に対し，本件借地権設定の権利金として〇〇〇円を支払う。
2. 前項の権利金は，返還しない。

（建物の増改築等）
第6条
乙は，本件建物を増改築し，又は再築しようとする場合には，あらかじめ，その旨を甲に通知しなければならない。この場合において，増改築又は再築により本件建物の共用部分の共有持分又は借地権の準共有持分に変更を生じるときは，乙は，甲の承諾がない限り，当該増改築又は再築をすることができない。

（借地権の準共有持分の譲渡）
第7条
1. 乙は，甲の書面による承諾を得て，第三者に，本件建物の専有部分とともにその敷地利用権である本件借地権の準共有持分を譲渡することができる。

2. 乙が本件建物の専有部分を第三者に譲渡しようとする場合において，当該第三者が第9条を除く本契約の各条に定める契約条件を承諾し，かつ，賃料の支払いを3ヶ月以上怠った場合又は甲の承諾を得ないで本件借地権の準共有持分を譲渡した場合には甲において当該専有部分を甲に帰属させるべきことを請求することができる旨の契約条件に同意するときは，甲は，譲渡の目的である専有部分に係る本件借地権の準共有持分の当該第三者への譲渡を承諾しなければならない。

3. 前二項により乙が第三者に譲渡する本件借地権の準共有持分の割合は，専有部分の床面積の割合によって定める。

4. 甲が第1項の承諾を与えたときは，乙は，本件借地権の準共有持分とともに甲に対する敷金返還請求権のうち譲渡した本件借地権の準共有持分に係る金額の部分

230　　資　　料

を当該第三者に譲渡し，甲は，これを承諾する。

5. 乙は，第三者に本件土地を転貸することはできない。

（土地の譲渡）

第8条

1. 甲は，本件土地を第三者に譲渡しようとする場合には，あらかじめ，その旨を乙に通知しなければならない。

2. 甲は，本件土地を第三者に譲渡した場合には，乙に対する敷金返還債務を当該第三者に承継させなければならない。

（契約の解除）

第9条

以下の各号の一に掲げる事由が乙に存する場合において，甲が相当の期間を定めて当該事由に係る義務の履行を乙に対し催告したにもかかわらず，乙がその期間内に当該義務を履行しないときは，甲は，本契約を解除することができる。ただし，本契約における当事者間の信頼関係が未だ損なわれていないと認められるときは，この限りでない。

　Ⅰ. 第2条に従って本件建物の建築をしないとき。

　Ⅱ. 第4条に規定する賃料の支払いを3ヶ月以上怠ったとき。

　Ⅲ. 第5条第7項の規定に違反して，敷金返還請求権を譲渡し又は担保に供したとき。

　Ⅳ. 第6条に規定する通知を行うことなく，本件建物を増改築し又は再築したとき。

　Ⅴ. 第7条第1項に規定する承諾を得ないで，第三者に本件借地権を譲渡したとき。

　Ⅵ. その他本契約の規定に違反する行為があったとき。

（原状回復義務）

第10条

1. 本契約が終了する場合には，乙は，自己の費用をもって本件土地に存する建物その他乙が本件土地に附属させた物を収去し，本件土地を原状に復して甲に返還しなければならない。

2. 本件借地権が存続期間の満了によって消滅する場合には，乙は，期間満了〇年前までに本件建物の取壊し及び本件建物の賃借人の退去等本件土地の返還に必要な事項を書面により甲に報告しなければならない。

3. 第1項に規定する本件土地の返還が遅延した場合には，乙は，遅延期間に応じ，本件土地の賃料の〇倍に相当する額の遅延損害金を甲に支払わなければならない。

4. 定期借地権設定契約書（集合住宅・賃借権） *231*

※注　契約書においては，原状回復の具体的内容を明確にしておく必要がある。特に集合住宅の場合には，基礎杭の処理について例えば「地下○メートルまで収去を行わなければならない」等の約定が必要である。

（原状回復義務等）（特約）
第○条
1. 本契約が終了する場合には，乙は，自己の費用をもって本件土地に存する建物その他乙が本件土地に附属させた物を収去し，本件土地を原状に復して甲に返還しなければならない。
2. 本件借地権が存続期間の満了によって消滅する場合には，乙は，期間満了○年前までに本件建物の取壊し及び本件建物の賃借人の退去等本件土地の返還に必要な事項を書面により甲に報告しなければならない。
3. 第1項に規定する本件土地の返還が遅延した場合には，乙は，遅延期間に応じ，本件土地の賃料の○倍に相当する額の遅延損害金を甲に支払わなければならない。
4. 前各項の規定にかかわらず，甲は，本件借地権の存続期間満了○年前までに，本件借地権の存続期間満了時に本件建物を無償で譲り渡すべきことを，乙に対して請求することができる。

※注　契約書においては，原状回復の具体的内容を明確にしておく必要がある。特に集合住宅の場合には，基礎杭の処理について例えば「地下○メートルまで収去を行わなければならない」等の約定が必要である。

（登記）
第11条
1. 甲及び乙は，本契約を締結した後，遅滞なく本件土地について定期借地権設定登記をする。
2. 本契約が終了した場合には，乙は，第5条の規定による甲の敷金の返還と引き換えに，定期借地権設定登記を抹消する。

（遅延損害金）
第12条
乙は，本契約に基づき甲に対して負担する賃料その他の債務の履行を遅滞したときは，甲に対して年○％の割合による遅延損害金を支払わなければならない。

（公正証書）
第13条
甲及び乙は，本契約締結後遅滞なく，本契約を内容とする公正証書の作成を公証人に委嘱する。

（管轄裁判所）

第14条

本契約に係る紛争に関する訴訟は，本件土地の所在地を管轄する地方裁判所を第一審の管轄裁判所とする。

（協議）

第15条

本契約に定めのない事項又は本契約の規定の解釈について疑義がある事項については，甲及び乙は，民法その他の法令及び慣行に従い，誠意を持って協議し，解決する。

5. 定期借地権設定契約書（集合住宅・地上権）

（定期借地権推進協議会ホームページより）

（前文）
土地所有者○○○（以下「甲」という。）と地上権者△△△（以下「乙」という。）
は，甲が所有する物件表示記載の土地（以下「本件土地」という。）について，借地
借家法（以下「法」という。）第22条に定める定期借地権の設定契約を以下の条項に
従って締結した（以下，本契約により設定される借地権を「本件借地権」という。）。

（契約の目的）
第1条
1. 甲は，乙に対して，本件土地上に建築する物件表示記載の建物（以下「本件建物」
   という。）の所有を目的として本件土地に地上権を設定し，乙は地上権の設定を受
   ける。
2. 本件借地権については，更新の請求及び土地の使用の継続による契約の更新並び
   に建物の築造による存続期間の延長がなく，また，乙は，法第13条の規定による
   本件土地上の建物の買取りを請求することができない。

（建物の建築義務等）
第2条
乙は，物件表示に記載する条件に従い，かつ，建築基準法その他の法令を遵守して本
件建物を建築し，本件借地権の存続期間中，本件建物を良好な状態に維持しなければ
ならない。

（存続期間）
第3条
本件借地権の存続期間は，平成　　年（西暦　　　年）　　月　　日から平成　　年
（西暦　　　年）　　月　　日までの　　年間とする。

（権利金）
第4条
1. 乙は，甲に対し，本件借地権設定の権利金として○○○円を支払う。
2. 前項の権利金は，返還しない。

234　資　料

（地代）

第5条

1. 本件土地の地代は，月額○○○円とする。乙は，甲に対して，毎月○○日までに，その翌月分を甲が指定する金融機関口座に振込むことにより支払わなければならない。ただし，乙が本件建物を区分した建物部分（以下「専有部分」という。）とともに本件借地権の準共有持分を第三者に譲渡した後にあっては，譲渡した借地権の準共有持分に係る地代の部分を差し引いた金額をもって乙が甲に支払うべき地代の額とする。

2. 甲又は乙は，○年毎に，以下に掲げる方式により算定した額に地代を改定することを請求することができる。

   改定地代の年額＝（従前の地代の年額－従前の地代決定時の公租公課の年額）×変動率＋地代改定時の公租公課の年額

   公租公課とは，本件土地に係る固定資産税及び都市計画税とする。変動率とは，地代改定年において公表されている直近の年の年平均の総務省統計局の消費者物価指数（全国平均・総合）を従前の地代決定時に採用した同消費者物価指数で除した数値とする。

3. 前項の規定にかかわらず，地代が，本件土地に対する租税その他の公課の増減により，土地の価格の上昇若しくは低下その他の経済事情の変動により，又は近傍類似の土地の地代等に比較して不相当となったときは，甲又は乙は，将来に向かって地代の増減を請求することができる。

※注1　固定資産税及び都市計画税以外の公租公課を含める場合には，その範囲を明らかにしておくことが必要である。

※注2　変動率の基礎として引用し得る指数は，この他にも地域別の消費者物価指数等がある。

※注3　初回の地代改定において使用する「従前の地代決定時の公租公課」及び「地代改定時の公租公課」については，住宅用地の場合の固定資産税及び都市計画税の軽減の特例により初回賃料改定時の公租公課よりも次回の公租公課が低くなることがあり得ることに留意する必要がある。

（敷金）

第6条

1. 乙は，本契約に基づいて生ずる乙の債務を担保するため，本契約の成立後遅滞なく，甲に対し敷金として第5条に規定する地代の○か月分に相当する金員を預託しなければならない。ただし，本件借地権の準共有持分を専有部分とともに第三者に譲渡した後にあっては，乙の有する敷金返還請求権の金額は，譲渡した借地権の準共有持分の割合に係る敷金返還請求権の金額を差し引いた金額とする。

2. 乙は，地代が増額されたときは遅滞なく，甲に対し敷金として，前項に従って乙が負担すべき地代の○か月分に相当する額に不足する金員を追加して預託し，ま

た，甲は，地代が減額されたときは遅滞なく，乙に対し同項に従って乙が負担すべき地代の〇か月分に相当する額を超える部分の金員を返還しなければならない。

3. 乙に地代の不払いその他本契約に関して発生する債務の支払遅延が生じたときは，甲は，催告なしに敷金をこれらの債務の弁済に充当することができる。甲は，この場合には，弁済充当日，弁済充当額及び費用を乙に書面で通知する。乙は，甲より充当の通知を受けた場合には，通知を受けた日から〇日以内に甲に対し敷金の不足額を追加して預託しなければならない。

4. 本契約の終了に伴い乙が本件土地を原状に復して甲に返還した場合において，甲は，本契約に基づいて生じた乙の債務で未払いのものがあるときは敷金の額から未払債務額を差し引いた額を，また，未払いの債務がないときは敷金の額を，それぞれ遅滞なく乙に返還しなければならない。この場合において，返還すべき金員には利息を附さないものとする。

5. 前項の場合において，未払債務額を差し引いて敷金を返還するときは，甲は，敷金から差し引く金額の内訳を乙に明示しなければならない。

6. 乙は，本件土地を原状に復して甲に返還するまでの間，敷金返還請求権をもって甲に対する地代その他の債務と相殺することができない。

7. 乙は，敷金返還請求権を第三者に譲渡し，又は担保に供してはならない。ただし，第8条第3項に規定する場合については，この限りでない。

（建物の増改築等）
第7条
乙は，本件建物を増改築し，又は再築しようとする場合には，あらかじめ，その旨を甲に通知しなければならない。この場合において，増改築又は再築により本件建物の共用部分の共有持分又は借地権の準共有持分に変更を生じるときは，乙は，甲の承諾がない限り，当該増改築又は再築をすることができない。

（借地権の準共有持分の譲渡）
第8条
1. 乙は，第三者に本件借地権の準共有持分を譲渡しようとする場合には，専有部分とともに譲渡するものとし，その場合には，あらかじめ，その旨を甲に通知しなければならない。

2. 乙は，本件借地権の準共有持分を第三者に譲渡する場合には，その割合は専有部分の床面積の割合による。

3. 乙は，第1項の場合には，甲に対する敷金返還請求権のうち譲渡した本件借地権の準共有持分に係る金額の部分を当該第三者に譲渡する。

4. 乙は，第1項の場合には，本契約に基づく乙の義務を当該第三者に承継させ，甲はこれを承諾する。

236　　資　　料

（土地の譲渡）
第9条
1. 甲は，本件土地を第三者に譲渡しようとする場合には，あらかじめ，その旨を乙に通知しなければならない。
2. 甲は，本件土地を第三者に譲渡した場合には，乙に対する敷金返還債務を当該第三者に承継させなければならない。

（地上権の消滅請求）
第10条
1. 乙が地代の支払いを2年以上怠った場合には，甲は，地上権の消滅を請求して本契約を終了させることができる。
2. 前項の場合には，乙は，甲に対して第13条に規定する遅延損害金のほか，甲に生じた損害を賠償しなければならない。

（原状回復義務）
第11条
1. 本契約が終了する場合には，乙は，自己の費用をもって本件土地に存する建物その他乙が本件土地に附属させた物を収去し，本件土地を原状に復して甲に返還しなければならない。
2. 本件借地権が存続期間の満了によって消滅する場合には，乙は，期間満了○年前までに本件建物の取壊し及び本件建物の賃借人の退去等本件土地の返還に必要な事項を書面により甲に報告しなければならない。
3. 第1項に規定する本件土地の返還が遅延した場合には，乙は，遅延期間に応じ，本件土地の地代の○倍に相当する額の遅延損害金を甲に支払わなければならない。

※注　契約書においては，原状回復の具体的内容を明確にしておく必要がある。特に集合住宅の場合には，基礎杭の処理について例えば「地下○メートルまで収去を行わなければならない」等の約定が必要である。

（原状回復義務等）（特約）
第○条
1. 本契約が終了する場合には，乙は，自己の費用をもって本件土地に存する建物その他乙が本件土地に附属させた物を収去し，本件土地を原状に復して甲に返還しなければならない。
2. 本件借地権が存続期間の満了によって消滅する場合には，乙は，期間満了○年前までに本件建物の取壊し及び本件建物の賃借人の退去等本件土地の返還に必要な事項を書面により甲に報告しなければならない。
3. 第1項に規定する本件土地の返還が遅延した場合には，乙は，遅延期間に応じ，

本件土地の地代の○倍に相当する額の遅延損害金を甲に支払わなければならない。

4. 前各項の規定にかかわらず，甲は，本件借地権の存続期間満了○年前までに，本件借地権の存続期間満了時に本件建物を無償で譲り渡すべきことを，乙に対して請求することができる。

※注　契約書においては，原状回復の具体的内容を明確にしておく必要がある。特に集合住宅の場合には，基礎杭の処理について例えば「地下○メートルまで収去を行わなければならない」等の約定が必要である。

（登記）
第12条
1. 甲及び乙は，本契約を締結した後遅滞なく，本件土地について法第22条，不動産登記法第111条に従い，地上権の設定登記をする。
2. 本契約が終了した場合には，乙は，第6条の規定による甲の敷金の返還と引き換えに，地上権の登記を抹消する。

（遅延損害金）
第13条
乙は，本契約に基づき甲に対して負担する地代その他の債務の履行を遅滞したときは，甲に対して年○％の割合による遅延損害金を支払わなければならない。

（公正証書）
第14条
甲及び乙は，本契約締結後遅滞なく，本契約を内容とする公正証書の作成を公証人に委嘱する。

（管轄裁判所）
第15条
本契約に係る紛争に関する訴訟は，本件土地の所在地を管轄する地方裁判所を第一審の管轄裁判所とする。

（協議）
第16条
本契約に定めのない事項又は本契約の規定の解釈について疑義がある事項については，甲及び乙は，民法その他の法令及び慣行に従い，誠意を持って協議し，解決する。

238 資 料

◇集合住宅の契約書案について

　この契約書案は，地代の支払いについては不可分債務を前提としています。しかしながら，Ⅲ−②に記載しましたように，借地権の準共有者の側から考えると可分債務としたほうが良いと思われます。一方で，この契約書案のように不可分債務としている場合は，債務不履行があるとすれば借地権準共有者全体についてこうした記載となります。

　なお，可分債務とする場合には，「地代債務は可分債務である」という項目を立てる必要があります。また，その場合は区分所有者の一部について債務不履行が発生する可能性がありますので，本文で述べたような特約の検討が必要となります。

6. 賃貸代理業務委託契約書

　委託者○○○○（以下，「甲」という。）と，受託者△△△△（以下，「乙」という。）とは，甲所有にかかる末尾目録記載の土地（以下，「本件土地」という。）に関する甲の一般定期借地権による賃貸代理業務を甲が乙に委託することについて，下記の通り合意が成立したので本契約書正本2通を作成し，甲乙各1通を保有する。

（代理権の付与）
第1条　甲は，本件土地の各区画について，第三者との間に，借地借家法第22条に定める一般定期借地権（以下，「本件借地権」という。）による賃貸借関係を成立させることにつき，宅地建物取引業法第34条（取引態様の明示義務）の規定に従い，乙に対し甲の代理人としての地位を付与することとする。

（建築条件）
第2条　乙は，前条に基づき本件土地に乙の建築条件付で借地人を募集することができる。

（代理業務）
第3条　乙は，第5条(2)に定める甲の承認があったときは，3月以内に乙と借地人間の建築請負契約を成立させることを条件に，本件借地契約を甲の代理人として，甲と借地人間に成立させることができる。

（免責事由）
第4条　甲は，乙の故意または重大な過失によらないかぎり，前条の乙と借地人間の建築請負契約の不成立により本件借地契約に効力が生じないことから当該土地の賃貸借関係の成立に遅滞が生じても，乙に対しその不利益，損害等について異議を申し立てない。

（遵守事項）
第5条　乙は，賃貸代理業務の遂行にあたって，次に掲げる事項を遵守しなければならない。
(1)　契約書等の文書については，予め甲の承認を得ること。
(2)　本件借地契約締結前に乙は甲に対して，借地人に関する次の資料を交付して，甲の承認を得なければならない。
　　①　借地申込書
　　②　○○○○ (＊1)

240   資 料

（報酬）
第6条　甲は乙の行う代理業務の報酬として，本件土地の借地人から収受する地代
　　　の1月分相当を乙に対して支払うものとする。(＊2)

（委託期間）
第7条　本契約の有効期間は，契約の日から3月以内の平成○○年○月○日までと
　　　する。

（信義則）
第8条　本契約書に定めなき事項に疑義が生じたときは，甲乙協議のうえ，信義誠
　　　実の原則に従い，善処するものとする。

記

物件目録

所在地

区画番号	地　　番	地　　積	一時金 (＊3)	月額地代

以上

平成○○年○月○日

　　　委託者（甲）住所
　　　　　　　　氏名
　　受託者（乙）住所
　　　　　　　　氏名

◇注意事項
＊1　制約を厳しくする場合は，他に「住民票」「印鑑証明書」「身分証明書」等を添付する
　　手法も考えられる。ただし，あまり厳しくしすぎると販売に支障が生じる可能性もあ
　　るため，このあたりについては地主と十分に協議して決定することになる。
＊2　地代の1月分の手数料ではたいした額にはならないため，敢えて手数料は支払わない
　　という選択もある。
＊3　一時金の類型としては，敷金，保証金，権利金，前払い地代等がある。場合によって
　　は複数の一時金を組み合わせることもある。

7. 事業用定期借地権設定契約にかかる合意書

　借地権設定者○○○○（以下，「甲」という。）と借地権者△△△△（以下，「乙」という。）とは，甲所有の後記物件目録記載の土地（以下，「本件土地」という。）について，以下の内容で借地借家法（以下，「法」という。）第23条第1項に定める事業用定期借地権を設定することに合意した。

（公正証書による事業用定期借地権契約の締結）
第1条　甲と乙とは，本合意書締結から1月以内に以下に定める内容に基づいて，○○公証役場において事業用定期借地権の設定契約をする。

（事業用定期借地権）
第2条　前条により設定される賃借権（以下，「本件借地権」という。）については，契約の更新（更新の請求及び土地の使用の継続によるものを含む。）及び建物の築造による存続期間の延長がなく，乙は法第13条の規定による建物買取請求権を行使できないものとする。

2　本件借地権については，法第4条ないし第8条，法第13条及び法第18条並びに民法第619条の適用はないものとする。

（本件借地権の目的）
第3条　本件借地権は，もっぱら○○の事業の用に供する建物の所有を目的とする。

2　前項の建物（以下，「本件建物」という。）の種類，構造，規模及び用途は，以下の通りとする。

　① 種類

　② 構造

　③ 規模　　　延床面積○○○○○㎡

　④ 用途

3　乙は，本件土地を上記建物所有目的にのみ使用し，本件土地に対して有害な使用をしてはならず，騒音，振動，有毒ガスや汚水の排出等により近隣に迷惑をかけてはならない。

（期間）
第4条　本件借地権の存続期間は，○○○○年○月○日から，△△△△年△月△日までの○○年△月間とする。

242   資 料

（保証金）(＊1)
第5条　乙は，甲に対し，本契約上生じる一切の債務を担保するため，保証金として金○○○○○○円を第1条の契約締結時までに預託し，甲はこれを受託する。
2　前項の保証金は無利息とし，甲は，本契約が終了し，第16条に定める原状回復が行われた後，乙から本件土地の明渡しを受けたときは，速やかに乙の甲に対する本契約上生じる一切の債務を差し引いたうえで，その残余額を乙に返還する。
3　乙は，保証金返還請求権をもって，甲に対する地代その他の債務と相殺することができない。
4　甲は，乙の甲に対する将来の保証金返還請求権を担保するため，被担保債権を保証金とする抵当権を設定することを約し，乙から請求があったときには，速やかにその登記手続きを行う。

（保証金返還請求権の譲渡・質入れの禁止）(＊2)
第6条　乙の甲に対する保証金返還請求権は，甲の事前の書面による承諾なしに，第三者に対して譲渡又は質入れをしてはならない。
2　前項の定めにかかわらず，乙が建築資金をまかなうため（前条の保証金に充当する資金も含む。）に金融機関から融資を受ける場合には，甲は乙に対して保証金返還請求権の質入れを承諾する。
3　前項と同様に，乙が本件借地権付き建物を他の第三者に譲渡する場合であって，かつ当該購入者が譲渡代金をまかなうために金融機関から融資を受ける場合においても，甲は保証金返還請求権の質入れを承諾する。

（賃料）
第7条　本件土地の賃料は，月額○○○○○円也とし，乙は毎月末日限りその翌月分の賃料を甲の指定する金融機関の口座に振り込み支払う。なお，振込手数料は乙の負担とする。

（賃料改定）(＊3)
第8条　前条の賃料については，初回の地代改定日を○○○○年○月1日とし，以後3年ごとに○月分より下記の方式により改定する。なお，100円未満の端数は切り捨てる。
記
改定月額地代＝（従前の月額地代－従前地代決定時の属する年の公租公課の月額）
×変動率＋地代改定時の属する年の公租公課の月額
公租公課：本件土地にかかる固定資産税及び都市計画税等の合計額をいう。なお，公租公課の月額とは，その年の1月1日付をもって評価される公租公課を12分の1にしたものをいう。
変動率：総務省統計局発表の○○県の消費者物価指数に従い決定する。

以上

2　前項の定めにかかわらず，賃料が公租公課の負担の変動，土地価格の上昇その他の経済事情の変動により，又は近隣の賃料と比較して不相当となったときは，甲又は乙は賃料の改定を請求することができる。

（借地権の譲渡・転貸）

第9条　乙は，甲の事前の書面による承諾なしに，本件借地権を譲渡し，又は本件借地権を転貸してはならない。なお，甲は本項の承諾に際し，乙に対して譲渡承諾料等の請求は行わない。

2　乙が本件借地権を第三者に譲渡する場合には，本契約の内容を書面にて当該第三者に承継させなければならない。

3　乙が第三者に本件借地権を譲渡する際に，本条第1項の承諾を与えたときは，乙は保証金返還請求権を本件借地権の譲受人に譲渡することとし，甲は書面によりこれを承諾しなければならない。

4　前項の保証金返還請求権の移転の手続きが行われたときは，乙はただちに抵当権の移転の付記登記手続きをなすものとする。

（借地権の相続）（＊4）

第○○条　乙を被相続人とする相続が発生した場合，その相続人は，速やかにその旨を書面にて甲に通知しなければならない。

2　借地人は，遺贈または遺言等により，本件借地権と保証金返還請求権をそれぞれ別個の者に帰属させてはならない。

3　乙の相続人は，遺産分割により，本件借地権と保証金返還請求権をそれぞれ別個の者に帰属させてはならない。

4　本件借地権を準共有にて相続した者は，その準共有持分にかかわらず，甲に対して連帯して本契約上の債務を負う。

（本件土地の譲渡）

第10条　甲が，本件土地を第三者に譲渡する場合には，乙に対し，事前に書面にてその旨を通知しなければならない。

2　前項の場合，甲は乙に対する保証金返還債務等その他本契約上生じる賃貸人としての一切の義務を本件土地の譲受人に承継させる。

（建物の増改築等）

第11条　乙は，本契約の存続期間中に建物を増改築又は再建築する場合，甲に対し，事前に書面にてその内容を通知し，甲の承諾を得なければならない。

2　前項の場合，乙は，第3条に定める使用目的及び建築基準法，都市計画法等関係法令を遵守した建築を行わなければならない。

244　　資　　料

（建物増改築時の賃貸人の協力義務）
第12条　甲は，乙より前条第1項の通知を受け，乙より金融機関，建築会社等に提出する建築承諾書等の必要書類の提出を依頼された場合には，本契約に反しない範囲でこれに協力する。

（建物賃貸時の措置）
第13条　乙は，本件土地上の建物を第三者に賃貸する場合には，当該建物賃貸借契約締結に際し，事業用定期借地上の建物の賃貸であり第4条に定める期間の満了とともに，建物賃貸借契約が終了する旨を定めなければならない。
2　乙は，前項の契約を締結する前に，甲に対して速やかにその旨を書面にて通知しなければならず，甲から本件建物の賃貸借契約書の写の提出を求められた場合には，これに応ずる義務がある。
3　乙は，建物賃借人との賃貸借契約において法第35条の効果を生じさせないために，本契約期間の満了の1年前までに，本契約期間満了により建物が取り壊される旨を，建物賃借人に通知しなければならない。
4　甲は，建物賃借人に対して，本契約が終了する1年前までに，本契約の終了時期を自ら通知できるものとし，乙はこれに対し異議を述べない。

（甲の通知義務）
第14条　甲は，本契約の存続期間中に，次の各号の一に該当する場合は，速やかに，乙に対して，その旨を書面により通知しなければならない。
　①　氏名又は住所を変更したとき
　②　振込口座を変更したとき
　③　相続等により本件土地の賃貸人の地位が移転したとき

（乙の通知義務）
第15条　乙は，本契約の存続期間中に，次の各号の一に該当する場合は，速やかに，甲に対して，その旨を書面により通知しなければならない。
　①　氏名又は住所を変更したとき
　②　本件土地上の建物を第三者に譲渡するとき
　③　相続等により本件土地の賃借人の地位が移転したとき

（原状回復）
第16条　本契約が期間満了，合意解約，解除その他の事由により終了したときは，乙は甲に対し，直ちに本件土地上の建物を収去し，本件土地を原状（本件土地上の建物その他の構築物を撤去した状態）に復して明け渡さなければならない。
2　乙は，本契約の存続期間の満了する1年前までに，建物の取り壊し等本件土地の明け渡しに必要な事項（取り壊し工事の着手予定日，工事期間等）を，本件土地上

の第三者に賃貸している場合は賃借人の立ち退きに関する事項（建物賃借人及び同居者の氏名，立ち退き予定日等）を，その他本件土地の明け渡しに必要な事項とともに，甲に対して書面で通知しなければならない。

3　乙は，期間満了以外の事由により本契約が終了する場合には，甲に対して遅滞なく前項の事項について書面で通知しなければならない。

4　本契約が終了した場合は，乙は，事業用定期借地権設定登記の抹消登記及び本件建物の滅失登記手続きを乙の費用負担にて行わなければならない。

（損害金）
第17条　本契約が終了したにもかかわらず，乙が本件土地を明け渡さない場合は，契約終了の日の翌日から明け渡し済みまで，乙は甲に対し，契約終了時の賃料の3倍相当額の損害金を支払う。

（遅延損害金）
第18条　甲又は乙が，本契約に基づく金銭債務の支払いを遅滞した場合は，相手方に対し，年14％の割合による遅延損害金を支払う。

（期間内解約）(＊5)
第19条　乙は，本契約の存続期間中に本契約を解除する場合は，解除の1年前にその旨を甲に対して書面により通知しなければならない。

2　前項の通知から1年経過後に，この契約は終了する。

（契約解除）
第20条　甲は，乙が次の各号の一に該当したときは，何らの催告を要することなく，直ちに本契約を解除することができる。
①　第3条に定める本件土地の使用目的に違反したとき
②　第7条に定める地代の支払いを怠り，その金額が3月分に達したとき
③　第10条の定めに違反し，甲の事前の書面による承諾なしに本件借地権を譲渡し又は転貸したとき
④　その他，本契約を継続しがたい重大な背信行為があったとき

（契約の失効）
第21条　天災地変，公用徴収その他甲乙のいずれの責に帰すことのできない事由により本件土地を使用することができなくなった場合は，その時点において本契約は終了する。

2　前項の場合には，甲乙とも相手方に対し，何らの損害賠償の請求を行わないものとする。

246 　　資　料

（契約費用）
第22条　本合意書作成に要する費用は，甲乙各2分の1を負担する。

（登記）
第23条　甲及び乙は，乙が第5条の保証金全額を甲に支払った後速やかに，本件土地について乙を借地権者とする定期借地権に関する登記手続きを行う。
2　前項の申請に要する費用は，甲乙折半する。

（管轄裁判所）
第24条　本契約に関する紛争については，○○裁判所を第一審の管轄裁判所とする。なお，賃料に関する紛争については，○○簡易裁判所を調停の管轄裁判所とする。

（規定外事項）
第25条　本契約に定めなき事項については，民法，借地借家法その他関係法令及び一般の不動産取引慣行に従い，甲乙協議のうえ定めるものとする。

　以上の合意の成立の証として，本合意書2通を作成し，甲乙署名押印のうえ各1通を保有する。

　　　　年　　　月　　　日

　　　　甲　住所
　　　　　　氏名

　　　　乙　住所
　　　　　　氏名

物件の表示
　①　所在
　②　地番
　③　地目
　④　地積

　　別添図面

7. 事業用定期借地権設定契約にかかる合意書　247

　上記の契約書案は法23条1項借地権の例です。
　法23条2項借地権については，本契約書の前文，第1条，第2条および第16条
の下線の文言を次の文言に改めて利用してください。
　　　事業用定期借地権　→　事業用借地権
　　　第23条第1項　　　→　第23条第2項
　　　法第4条　　　　　→　法第3条
（＊1）　保証金の額によっては，保証金返還請求権を担保するための抵当権の設
　　定までは行わなくてもよいと思われます。この場合は，第5条第4項や第9条
　　第4項は不要となります。
（＊2）　保証金返還請求権の質入れについても，事業用借地権の場合はあえて入
　　れる必要がないケースも多いと思われます。ケースバイケースで対応すべきで
　　しょう。
（＊3）　一般定期借地権と同じ地代改定の算式としていますが，あまり細かな記
　　載をせずに，単に「賃料が，本件土地にかかる公租公課の増減あるいは土地価
　　格の上昇もしくは下落その他の経済情勢の大幅な変動，または近傍類似の土地
　　の地代等と比較して著しく不相当となったときは，甲または乙は相手方に対し
　　て賃料の増減を請求することができる。」とする方法もあります。
（＊4）　この条項は借地人が法人の場合には不要ですが，個人の場合には次のよ
　　うな条項も必要かと思われます。
　　（借地権の相続）
　　　第○○条　乙を被相続人とする相続が発生した場合，その相続人は，速やか
　　　にその旨を書面にて甲に通知しなければならない。
　　2　乙は，遺贈または遺言等により，本件借地権と保証金返還請求権をそれ
　　　ぞれ別個の者に帰属させてはならない。
　　3　乙の相続人は，遺産分割により，本件借地権と保証金返還請求権をそれ
　　　ぞれ別個の者に帰属させてはならない。
　　4　本件借地権を準共有にて相続した者は，その準共有持分にかかわらず，
　　　甲に対して連帯して本契約上の債務を負う。
（＊5）　事業用借地契約においては，その期間にもよりますが，期間内解約を認
　　めないものとするほうが妥当な場合もあります。その場合には，本条項は設け
　　ないものとします。

8. 定期借地権の賃料の一部又は全部を前払いとして一括して授受した場合における税務上の取扱いについて

（平成16年12月16日付国土企第14号照会／平成17年1月7日付課審1-1外回答）

定期借地権の賃料の一部又は全部を前払いとして一括して
授受した場合における税務上の取扱いについて（照会）

定期借地権の設定時において，借地権者が借地権設定者に対して，借地に係る契約期間の賃料の一部又は全部を一括前払いの一時金（以下「本件一時金」といいます。）として支払うことを取り決めた上で，両者間で本件一時金の授受を行う場合には，その他の一時金（権利金，保証金等）の授受とは別に，借地権者においては，本件一時金を「前払費用」として処理し，借地権設定者においては，本件一時金を「前受収益」として処理することになると考えられます。

このような基本的な考え方に基づき，借地権者と借地権設定者が，本件一時金が前払賃料であり，それが契約期間にわたって又は契約期間のうち最初の一定の期間について，賃料の一部又は全部に均等に充当されていることを定めた定期借地権設定契約書（別添の書式例に準拠したものをいいます。）により契約し，契約期間にわたって保管している場合で，その取引の実態も当該契約に沿うものであるときは，借地権者，借地権設定者のそれぞれについて，税務上，下記のように取り扱って差し支えないか，お伺い申し上げます。

記

1. 借地権者である法人又は個人は，本件一時金を「前払費用」として計上し，当該事業年度又は当該年分の賃料に相当する金額を損金の額又は必要経費の額に算入する。
2. 借地権設定者である法人又は個人は，本件一時金を「前受収益」として計上し，当該事業年度又は当該年分の賃料に相当する金額を益金の額又は収入金額に算入する。
3. 本件一時金は，消費税法上非課税となる土地の貸付けの対価の前受金に該当し，当該借地権設定者である消費税の課税事業者は，仕入控除税額の計算に当たり，当該事業年度又は当該年分の賃料に相当する金額を当該課税期間の「資産の譲渡等の対価の額」に算入し，課税売上割合の計算を行う。

前払賃料について定めた定期借地権設定契約書の書式例

（書式）契約期間にわたる賃料の一部を一括前払いし，賃料の残額月払いと併用する

8. 定期借地権の賃料の一部又は全部を前払いとして一括して授受した場合における税務上の取扱いについて

場合

（前払賃料）

第 X 条　乙は，本件土地の賃料の前払い（以下「前払賃料」という）として○○○円を，本契約が成立したときに甲が指定する金融機関口座に振り込むことにより，甲に対して一括して支払わなければならない。

2　前払賃料は，○条に定める契約期間（○○年）にわたる賃料の一部に均等に充てるものとし，その毎月の充当額（以下「前払賃料の月額換算額」という）は○○○円（前払賃料÷契約期間（ヶ月））とする。

3　甲と乙は，契約期間満了時において，前払賃料として一時金の支払いがあったことを根拠とする借地権の消滅の対価に相当する金銭の授受は行わない。

4　本件借地権の存続期間の満了前に本契約を解除する場合において，甲は，前払賃料のうち契約期間の残余の期間に充当されるべき前払賃料の月額換算額の合計額を，乙に返還しなければならない。この場合において，返還すべき金員は日割り計算によるものとし，利息を附さないものとする。

（賃料）

第 Y 条　本件土地の賃料は，月額○○○円とする。ただし，1ヶ月未満の期間については，日割り計算によるものとする。

2　乙は，賃料の額から前払賃料の月額換算額を減じた残余の額（当初においては○○○円）を，毎月○○日までに，その翌月分を甲が指定する金融機関口座に振り込むことにより，甲に対して支払わなければならない。

3　甲又は乙は，○年毎に，以下に掲げる方式により算定した額に賃料を改定することを請求することができる。（算式省略）ただし，当該方式により算定された額にかかわらず，賃料の額は前払賃料の月額換算額を下回らないものとする。

（注1）　甲…土地所有者（借地権設定者），乙…借地人（借地権者）

（解説）

(1)　定期借地権の設定に当たって，借地権者が借地権設定者に対して契約期間にわたる賃料の一部を一括して前払いする場合においては，賃料の残額月払いと区別して，これを前払賃料として明確にする必要がある。

　　この書式例に準拠した契約に基づき支払われる前払賃料の税法上の取扱いは，原則として，借地権者である法人又は個人は，前払賃料を「前払費用」として計上し，当該事業年度又は当該年分の賃料に相当する金額を損金の額又は必要経費の額に算入することとなる。

　　一方で，借地権設定者である法人又は個人は，前払賃料を「前受収益」として計上し，当該事業年度又は当該年分の賃料に相当する金額を益金の額又は収入金額に算入することとなる。

　　なお，前払賃料は，消費税法上非課税となる土地の貸付けの対価の前受金に該当し，当該借地権設定者である消費税の課税事業者は，仕入控除税額の計算に当た

り，当該事業年度又は当該年分の賃料に相当する金額を当該課税期間の「資産の譲渡等の対価の額」に算入し，課税売上割合の計算を行う必要がある（借地権者においては，仕入税額控除の対象とはならない。）。

(2)　このような税務上の取扱いがされるためには，第Ⅹ条第2項の規定のように授受される一時金が前払賃料であり，契約期間にわたって賃料の一部に均等に充当されることを明確にする必要がある。

　　本契約の契約期間満了時において，契約期間にわたる賃料の一部として支払われた前払賃料の未経過分に相当する金額は零円であるから，当該一時金を根拠とする金銭の授受を行うことはない。このため，第Ⅹ条第3項にあるように，契約期間満了時に，前払賃料として支払われた一時金を根拠とする借地権の消滅の対価に相当すると認められるような金銭の授受は行わないことを明らかにしておく必要がある。

　　また，本契約を中途解約する場合において，契約期間にわたる賃料の一部として支払われた前払賃料の未経過分に相当する金額は残存している。このため，第Ⅹ条第4項にあるように，「本件借地権の存続期間の満了前に本契約を解除する場合において，借地権設定者は，既に支払われた前払賃料のうち未経過分に相当する金額を，借地権者に返還しなければならない」旨を取り決めるなど，前払賃料であることが明らかになるような規定が必要である。

(3)　本契約を中途解約する場合において，前払賃料の未経過分の返還とは別に，違約金等の取り決めを行うことは可能である。ただし，違約金等の算定方法等において，中途解約時に，既に支払われた一時金（前払賃料）のうち未経過分に相当する金額の全部又は一部を，違約金等とみなして借地権者に返還しないこととしている場合は，前払賃料としての一時金とその他の一時金（権利金，保証金等）(注2) との区別ができなくなることから，その一時金は，前払賃料として取り扱われない。このため，中途解約時の違約金等を定める場合には，前払賃料の返還に関する取り決めとは別に，第Ⅹ条第4項を逸脱することのないよう違約金等の算定方法等を明確にしておくことが望ましい。

　　(注2)　権利金は，定期借地権設定の対価そのものなどとして収受し，返還を要しない一時金を言い，保証金は，地代不払いや建物撤去不履行の際の担保などとして収受し，原則返還を要する一時金を言うこととする。

(4)　前払賃料の授受がある場合でも，その他の一時金（権利金，保証金等）を別に授受することは可能である。ただし，複数の一時金を併用する場合は，それぞれの一時金の性格及び額等を予め明確に定めておく必要があり，その取引の実態もそれに沿うものであることを前提に，それぞれの一時金の性格に即した税務上の取扱いがされることとなる。

(5)　本書式例に代えて，契約期間にわたる賃料の全部を前払賃料として一括して前払いすることも可能である。この場合，第Ⅰ条第2項に定める「賃料の額から前払賃料の月額換算額を減じた残余の額」は，零円となり，賃料の残額月払いは行われ

8. 定期借地権の賃料の一部又は全部を前払いとして一括して授受した場合における税務上の取扱いについて 251

ない。

(6) 第Ｘ条第2項に定める「前払賃料を設定する期間」について，本書式例に代えて，最初の○○ヶ月（例えば120ヶ月）分に限って一括して前払賃料を支払うことを取り決めることも可能である。ただし，この場合，賃料の残額月払いとの併用期間を明らかにするとともに，前払賃料を設定した期間が終了した後の賃料についても明確にしておく必要がある。この前払賃料の税務上の取扱いは，設定した期間に応じて期間損益に反映させることとなる。

(7) 賃料の一部又は全部を一括して前払いする場合であっても，第Ｙ条第1項に定める賃料の額が，前払い方式によらない賃料水準に照らして逸脱するような水準となることは適当でないと解される。

(8) 第Ｙ条第3項に定める賃料の改定について，本書式例に代えて，改訂後の賃料の額が前払賃料の月額換算額を下回ることを許容する定めとすることも可能である。ただし，この場合，既に支払われた前払賃料のうち未経過分に相当する金額と，改訂された賃料に基づいて算定された未経過分に相当する前払賃料の金額との差額の取扱いについても予め定めておく必要がある。

(9) 第Ｙ条第2項に定める「賃料の額から前払賃料の月額換算額を減じた残余の額」については，例えば，一定の定めに基づき，固定資産税等の月額分に応じて定めることも考えられる。

(10) 契約期間中に，借地権者が定期借地権を譲渡する場合に，借地権を譲り渡した者（旧借地権者）と新たに借地権を譲り受けた者（新借地権者）との間で，既に支払われた前払賃料のうち未経過分に係る返還債権を直接引き継ぐ場合については，次の二通りの方法が考えられる。

① 新借地権者が，前払賃料の未経過分に相当する金額を旧借地権者に支払う。

② 前払賃料の未経過分に係る返還債権を含む定期借地権の譲渡に係る対価としての売買代金を設定し，前払賃料の未経過分の授受は行わない。

この場合，旧借地権者と新借地権者の税務上の取扱いは，それぞれの方法について，次のようになると解される。

①の場合，新借地権者は，旧借地権者に対して支払った前払賃料の未経過分に相当する金額を前払費用として計上する。なお，定期借地権の譲渡に係る対価としての売買代金が別途授受される場合には，定期借地権の譲渡に係る対価の額は，新借地権者にあっては定期借地権の取得価額に相当し，旧借地権者にあっては益金又は譲渡所得の総収入金額として取り扱われる。また，旧借地権者が新借地権者から支払いを受ける前払賃料の未経過分に相当する金額については，旧借地権者が借地権設定者に対して有する金銭債権の譲渡対価に該当することから，旧借地権者が消費税の課税事業者である場合には，仕入控除税額の計算に当たり，その借地権の譲渡に係る対価の額及び前払賃料の未経過分に相当する金額を当該課税期間の「資産の譲渡等の対価の額」に算入し，課税売上割合の計算を行う必要がある。

②の場合，定期借地権の譲渡に係る対価の額は，売買代金の額から前払賃料の未

経過分に係る返還債権の額を差し引いた金額となる。その対価の額は，新借地権者にあっては定期借地権の取得価額に相当し，旧借地権者にあっては益金又は譲渡所得の総収入金額として取り扱われる。また，売買代金の額に含まれる前払賃料の未経過分に係る返還債権の額については，旧借地権者が借地権設定者に対して有する金銭債権の譲渡対価に該当することから，旧借地権者が消費税の課税事業者である場合には，仕入控除税額の計算に当たり，その借地権の譲渡に係る対価の額及び前払賃料の未経過分に係る返還債権の額を当該課税期間の「資産の譲渡等の対価の額」に算入し，課税売上割合の計算を行う必要がある。なお，新借地権者は，前払賃料の未経過分に相当する金額を前払費用として計上する。

なお，上記二通りの方法とは別に，旧借地権者が，借地権設定者から前払賃料の未経過分の返還を受けた後，新借地権者が，借地権設定者との間で契約期間の残期間を前提とした新たな契約を締結して前払賃料を支払う方法も考えられる。この場合の取扱いは，旧借地権者が，借地権設定者から前払賃料の未経過分の返還を受けるに際しては，契約を中途解約した場合の取扱いと同様である。なお，旧借地権者と新借地権者との間で定期借地権の譲渡に係る対価の授受が別になされたときは，土地の上に存する権利の譲渡となり，その対価の額は，新借地権者にあっては定期借地権の取得価額に相当し，旧借地権者にあっては益金又は譲渡所得の総収入金額として取り扱われるとともに，旧借地権者が消費税の課税事業者である場合には，仕入控除税額の計算に当たり，その対価の額を当該課税期間の「資産の譲渡等の対価の額」に算入し，課税売上割合の計算を行う必要がある。

(11) 契約期間中に，借地権設定者が定期借地権が設定された土地を譲渡する場合に，当該土地を譲り渡した者（旧借地権設定者）と新たに土地を譲り受けた者（新借地権設定者）との間で，既に受け取られた前受賃料のうち未経過分に係る返還債務を直接引き継ぐ場合については，次の二通りの方法が考えられる。

① 土地の譲渡に係る対価としての売買代金の授受とは別に，旧借地権設定者が，その収受していた前受賃料の未経過分を新借地権設定者に支払う。

② 前受賃料の未経過分に係る返還債務を含む土地に関する権利の譲渡に係る対価としての売買代金を設定し，前受賃料の未経過分の授受は行わない。

この場合，旧借地権設定者と新借地権設定者の税務上の取扱いは，それぞれの方法について，次のようになると解される。

①の場合，土地の譲渡に係る対価の額は，新借地権設定者にあっては土地の取得価額に相当し，旧借地権設定者にあっては益金又は譲渡所得の総収入金額として取り扱われるとともに，旧借地権設定者が消費税の課税事業者である場合には，仕入控除税額の計算に当たり，その対価の額を当該課税期間の「資産の譲渡等の対価の額」に算入し，課税売上割合の計算を行う必要がある。なお，新借地権設定者は，旧借地権設定者から別途収受した前受賃料の未経過分に相当する金額を前受収益として計上する。

②の場合，土地の譲渡に係る対価の額は，旧借地権設定者に支払った売買代金の

額と同者から引き継いだ前受賃料の未経過分に係る返還債務の額の合計額（新借地権設定者から収受した売買代金の額と前受賃料の未経過分に係る返還債務の消滅による利益相当額との合計額）となる。その対価の額は，新借地権設定者にあっては土地の取得価額に相当し，旧借地権設定者にあっては益金又は譲渡所得の総収入金額として取り扱われるとともに，旧借地権設定者が消費税の課税事業者である場合には，仕入控除税額の計算に当たり，その対価の額を当該課税期間の「資産の譲渡等の対価の額」に算入し，課税売上割合の計算を行う必要がある。なお，新借地権設定者は，前受賃料の未経過分に相当する金額を前受収益として計上する。

⑿　この他，定期借地権設定契約書全体に係る標準約款としては，「事業用借地標準約款」（平成14年2月公表，事業用借地権制度研究会・委員長：稲本洋之助東京大学名誉教授），「定期借地権設定契約書（戸建住宅，集合住宅）」（平成7年4月公表，定期借地制度研究会・座長：稲本洋之助東京大学名誉教授）を参照されたい。

（参考）

1.「事業用借地標準約款」

（契約の目的）

第1条　甲は，専ら○○の事業の用に供する別紙「物件の表示」（以下「物件表示」という。）記載の建物（以下「本件建物」という。）の所有を目的として，物件表示記載の土地（以下「本件土地」という。）に，乙のために，法第24条第1項に規定する借地権（以下「事業用借地権」という。）を設定する。

第2条　本契約により甲が乙のために設定する事業用借地権（以下「本件借地権」という。）は賃借権とする。

第3条　本件借地権には，法第3条から第8条まで，第13条及び第18条並びに民法第619条第1項の規定は適用されない。

（以下，略）

2.「定期借地権設定契約書（戸建住宅，集合住宅）」

（前文）　賃貸人○○○（以下「甲」という。）と賃借人△△△（以下「乙」という。）は，甲が所有する物件表示記載の土地（以下「本件土地」という。）について，借地借家法（以下「法」という。）第22条に定める定期借地権の設定契約を以下の条項に従って締結した（以下，本契約によって設定される借地権を「本件借地権」という。）。

（契約の目的）

第1条　甲は，本件土地上に建築する物件表示記載の建物（以下「本件建物」という。）の所有を目的として乙に本件土地を賃貸し，乙はこれを賃借する。

第2条　本件借地権については，更新の請求及び土地の使用の継続による契約の更新並びに建物の築造による存続期間の延長がなく，また，乙は，法第13条の規定による本件土地上の建物の買取りを請求することができない。

（以下，略）

254　資　　料

定期借地権の賃料の一部又は全部を前払いとして一括して
授受した場合における税務上の取扱いについて
（平成 16 年 12 月 16 日付国土企第 14 号照会に対する回答）

　標題のことについては，ご照会に係る事実関係を前提とする限り，貴見のとおりで
差し支えありません。
　ただし，次のことを申し添えます。
⑴　この文書回答は，ご照会に係る事実関係を前提とした一般的な回答ですので，
　個々の納税者が行う具体的な取引等に適用する場合においては，この回答内容と異
　なる課税関係が生ずることがあります。
⑵　この回答内容は国税庁としての見解であり，個々の納税者の申告内容等を拘束す
　るものではありません。

9. 定期借地権の賃料の一部又は全部を前払いとして一括して授受した場合における相続税の財産評価及び所得税の経済的利益に係る課税等の取扱いについて

(平成 17 年 6 月 28 日付国土企第 2 号)

定期借地権の賃料の一部又は全部を前払いとして一括して授受した場合における
相続税の財産評価及び所得税の経済的利益に係る課税等の取扱いについて(照会)

定期借地権の設定時において，借地権者が借地権設定者に対して，借地に係る契約
期間の賃料の一部又は全部を一括前払いの一時金（以下「前払賃料」といいます。）
として支払う場合の借地権者及び借地権設定者の所得計算上の取扱いについては，平
成 17 年 1 月 7 日付の文書回答「定期借地権の賃料の一部又は全部を前払いとして一
括して授受した場合における税務上の取扱いについて」により，一定の書式例に準拠
した定期借地権設定契約書により契約し，契約期間にわたって保管している場合で，
その取引の実態も当該契約書に沿うものであるときは，当該前払賃料は，借地権者に
とっては「前払費用」として，借地権設定者にとっては「前受収益」として取り扱わ
れることが明らかにされました。

ところで，上記の文書回答に示された定期借地権（以下「前払賃料方式による定期
借地権」といいます。）が設定された場合に，その後，借地権者が死亡して相続人が
当該権利を相続したときの相続税における財産評価の方法などについて若干の疑義が
生じております。そこで，前払賃料方式による定期借地権が設定されている場合の相
続税の財産評価及び所得税の経済的利益に係る課税等について，下記のとおり取り扱
って差し支えないか，お伺い申し上げます。

記

1 前払賃料方式による定期借地権が設定されている場合の相続税の取扱い

(1) 定期借地権の財産評価及び前払賃料の未経過分相当額の取扱い

相続，贈与又は遺贈（以下「相続等」という。）により取得した前払賃料方式によ
る定期借地権の価額を財産評価基本通達 27-2（（定期借地権等の評価））のただし書き
の定めにより評価する場合には，前払賃料の額を同項の算式に定める「定期借地権等
の設定の時における借地権者に帰属する経済的利益」の額に含めて，課税時期（相続
開始時）における定期借地権等の価額を評価する。

なお，前払賃料のうち課税時期における未経過分に相当する金額（以下「前払賃料
の未経過分相当額」という。）については，定期借地権の評価額に反映されるため，

256　　資　料

定期借地権と別の相続財産として計上する必要はない。

（理由）

イ　前払賃料方式による定期借地権の評価

　　相続等により取得した定期借地権等の価額は，課税時期における自用地としての価額に，次の算式により計算した数値を乗じて計算した金額によって評価することとされている（財産評価基本通達27-2）。

（算式）

$$\frac{\text{定期借地権等の設定の時における}}{\text{借地権者に帰属する経済的利益の総額}} \times \frac{\text{課税時期におけるその定期借地権等の残存期間}}{\text{年数に応ずる基準年利率による複利年金現価率}}$$

（上記の算式内の下段）
定期借地権等の設定の時における その宅地の通常の取引価額 ／ 定期借地権等の設定期間年数に応ずる 基準年利率による複利年金現価率

　　上記算式中の「定期借地権等の設定の時における借地権者に帰属する経済的利益の総額」の計算に当たっては，「定期借地権等の設定に際し，借地権者から借地権設定者に対し，権利金，協力金，礼金などその名称のいかんを問わず借地契約の終了の時に返還を要しないものとされる金銭の支払いがある場合」には，「課税時期において支払われるべき金額」を当該経済的利益の額とすると定められている（財産評価基本通達27-3⑴）。

　　ところで，前払賃料は，借地契約の終了の時にはその未経過分相当額は零となり返還を要しないものであるから，定期借地権の設定に際して当該一時金の支払があった場合には，当該一時金の額そのものを財産評価基本通達27-3（（定期借地権等の設定の時における借地権者に帰属する経済的利益の総額の計算））の⑴に定める経済的利益の額に含めて評価することとなる。

ロ　前払賃料の未経過分相当額の取扱い

　　課税時期において借地権者が有する前払賃料の未経過分相当額に係る債権は，借地契約の存続を前提とすれば，返還を受けることができないものであり，被相続人等が前払賃料を支払っていたことによる権利は，存続期間に応じた定期借地権の権利の価額に反映されることとなる。

　　したがって，相続税の課税価格の計算上は，当該債権を定期借地権と別個の財産として計上する必要はないものと考えられる。

（注1）　保証金については，契約終了時においても返還を要するものであるため，相続税の課税価格の計算上，借地権者にとっては債権額を，借地権設定者にとっては債務額を計上することとなるが，その場合でも，契約終了時に返還を要する金額について課税時期から契約終了時までの期間に応じた複利現価率で割り引いた価額によることとされており，これに対して前払賃料は契約終了時に返還を要する金額はないから，債権債務額は算定されない。

⑵　定期借地権の目的となっている宅地の評価及び前払賃料の未経過分相当額の取扱い

9. 定期借地権の賃料の一部又は全部を前払いとして一括して授受した場合における相続税の財産評価及び所得税の経済的利益に係る課税等の取扱いについて

相続等により取得した前払賃料方式による定期借地権の目的となっている宅地の価額は，財産評価基本通達25（（貸宅地の評価））の(2)により，原則として，自用地としての価額から上記(1)により評価した課税時期における定期借地権等の価額を控除した金額によって評価する。

なお，財産評価基本通達25(2)ただし書き及び平成10年8月25日付課評2-8「一般定期借地権の目的となっている宅地の評価に関する取扱いについて」は，前払賃料方式による定期借地権の目的となっている宅地の評価にも適用されることとなる。

また，前払賃料のうち，課税時期における契約期間の残余の期間に充当されるべき金額（前払賃料の未経過分相当額）については，定期借地権の付着した宅地として評価上減額されるため，別の債務として控除することはできない。

（理由）

イ　定期借地権の目的となっている宅地の評価

定期借地権の目的となっている宅地を相続等により取得した場合の当該宅地の価額は，財産評価基本通達25(2)により，原則として，その宅地の自用地としての価額から，財産評価基本通達27-2（（定期借地権等の評価））の定めにより評価したその定期借地権等の価額を控除した金額によって評価することとなる。

ところで，前払賃料方式による定期借地権等の価額については，上記(1)のとおり評価することとなるため，前払賃料方式による定期借地権の目的となっている宅地の価額は，原則として，定期借地権の設定に際して授受された前払賃料の額を財産評価基本通達27-3(1)に定める「定期借地権等の設定の時における借地権者に帰属する経済的利益」の額として評価した定期借地権等の価額を自用地としての価額から控除して評価することとなる。

ただし，財産評価基本通達25(2)のただし書きに定めるとおり，自用地としての価額から控除すべき定期借地権等の価額が，定期借地権の残存期間に応じる一定の割合を自用地価額に乗じて計算した金額を下回る場合には，当該割合を乗じて計算した金額を控除した金額によって評価する。

なお，借地借家法第22条の規定による一般定期借地権の目的となっている宅地の評価については，当分の間，上記の定めによらず，平成10年8月25日付課評2-8「一般定期借地権の目的となっている宅地の評価に関する取扱いについて」の取扱いにより評価することとなる。

ロ　前払賃料の未経過分相当額の取扱い

課税時期において借地権設定者が「前受収益」として計上している前払賃料の未経過分相当額については，借地契約の存続を前提とする限り返還を要しないものであるから相続税法第14条に規定する「確実と認められる」債務とはいえ，被相続人等が前払賃料を受領していることにより，上記のとおり定期借地権の目的となっている宅地として評価上減額されるのであるから，相続税の課税価格の計算上は，債務として控除することはできない。

258 　資　料

（注2）　（注1）参照

2　借地権設定者が受領する前払賃料に係る経済的利益に対する所得税の取扱い

個人である借地権設定者が，前払賃料方式による定期借地権の設定に伴い受領する前払賃料については，その経済的利益を毎年の不動産所得に計上しなくて差し支えない。

（理由）

定期借地権の設定に伴って借地権設定者が借地権者から預託を受ける保証金（借地人がその返還請求権を有するものをいい，その名称のいかんを問わない。）の経済的利益については，一定の場合を除き，各年分の不動産所得の計算上，収入金額に算入することとされている。

前払賃料については，借地権設定者は，いまだ役務提供をしていない未経過分（前払賃料の未経過分相当額）を「前受収益」に計上することとなるが，当該一時金は，契約期間にわたる賃料に充てられることによりいずれその全額が不動産所得の収入金額に計上されるものであり，借地契約の継続を前提とする限り返還義務がなく期間満了時には返還を要しないものであるから，当該一時金は上記の取扱いの対象となる保証金には該当せず，その経済的利益に係る所得税の課税は要しないものと考えられる。

（注3）　定期借地権の設定に伴って借地権設定者が借地権者から預託を受ける保証金（借地人がその返還請求権を有するものをいい，その名称のいかんを問わない。）の経済的利益については，所得税の課税上，次に掲げる区分に応じ，それぞれ次に掲げるとおり取り扱われている。
　　①　当該保証金が業務用資金として運用され又は業務用資産の取得に充てられている場合
　　　当該保証金について各年に生じる経済的利益の額を不動産所得の金額の計算上収入金額に算入するとともに，同額を，当該業務に係る各種所得の金額の計算上必要経費に算入する。
　　②　当該保証金が，預貯金，公社債等の金融資産に運用されている場合
　　　当該保証金による経済的利益に係る所得の金額については，その計算を要しない。
　　③　①及び②以外の場合
　　　当該保証金について各年に生じる経済的利益の額を，当該保証金を返還するまでの各年分の不動産所得の金額の計算上収入金額に算入する。

3　前払賃料を一括して支払うための資金に係る住宅借入金等特別控除の特例等の適用

前払賃料の支払に充てるための借入金又は父等からの資金贈与については，租税特別措置法第41条に規定する住宅借入金等を有する場合の所得税額の特別控除の特例（以下「住宅借入金等特別控除の特例」という。）又は同法第70条の3に規定する特

9. 定期借地権の賃料の一部又は全部を前払いとして一括して授受した場合における相続税の財産評価及び所得税の経済的利益に係る課税等の取扱いについて

定の贈与者から住宅取得等資金の贈与を受けた場合の相続時精算課税の特例若しくは同法第70条の3の2に規定する住宅取得等資金の贈与を受けた場合の相続時精算課税に係る贈与税の特別控除の特例(以下,これらの特例を併せて「住宅取得等資金贈与の特例」という。)の適用はない。

(理由)

前払賃料方式により定期借地権を設定するに際して,前払賃料の支払に充てるための資金を借入金等により調達した場合の住宅借入金等特別控除の特例又は当該資金を父等から贈与により取得した場合の住宅取得等資金贈与の特例の適用の可否が問題となる。

これらの特例は,「土地の上に存する権利の取得に要する資金」に充てるための借入金(住宅借入金等特別控除の特例)又は「土地の上に存する権利の取得のための対価」に充てるための住宅取得等資金の贈与(住宅取得等資金贈与の特例)について適用されることとされている。

しかし,前払賃料として支払われる一時金は,相続税における財産評価に当たっては,借地人に帰属する経済的利益として定期借地権の評価額に反映されるという側面はあるものの,「土地の上に存する権利の取得の対価」には該当しないとして,賃料として支払うことを明確にしたものである。また,そのため,自己の住宅の取得に伴ってその敷地に係る前払賃料を支払う借地権者にとっては,当該一時金は時の経過とともに家事費として費消されるものであって,借地権の取得価額を構成するものではない(将来,借地権を譲渡した場合の取得価額を構成しない。)。

したがって,土地の上に存する権利の取得の対価ということはできないため,これらの特例の適用はないこととなる。

なお,租税特別措置法第41条の4に規定する不動産所得に係る損益通算の特例についても「土地の上に存する権利を取得するために要した負債」について適用されることとされており,当該一時金の支払に充てるための借入金は,上記と同様の考え方により,土地の上に存する権利を取得するために要した負債ということはできないことから,本特例の適用はないこととなる。

260 資 料

10. 一般定期借地権の目的となっている宅地の評価に関する取扱いについて

(平成 10 年 8 月 25 日課評 2-8 外(一部改正:平成 11 年 7 月 26 日課評 2-14 外))

一般定期借地権の目的となっている宅地の評価に関する取扱いについて

標題のことについては,下記に掲げるものの評価について,課税上弊害がない限り,昭和 39 年 4 月 25 日付直資 56,直審(資)17「財産評価基本通達」(以下「評価基本通達」という。)25((貸宅地の評価))の(2)の定めにかかわらず,評価基本通達 27((借地権の評価))に定める借地権割合(以下「借地権割合」という。)の地域区分に応じて,当分の間,下記により取り扱うこととしたから,平成 10 年 1 月 1 日以後に相続,遺贈又は贈与により取得したものの評価については,これによられたい。

(趣旨)

評価基本通達 9((土地の上に存する権利の評価上の区分))の(6)に定める定期借地権等の目的となっている宅地の評価については,平成 6 年 2 月 15 日付課評 2-2,課資 1-2「財産評価基本通達の一部改正について」により,その評価方法を定めているところであるが,借地借家法(平成 3 年法律第 90 号)第 2 条第 1 号に規定する借地権で同法第 22 条((定期借地権))の規定の適用を受けるもの(以下「一般定期借地権」という。)の目的となっている宅地の評価については,最近における一般定期借地権の設定の実態等を勘案するとともに,納税者の便宜に資するため,所要の措置を講じたものである。

＊下記は,最終改正後のものです(平成 11 年 9 月 1 日以後に相続,遺贈又は贈与により取得したものの評価に適用)。

記

1 一般定期借地権の目的となっている宅地の評価

借地権割合の地域区分のうち,次の 2 に定める地域区分に存する一般定期借地権の目的となっている宅地の価額は,課税時期における評価基本通達 25((貸宅地の評価))の(1)に定める自用地としての価額(以下「自用地としての価額」という。)から「一般定期借地権の価額に相当する金額」を控除した金額によって評価する。

この場合の「一般定期借地権の価額に相当する金額」とは,課税時期における自

10. 一般定期借地権の目的となっている宅地の評価に関する取扱いについて   *261*

用地としての価額に，次の算式により計算した数値を乗じて計算した金額とする。
（算式）

$$(1-底地割合)\times\frac{課税時期におけるその一般定期借地権の残存期間 \\ 年数に応ずる基準年利率による複利年金現価率}{一般定期借地権の設定期間年数に応ずる \\ 基準年利率による複利年金現価率}$$

（注）　基準年利率は，評価基本通達4-4に定める基準年利率をいう。

2　底地割合

　　1の算式中の「底地割合」は，一般定期借地権の目的となっている宅地のその設定の時における価額が，その宅地の自用地としての価額に占める割合をいうものとし，借地権割合の地域区分に応じ，次に定める割合によるものとする。

（底地割合）

地域区分	借地権割合		底地割合
	路線価図	評価倍率表	
	C	70%	55%
	D	60%	60%
	E	50%	65%
	F	40%	70%
	G	30%	75%

（注）
1　借地権割合及びその地域区分は，各国税局長が定める「財産評価基準書」において，各路線価図についてはAからGの表示により，評価倍率表については数値により表示されている。
2　借地権割合の地域区分がA地域，B地域及び評価基本通達27（（借地権の評価））ただし書に定める「借地権の設定に際しその設定の対価として通常権利金その他の一時金を支払うなど借地権の取引慣行があると認められる地域以外の地域」に存する一般定期借地権の目的となっている宅地の価額は，評価基本通達25の(2)に定める評価方法により評価することに留意する。
3　「課税上弊害がない」場合とは，一般定期借地権の設定等の行為が専ら税負担回避を目的としたものでない場合をいうほか，この通達の定めによって評価することが著しく不適当と認められることのない場合をいい，個々の設定等についての事情，取引当事者間の関係等を総合勘案してその有無を判定することに留意する。
　　なお，一般定期借地権の借地権者が次に掲げる者に該当する場合には，「課税上弊害がある」ものとする。
(1)　一般定期借地権の借地権設定者（以下「借地権設定者」という。）の親族
(2)　借地権設定者とまだ婚姻の届出をしないが事実上婚姻関係と同様の事情にある者及びその親族でその者と生計を一にしているもの
(3)　借地権設定者の使用人及び使用人以外の者で借地権設定者から受ける金銭その

262 　資　料

他の財産によって生計を維持しているもの並びにこれらの者の親族でこれらの者
と生計を一にしているもの

(4)　借地権設定者が法人税法（昭和 40 年法律第 34 号）第 2 条第 15 号（（定義））に
規定する役員（以下「会社役員」という。）となっている会社

(5)　借地権設定者，その親族，上記(2)及び(3)に掲げる者並びにこれらの者と法人税
法第 2 条第 10 号（（定義））に規定する政令で定める特殊の関係にある法人を判定
の基礎とした場合に同号に規定する同族会社に該当する法人

(6)　上記(4)又は(5)に掲げる法人の会社役員又は使用人

(7)　借地権設定者が，借地借家法第 15 条（（自己借地権））の規定により，自ら一般
定期借地権を有することとなる場合の借地権設定者

11. 定期借地権を活用した開発行為等により設置された道路の取扱い基準について

（平成9年3月28日建設省経民発第13号）

定期借地権を活用した開発行為等により設置された道路の取扱い基準について

開発許可を受けた開発行為により設置された公共施設及び当該公共施設の用に供する土地（以下「公共施設等」という。）の管理及び帰属の適正化については，各公共施設ごとの用途に従った有効かつ適切な維持管理を図るため，昭和57年7月16日付け建設省計民発第30号（以下「57年通達」という。）等により指導しているところであるが，公共施設等については都市計画法（以下「法」という。）第39条及び第40条の趣旨に従い，極力法第36条第3項の工事完了公告の翌日に当該公共施設の存する市町村においてこれを引き継ぐものとし，特にやむを得ない事情により開発者にその管理を委ねざるを得ない場合にあっても当該公共施設の用に供する土地に係る所有権のみは帰属を受けるよう指導しているところである。

このような指導の結果，道路等に関して市町村への移管を原則とする地方公共団体が増加しているところであるが，一方において，地方公共団体が私道の取扱いに習熟してきたこととともに，平成4年に施行された借地借家法（平成3年法律第90号）第22条の定期借地権を活用した開発が行われる等開発手法が多様化しているところである。これらの状況を踏まえ，今般，57年通達等これまでの指導の趣旨を踏まえつつも，定期借地権を活用した開発行為等であって当該道路が将来廃止される見込みが高いため私道として取扱うことが合理的である等の理由が存するもので，かつ，交通及び宅地サービスの機能が確保されるとともに適切かつ円滑な維持管理が可能な道路については，市町村が移管を受けず私道とすることもやむを得ないものとして許容することとするので，貴職においても，本通達の趣旨にのっとり，適切に対応することとされたい。また，併せて，私道として取扱うことが可能な道路に係る基準案を下記のとおり作成したので，貴職においてもこれをも参考として，行政手続法の趣旨にのっとり，具体的な基準を作成することとされたい。

さらに，この旨，貴管下市区町村にも周知徹底方取り計らわれたい。

なお，この基準案については，省内関係部局も了解済みのものであることを念のため申し添える。

記

開発許可を受けた開発行為により設置される当該道路が，現在及び予見可能な将来において，次に掲げる基準案に適合している場合には私道として取扱うことが可能で

あること。

1. 定期借地権を活用した開発行為等であって当該道路が将来廃止される見込みが高いため，当該道路を私道として取扱うことが合理的である等の理由が存する場合で，かつ，開発許可申請者から私道として取扱うよう要望されていること。
2. 当該道路が，ハンプの設置やP型，U型道路等，沿道宅地へのサービス以外の目的の通過交通が生じない形状・形態のものであって，開発区域外の者の利用に供される可能性の少ないものであること。
3. 当該道路に設置される排水施設，水道等が，将来私道の廃止に伴って廃止された場合においても周辺の宅地等に影響を与えない設計となっていること。
4. 開発区域の周辺に適切な規模の道路が設置されること等により，当該道路に交通が流入せず，開発区域の周辺において円滑な交通が図られていること。
5. 当該道路の沿道地域が第一種低層住居専用地域若しくは第二種低層住居専用地域であるか，又は，第一種低層住居専用地域若しくは第二種低層住居専用地域以外であっても，地区計画若しくは建築協定等により，第一種低層住居専用地域若しくは第二種低層住居専用地域と同様の規制が行われている低層住宅地であること。
6. 私道に接する住宅は多くても20戸程度とするとともに，道路延長はおおむね150メートル以内とすること。
7. 大量の雪の除却が必要でない等維持管理が低廉かつ適切になされると想定される道路であること。
8. 法第33条の道路に係る技術基準に適合していること。また，道路に係る土地に地上権，質権，賃借権等が存しないこと等により，私道となる土地の円滑な維持管理に支障が生じるおそれがないこと。

12. 定期借地権の設定による保証金の経済的利益の課税に係る平成 23 年分の適正な利率について

（平成 24 年 2 月 6 日国土交通省土地・水資源局土地市場課）

定期借地権の設定による保証金の経済的利益の課税
に係る平成 23 年分の適正な利率について

　標題の件について，下記のとおりとなる旨の国税庁の確認を得ましたのでお知らせします。

記

　定期借地権の設定に伴って賃貸人が賃借人から預託を受ける保証金（賃借人がその返還請求権を有するものをいい，その名称のいかんを問わない。）の経済的利益の所得税の課税に係る平成 23 年分の適正な利率については，次に掲げる区分に応じ，それぞれ次に掲げるとおりとなる。

1　当該保証金が各種所得の基因となる業務に係る資金として運用されている場合又は当該業務の用に供する資産の取得資金に充てられている場合
　　両建の経理の場合の適正な利率は，平均的な長期借入利率によるべきであるが，1.1％としても差し支えない。

2　上記 1 の場合以外で，かつ，当該保証金が，預貯金，公社債，指定金銭信託，貸付信託等の金融資産に運用されている場合以外のとき
　　利息に相当する金額を計算する場合の適正な利率は，各年中の 10 年長期国債の平均利率によることとしており，平成 23 年分については，1.1％となる。
　（注）　平成 23 年中の 10 年長期国債の平均利率は，1.15％である。

〈問い合わせ先〉
土地・水資源局土地市場課
Tel：03-5253-8111（内線 30-223）

13. 定期借地権付住宅の価格査定手法の検討に関する報告書——中古定借住宅の仲介に向けて（抄）

(平成15年3月・定期借地権普及促進協議会)

Ⅲ. 定借戸建住宅（保証金方式）の査定手法

1. 基本的な考え方

保証金が授受されている場合には，保証金の二面性に鑑み，保証金の返還請求権の現在価格と権利承継価格に分離して査定する。

(1) 仲介実務における建物価格の査定は，すでに(財)不動産流通近代化センターの「戸建住宅価格査定マニュアル」等が存在し，広く行われているので，これらにより査定した建物価格を採用する。
(2) 期間満了時の解体費用については，未だ長期の残存期間のものがほとんどで，取引価格には織り込まれていないので，今回は査定外とする。
(3) 査定時点において，査定物件を新規に購入する場合の価格を基礎とする原価法に準ずる査定手法によることとする。
(4) 保証金の価値は，保証金返還請求権の現在価格と権利設定の対価性を認めた権利承継価格とから構成されるものとして考慮する。

〈売主の権利・義務〉

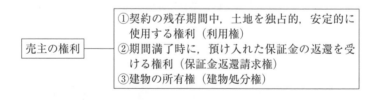

定借戸建住宅の売買は，売主が土地所有者に対して有する権利義務を承継するものであり，定借戸建住宅に直接随伴して買主に譲渡される権利は①及び③で，土地所有者に対する権利で買主に承継される権利が②である。

したがって，売買に伴って権利譲渡が行われる場合の取引の対価は，不動産譲渡としての①＋③の売買価格と，債権譲渡としての②の譲渡価格である。

13. 定期借地権付住宅の価格査定手法の検討に関する報告書—中古定借住宅の仲介に向けて（抄）

〈定借住宅価格と査定価格〉

定借住宅価格＝建物価格＋権利承継価格
保証金譲渡価格＝保証金返還請求権の現在価格
∴査定（取引）価格＝定借住宅価格＋保証金譲渡価格

査定価格のイメージ

(1) 地価が上昇したケース

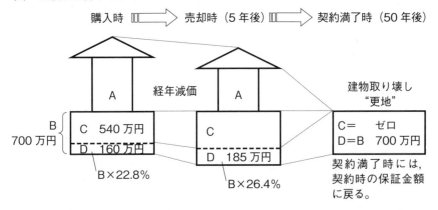

(2) 地価が下落したケース

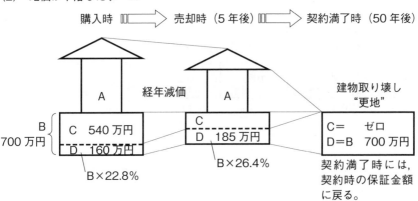

A	建物価格（経年により減価）
B	契約時に預託した保証金（700万円）
C	権利承継価格（地価などの変動に連動し増減。契約期間満了時には，定期借地権の消滅によりゼロとなる。）
D	保証金（返還請求権）の現在価格 　　残存期間50年→3%の複利現価率　22.8% 　　残存期間45年→3%の複利現価率　26.4%

2. 実質地代率の採用

　毎月支払われる地代（実際支払い地代）は，保証金の運用益と共にいわゆる実質地代を構成している。賃貸に供されている二画地の地代の多寡を比べるためには，具体的にこの実質地代の比較を通じて行われる。すなわち，賃貸条件によっては保証金を多くして地代を低額に抑えるものや，保証金を低額に抑えて毎月の地代を多くするなど多様で，単純に支払い地代だけでは比較できないので，地主が実質的に収受する地代の比較を通じて行われる。

　定借住宅の流通においても，購入時点から売却時点まで期間の経過があり，その間の地価変動，保証金割合の変化などの不動産市場の変化を的確に反映させるためには，査定時点の定借住宅の実質賃料が重要な要素になる。今回の価格査定手法の提案に当たっては，次式により得られる実質地代率を採用することとした。

　　実　質　地　代＝支払地代×12ヶ月＋保証金×運用利回り
　　実質地代率＝実質地代÷土地価格

　実質地代率を求めるにあたっては，査定する定借住宅の近くで販売されている新規分譲の定借住宅から求めることが望ましい。しかし，現実問題としては必ずしも適切な事例がないため困難なケースが考えられる。

　ここでは適切な実質事例率を求めることができないケースを考慮し，簡便法による実質地代率を次の通り参考として提示する。

保証金割合 運用利回り	10%	20%	30%	40%
2.0%	1.20%	1.40%	1.60%	1.80%
2.5%	1.25%	1.50%	1.75%	2.00%
3.0%	1.30%	1.60%	1.90%	2.20%

　一般的な保証金の土地価格に対する割合を20%とし，運用利回りを3.0%とすれば，実質地代率はその交点，1.60%となる。

13. 定期借地権付住宅の価格査定手法の検討に関する報告書—中古定借住宅の仲介に向けて（抄）

3. 定借戸建住宅の価格の算定式

$$A = (P_L \times N_i - G_R) \times \frac{(1 + r)^n - 1}{r\ (1 + r)^n}$$

$$B = D \times \frac{1}{(1 + r)^n}$$

定借住宅価格 ＝ $(A + P_H) \times \alpha$

査定価格 　　＝ $(A + P_H) \times \alpha + B$

A：権利承継価格

B：保証金返還請求権の譲渡価格

P_L：土地価格

P_H：建物価格（他の価格査定マニュアルにより査定）

D：保証金

r：利回り（運用利回り，基準利率）

n：契約残存期間

G_R：年間支払地代

N_i：実質地代率 $\left(= \dfrac{D \times r + G_R}{P_L} \right)$

α：市場調整率

$\dfrac{(1 + r)^n - 1}{r\ (1 + r)^n}$：複利年金現価率

$\dfrac{1}{(1 + r)^n}$：複利現価率

　A は土地価格（P_L），実質地代率（N_i），実際支払地代（G_R）が変われば当然変化するが，B は利回りが変わらなければ一定である。

> 設定事例

平成 8 年 4 月新規分譲
(1) 所有権分譲の場合の価格（購入資金 6,000 万円）
　　土地価格　3,600 万円（面積 200㎡　単価 180 千円／㎡）
　　建物価格　2,400 万円（面積 106㎡　単価 226 千円／㎡）
(2) 定借住宅分譲の場合の価格（購入資金 3,120 万円）
　　建物価格　2,400 万円
　　保 証 金　720 万円（保証金割合 20％）
　　地　　代　月額 3 万円（年間 36 万円）

270 　資　料

契約期間　50 年間

平成 14 年 4 月査定
　　土地価格　3,100 万円（分譲時より 500 万円下落）
　　建物価格　1,950 万円（分譲時より 450 万円減価）

　　保　証　金　720 万円（当初保証金割合 20％→現在は 23％に拡大）
　　地　　　代　月額 3 万円（年間 36 万円）
　　契約期間　50 年間
　　残存期間　44 年

査定例

・周辺の定借住宅の新規分譲事例（土地価格 3,000 万円，保証金 600 万円，地代月額 25,000 円）より，実質地代率を 1.6％（運用利回り 3％）と算出した。
　　　（600 万円 × 0.03 ＋ 25,000 円 × 12）÷ 3,000 万円 ＝ 0.016
・この定借住宅に市場性減価等はないので，市場調整率は 1.0 とした。

(1)　A：権利承継価格査定
　　　（3,100 万円 × 0.016 － 36 万円）× 24.2542 ≒ 330 万円
　　　（3％，44 年の複利年金現価率 24.2542）
(2)　P_H：建物価格査定　前記より 1,950 万円
(3)　定借住宅価格：（A ＋ P_H）× 1.0 ＝ 2,280 万円
(4)　B：保証金返還請求権の譲渡価格査定
　　　720 万円 × 0.2723 ≒ 196 万円
　　　（3％，44 年の複利現価率 0.2723）
(5)　査定価格：2,280 万円 ＋ 196 万円 ＝ 2,476 万円
＊取引に当たっては，建物の解体費用の現在価値は考慮外とされている。

第六章　定借マンションの価格査定手法

Ⅰ．定借マンションの不動産特性

(1)　一時金の方式
　　前記「全国定期借地権付住宅の供給実績調査」（資料 1 参照）（省略）によると，平成 13 年 12 月末までに供給された定借住宅のストック 3 万 5,215 戸のうち，マンションは 1 万 1,732 戸（33.3％）である。調査におけるマンションの一時金の方式をみると，権利金方式のものが約 47％で，保証金方式が約 30％，併用が約 21％，一時金の

ないものが約2％となっている。

平成9年の調査（平成5年～7年供給）では，保証金方式が59.7％と最も多く，権利金方式32.5％，併用7.5％であった。現在では，権利金方式のものが増加して，逆転していることが窺われる。

(2) 建物の耐用年数と借地期間

現在供給されている定借マンションは，建物の機能性については将来の懸念もあるが，構造的には50年の長期に耐えられると考えられる。したがって，定借戸建住宅の場合と異なり，建物の耐用年数と借地契約期間との整合性は一応保たれていると思われる。

問題とされるのは，借地期間が残り少なくなった時期の，マンションの維持管理の状態である。定借マンションは借地期間の終了による解体撤去を前提としているだけに，所有者のメンテナンス意欲は大きく減退することが推測されるので，マンションの専有部分のみならず，一棟全体の建物の維持管理状態に不明な部分が残る。

(3) 土地と建物の不可分性

定借マンションにおいては，事業者が定期借地権を取得し，事業者が企画したマンションを建設して分譲（転売）するのが一般的である。定借戸建住宅と異なるのは，契約期間中の個別的な土地利用の自由はなく，震災等による特別な場合を除けば，期間中の増改築または再築を予定していない。土地を個別に直接支配することができず，借地権の準共有によって準共有者が土地を共同利用することになり，建物の利用を通じて土地利用が実現され，その利用権は建物の処分に随伴する。

したがって，定借マンションにおける土地と建物の関係性は，現存建物との一体性を前提とするもので，その不可分性が認められる。

(4) 借地契約の中途解約

借地期間中における借地人からの期間内解約は，定借戸建住宅には認められている。しかし，定借マンションにおいては，期間中に借地人側から個別的に解約することはできない。

(5) 解体に伴う準備金

期間満了に伴い，借地人は建物を収去して土地を原状回復する義務がある。この原状回復の状態・程度については，それぞれ契約内容に具体的に規定される。定借マンションに特有なことは，居住期間中の計画的な修繕積立金とは別途に，この解体費用を準共有者全体で予め手当てする必要があることである。現時点において，50年先の解体費用を見積もることは困難であるが，将来の多大な費用の負担に対しては，準共有者が解体準備金などの名目で購入時に一括払い，あるいは毎月積み立てるのが一般的である。

以上の不動産特性を考慮の上，今回は供給の比較的多数を占める「権利金方式の定借マンション」の流通価格を価格査定の対象とすることとした。

Ⅱ．定借マンションの権利金の性格

定期借地権マンションの一時金には保証金と権利金及びその併用方式があるが，これら一時金は，定期借地権の設定に当たって必要とされる金銭である。現在は，権利金方式が約47％で最も多く行われており，また首都圏においては権利金方式が主流と見られる。

権利金は戸建住宅の保証金と異なり，賃料の前払いあるいは権利設定の対価としての性格を有し，地代の支払いと共に契約期間中の土地の占有，独占的使用収益を保証させるものである。権利金は契約期間満了時においても借地人に返還されない払いきりの金銭で，契約の期間にわたって償却・運用され，支払地代と共に貸主の経済的な利益となる。

また，権利金方式のマンションにおいても，地代の不払い担保のために，権利金と同時に敷金を授受するケースは多い。

定期借地権の設定行為においては，一時金が当然のように取引条件とされ，地代と一時金のそれぞれの金額は密接な関連性があり，かつ二次流通の段階においても，借地人の地位の承継上，建物と一時金の不可分性が指摘される。

建物の譲渡がなされる場合には，建物価格とは別に権利金として独立した取引価格を構成することなく，建物に一体化して建物の処分に随伴する。

Ⅲ．定借マンション（権利金方式）の価格査定手法

定借マンション（権利金方式）の売買においては，将来返還される保証金が建物とは別途に考慮される定借戸建住宅と異なり，権利金は建物価格から独立した価格としては扱われず，権利金と建物とが一体化して取引される。定借マンションの二次流通（中古取引）が徐々に増加してはいるが，まだ取引事例の量は少なく，データ化は進んでいない。したがって，同一マンションでの取引事例が得られた場合を除いては，現段階では比較するための適切な取引事例を収集することは難しく，取引事例比較法が適用し難い。

そこで，一体評価の立場から，次のような考え方に基づき価格査定手法を提案する。

1．基本的な考え方

⑴　定借マンションは所有権マンションと同様に賃貸可能な物件であり，査定物件に賃貸借を想定した場合の収益性に基づいて，収益還元法の適用が可能である。その際の収益還元方式は，有期還元方式が適当である。

⑵　マンションの購入動機は，自己居住目的と投資目的が考えられる。居住目的の購入者は，定借戸建住宅のように実質地代を比較して選択するのではなく，マンションを購入した場合の年間コスト（地代，住宅ローン，建物・権利金の償却額，建物固定資産税，管理費，修繕積立金，解体積立金等）と，賃貸マンションを借りた場

合の年間家賃とを比較して，その優位性により選択をする。

(3) 期間満了時の解体費用は，解体準備金として分譲時に一括払いあるいは解体準備積立金として毎月積み立てるのが一般的である。期間満了時の解体費用を現時点で確定的な金額として捉えることは困難であるが，これら積立金で充当できるものとして考慮する。

(4) 借地の残存期間が少なくなった時期における建物の状態と取引事情については，契約期間を通じた取引行動等にまだ不明な点が多く残る。したがって，当面は，今後10年程度の通常状態のマンションを対象とし，この間の取引に耐え得る査定手法を考慮する。今後は，定期的に，経済環境，住宅市場，取引慣行等の変化を考慮した見直しを行う必要がある。

2. 有期還元方式の採用

建物・権利金の一体査定の立場から収益還元法の適用について検討すると，契約期限のある定借マンションに適応する手法として，有期還元法である①インウッド法，②ホスコルド法，③収益逓増年金現価率による方法，④DCF法及びその他の手法が考慮される。

現時点における定借マンション査定上の問題点のひとつは，まだ契約期間が満了したものは皆無で，したがって到来期が迫った取引の実態把握が困難なことである。それゆえ，契約の全期間を通じた取引行動や取引価格の動向を裏付ける市場データは未だ整備されていない。

③収益逓増年金現価率による方法及び④DCF法については，査定要素として長期間にわたる将来予測の判断が求められる。査定の各プロセスにおける判断の基礎となるデータが未整備の段階では，査定実務において混乱を来たすことも考慮されるので，今回は採用を見送ることとし，①インウッド法と②ホスコルド法についての検討を行った。

(1) インウッド法とホスコルド法

有期還元の手法として考えられる二方法の特徴と算定式は次のようなものである。

	インウッド法 （年金法）	ホスコルド法 （償還基金率法）
特徴	賃貸用不動産又は事業用不動産についての収益価格を求める方法。 償却前の純収益に期待利回り（償却率を含まない）と建物の経済的残存耐用年数を収益期間とした複利年金現価率を乗じて求める。収益期間満了時に土地が更地に復帰することを想定し，取毀し費用等を考慮している。回収額を投資利回りで再運用して要償却額を回収する。	鉱山，油田等の投資リスクの大きい事業用不動産についての収益価格を求める方法。 基本的にはインウッド法と同様であるが，再投資への準備資金として蓄積される純収益は期待利回りより安全な蓄積利回りで運用されると考える。 期待利回りは当該事業のリスクを織込んだ高い利回りであるが，蓄積利回りは金融市場での利回りとなろう。

	$$P = a \times \frac{(1 + r)^n - 1}{r\,(1 + r)^n - 1} + (P_L - E) \times \frac{1}{(1 + r)^n}$$	$$P = a \times \cfrac{1}{r + \cfrac{r}{(1 + s)^n - 1}}$$
算定式	P：収益価格 a：建物その他償却資産の償却前純収益 r：期待利回り P_L：収益期間終了後の土地価格 E：建物等の取毀し費用 n：建物の経済的残存耐用年数（収益期間） s：蓄積利回り	

　　定借マンションの賃貸は通常の不動産賃貸事業であり，事業内容自体はハイリスクでリスキーなものとは考えられていない。だが，定借マンションは将来の解体撤去を約束して，収益期間は限定されており，投下資本の回収は所有権マンションに比較するとリスクは高いと言える。

　　インウッド法は，建物等の経済的残存耐用年数が比較的短い場合の適用を前提とし，収益期間の満了時には土地が復帰することを想定している。だが，定期借地権は期間終了時には土地に対する権利は消滅する。したがって，残存期間が少なくなった時期は急激に減価すると思われるが，この方法ではそれが十分反映されない懸念が残る。残存期間に応じて，リスクを反映させた利回りを設定することも考慮されるが，まだ実証的な検討結果は得られていない。

　　ホスコルド法は，再投資への準備資金として蓄積される純収益を期待利回りより低い蓄積利回りで運用するもので，二種類の利回りを採用していて，リスク対応が考慮されているが，より複雑化している。収益還元法は利回り如何によって価格が大きく影響されるが，二種類の利回りに対する的確な判断が価格の精度を左右することとなる。この二種類の利回りについては，長期間に対応できる実証的な利回りは想定の域を出ないもので，効果的な手法としての透明性が確保されていないのが現状である。

(2)　インウッド法の採用

　　このように，インウッド法及びホスコルド法は，定借マンション価格査定についてはそれぞれ一長一短が認められる。

　　そこで，この二手法の基本的な相違である期待利回りと蓄積利回りについて検討すると，現在長期にわたって低金利時代が継続しており，これからの「当面の直近10年のタームにおける定借マンションの状態」で考慮するならば，両者は比較的近似していると思われるので，今回の査定手法については，仲介実務での利回りとしてより使い易いと思われるインウッド法を採用することとした。

　　ホスコルド法については，定借マンションの特性から今後工夫すれば適用の可能性が考慮されるので，各利回りの適切な判定方法を含めて今後の研究に委ねることとした。

3. 純収益の算定

　収益還元法の適用にあたって，有期還元の基礎となる純収益は，定借マンションの賃貸を想定して，総収益から総費用を控除して求める。

(1)　総収益(i)：(実質賃料＝①＋②)

　　①　年間支払賃料

　　　　(月額賃料＋共益費) × 12 ケ月

　　②　一時金償却額・運用益 (礼金の償却額・運用益＋敷金の運用益)

　　　　・礼金の償却額及び運用益 (礼金×年賦償還率)

　　　　・敷金運用益 (敷金×運用利回り)

(2)　総費用(c)：(＝①＋②＋③＋④＋⑤＋⑥＋⑦)

　　①　地代

　　②　公租公課 (建物固定資産税，都市計画税)

　　③　管理費

　　④　維持修繕費 (長期積立金を含む)

　　⑤　損害保険料

　　⑥　空室等損失補填料

　　⑦　解体準備積立金

(3)　純収益(a)：(＝ i － c)

4. 定借マンションの価格査定算定式

$$P_M = a \times \frac{(1 + r)^n - 1}{r (1 + r)^n} \times \alpha$$

　　　　P_M：定借マンション (権利金方式) の価格

　　　　a　：純収益 (総収益(i)－総費用(c))

　　　　r　：期待利回り

　　　　n　：契約残存期間

　　　　α　：市場性調整率

　　　　i　：総収益 (実質賃料)

　　　　c　：総費用

　　※解体費用については，毎月の積立金による場合は総費用に計上し，一括払いの場合はそれで充当できるものとする。

276　　**資　　料**

設定事例

平成 14 年 12 月査定
　　総 戸 数　　　35 戸
　　専有面積　　　83.00㎡（25.10 坪）RC6F の 3F 部分
　　分譲価格　　　2,400 万円
　　権 利 金　　　300 万円
　　地　　代　　　月額 15,000 円（年間 18 万円）
　　残存期間　　　44 年

　　実質家賃　　　年間　1,800,000 円
　　諸 経 費　　　年間　　450,000 円

査定例

査定価格＝純収益×複利年金現価率×市場調整率

$$P_M = a \times \frac{(1 + r)^n - 1}{r\,(1 + r)^n} \times \alpha$$

(1)　純 収 益：$i - c$ = 180 万円 −（45 万円 + 18 万円）= 117 万円
(2)　査定価格：117 万円 × 19.0183 × 1.0 ≒ 2,230 万円
　　　　　　　　（4.5%，44 年の複利年金現価率 19.0183）
　　　　　　※市場調整率は 1.0 とした。

《簡便法》
(1)　純収益の求め方
　　　$a = i\,(1 - C_r) - L_r$
　　　　　i：総収益
　　　　　C_r：経費率（25%〜30%を使用）
　　　　　L_r：年間地代
(2)　期待利回りの求め方
　　　r は賃貸市場を勘案して査定物件ごとに個別に判定されるが，当面の間は 4.0
　　%〜5.0%を使用。

14. 災害公営住宅に係る定期借地権取得費用の考え方について

(平成 24 年 9 月・(財)都市農地活用支援センター／定期借地権推進協議会)

各地で速やかな取り組みの求められている東日本大震災に係る災害公営住宅について，用地取得費が国の補助対象となり，これには借地権の取得に要する費用も含まれるとされている。当センター及び協議会に対して定期借地権を活用する場合，費用の算定等について明確にして欲しいとの要望が寄せられた。このことから，以下のメンバーにより検討会を設置し，個別地区（宮城県塩竈市浦戸地区）のケーススタディを通じて，専門家の立場から活用にあたっての検討事項や考え方の整理を行った。

国土交通省　土地建設業局	土地市場課　　　課長補佐	青山　佳樹
住宅局	住宅総合整備課　企画専門官	呉　祐一郎
東北地方整備局	建政部　　　　住宅調整官	芭蕉宮　総一郎
宮城県庁　土木部	復興住宅整備室長	三浦　俊徳
塩釜市役所　震災復興推進局	局長	伊藤　喜昭
震災復興推進局	次長兼復興推進課長	佐藤　達也
震災復興推進局	復興推進課　係長	佐々木　健治
UR 都市機構 宮城・福島震災復興支援局	建設支援第一チーム チームリーダー	永井　正毅
(財)都市農地活用支援センター	理事兼総括研究員	佐藤　啓二
(財)都市農地活用支援センター	事業リーダー	橋本　千代司
定期借地権推進協議会	運営委員長	大木　祐悟
定期借地権推進協議会	顧問	二木　憲一
定期借地権推進協議会	顧問（仙台在住）	井出　米蔵

ケーススタディのテーマと活用にあたっての基本事項

借地人となる地方公共団体が，定期借地権を取得後支払いの生じない方法を選択するものと想定する。

定期借地権取得のための対価支払い方式の内，後年度負担が生じないのは，一括前払地代方式及び全額を権利金で授受する方式の2つであり，先ずこれらについて復興交付金の補助対象となるか否かを整理する。

次に，権利金の金額算定の方法が問題となる。

278　　資　　料

　今回の災害公営住宅用地に係る定期借地権の取得は地方公共団体が行うものであり，権利金や地代の金額算定の根拠付けについて，議会や市民への説明責任を果たすことが不可欠であると同時に，権利金への復興交付金の充当を考えたとき，この根拠付けは補助金等の執行の観点からも適正なものでなければならない。

　一般の用地取得の場合はこうした根拠付けの手段として不動産鑑定評価が用いられるが，定期借地権の取得について不動産鑑定評価をそのまま適用するのは必ずしも容易ではない。

　先ず，定期借地権と公共団体の関係について言えば，公有地の貸主となるケースが大半であり，公共団体が借主となった前例は殆どない。

　また，これまでの定期借地権の契約は，民間ベースでのものが大半で，その場合，地代や一時金の客観的裏付けを得るための鑑定評価が用いられることはなく，借り手側と貸し手側の要求が一致した時に取引が行われて来たため，鑑定評価に必要な個別資料の系統的な蓄積・整備はなされていない。

　こうした民間ベースの契約実態（一般定期借地権）は国土交通省や（財）都市農地活用支援センター・定期借地権推進協議会が実施してきた全国定期借地権付住宅供給実態調査という信頼のできる統計データとして蓄積されている。

　地方公共団体が説明責任を果たすためにはこうした実態を踏まえたものとする必要がある。

　　　→［参考］平成22年定期借地権付住宅供給実態調査報告書　抜粋（一戸建て住宅）

補助対象の範囲

　補助の対象となるのは権利取得に要する費用で，一括前払い地代は各月，年の利用の対価であるため補助対象にはならない。

　権利金で授受する場合は補助対象となる。

権利金の算定とオーソライズの方法

(1)　対価支払い方法を採用するにあたっての考え方の整理

　一定額を権利金とし残りを地代で支払う方法もあれば，一括前払い地代相当額を権利金とする方法もある。

　対象事業において当該方法を採用した理由，考え方を明確にしておくことが不可欠である。

(2)　補助対象額の算定方法—過去の事例に照らした2タイプの方法

　これまで明らかになっている過去の事例は阪神・淡路大震災時の尼崎市道意団地（平成8年3月）と今回の東日本大震災における仙台市若林西団地（平成23年12月）の2つである。

　夫々のケースで，本ケーススタディのテーマ認識と同様，説得力のある補助対象額の算定方法を構築するために独自の工夫・アプローチを行い契約に至っている。

　本ケーススタディでは，その経験に即して次の2タイプを提示する。

14. 災害公営住宅に係る定期借地権取得費用の考え方について

① 不動産鑑定は更地価格評価に止め，別途統計データ作業により数値化する。(尼崎方式)

(尼崎の場合，更地価格の 20％を権利金，地代は 1.8％＋権利金利回りの率)

統計データについては，定期借地権推進協議会―(財)都市農地活用支援センターに依頼し，所要のデータを作成する方法又は全国定期借地権付住宅供給実態調査データを入手し，直営でデータ作成を行う方法がある。

② 不動産鑑定により権利金等を評価する（参考資料として統計データで補完）（仙台方式）

(一括前払地代相当額を権利金とする地上権設定方式を採用。鑑定の参考資料として更地価格に対する権利金・地代の比率等の統計データを用い，整合性に留意した。)

不動産鑑定の意見を取りまとめるにあたって，定期借地権の専門家とのコラボレーション体制を構築する等により予め統計データ作業を行い報告書の巻末資料として添付する。

※宮城県塩竈市浦戸地区でのケーススタディ（仙台市と同様，一括前払地代相当額を権利金とする地上権設定を想定）によれば，統計的作業結果では相当額は更地価格の 67％，鑑定基準による作業結果では 70％となっている。

　地域や自治体の現状を踏まえ，以上の 2 タイプから適切な方法を選び権利金の算定を行うことが望ましい。

[参考]　平成 22 年定期借地権付住宅供給実態調査報告書〈抜粋〉（一戸建て住宅）

▷地域別土地価格に対する年額地代の割合（累計）（上段：販売単位数，下段：％）

| | | 合計 | （年額地代／土地価格）× 100 | | | | | | 平均(％) |
			0.5％未満	0.5〜1.0％未満	1.0〜1.5％未満	1.5〜2.0％未満	2.0％以上	無回答	
全　　体		3,742	52	743	969	262	78	1,638	1.2
			2.5	35.3	46.1	12.5	3.7		
三大都市圏	首都圏	1,431	25	414	197	47	20	728	1.1
			3.6	58.9	28.0	6.7	2.8		
	中部圏	951	7	168	352	75	24	325	1.2
			1.1	26.8	56.2	12.0	3.8		
	近畿圏	808	7	90	242	88	17	364	1.3
			1.6	20.3	54.5	19.8	3.8		
その他の地域		552	13	71	178	52	17	221	1.2
			3.9	21.5	53.5	15.7	5.1		

注1：下段の％は無回答を除いた数値である。
注2：平均は販売単位数に基づいて算出した。

280 **資　料**

▷地域別土地価格に対する保証金の割合 （上段：販売単位数，下段：％）

| | | 合計 | (保証金／土地価格) × 100 | | | | | | 無回答 | 平均 (%) |
			10%未満	10〜20% 未満	20〜30% 未満	30〜40% 未満	40〜50% 未満	50%以上		
全　　体		3,175	255 13.3	1,046 54.4	546 28.4	63 3.3	9 0.5	5 0.3	1,251	18.0
三大都市圏	首都圏	1,261	53 7.9	252 37.6	311 46.4	48 7.2	4 0.6	2 0.3	591	20.1
	中部圏	834	113 19.6	404 70.1	56 9.7	2 0.3	0 0.0	1 0.2	258	14.1
	近畿圏	634	44 11.2	218 55.6	115 29.3	8 2.0	5 1.3	2 0.5	242	18.8
その他の 地域		446	45 15.7	172 60.1	64 22.4	5 1.7	0 0.0	0 0.0	160	16.8

注：無回答は％の対象外。

▷地域別土地価格に対する権利金の割合 （上段：販売単位数，下段：％）

| | | 合計 | (権利金／土地価格) × 100 | | | | | | 無回答 | 平均 (%) |
			10%未満	10〜20% 未満	20〜30% 未満	30〜40% 未満	40〜50% 未満	50%以上		
全　　体		90	15 24.6	27 44.3	12 19.7	7 11.5	0 0.0	0 0.0	29	19.9
三大都市圏	首都圏	19	4 40.0	3 30.0	3 30.0	0 0.0	0 0.0	0 0.0	9	17.9
	中部圏	23	8 47.1	9 52.9	0 0.0	0 0.0	0 0.0	0 0.0	6	12.7
	近畿圏	32	2 9.1	10 45.5	8 36.4	2 9.1	0 0.0	0 0.0	10	22.6
その他の 地域		16	1 8.3	5 41.7	1 8.3	5 41.7	0 0.0	0 0.0	4	22.0

注：無回答は％の対象外。

14. 災害公営住宅に係る定期借地権取得費用の考え方について 281

▷地域別土地価格に対する一時金（保証金＋権利金）の割合 （上段：販売単位数，下段：％）

| | | 合計 | {（保証金＋権利金）／土地価格}× 100 | | | | | | 無回答 | 平均（％） |
			10%未満	10〜20%未満	20〜30%未満	30〜40%未満	40〜50%未満	50%以上		
全　　　体		121	15 18.8	34 42.5	10 12.5	6 7.5	7 8.8	8 10.0	41	30.5
三大都市圏	首都圏	21	3 21.4	10 71.4	0 0.0	1 7.1	0 0.0	0 0.0	7	16.9
	中部圏	31	9 36.0	14 56.0	1 4.0	1 4.0	0 0.0	0 0.0	6	11.6
	近畿圏	45	2 9.1	8 36.4	7 31.8	4 18.2	0 0.0	1 4.5	23	24.1
その他の地域		24	1 5.3	2 10.5	2 10.5	0 0.0	7 36.8	7 36.8	5	45.5

注：無回答は％の対象外。

■ 定期借地権推進協議会（略称：定借協議会）

【設立】

当協議会の前身である定期借地権普及促進協議会は，平成6年に当時の建設省（現在の国土交通省）の支援を受けて，官民の定期借地権事業者の団体としてスタートし，その普及活動と健全な発展に取り組んで参りました。

制度施行以来十数年を経過した平成17年4月に，時代に即した制度の見直しや，事業化の特性の複雑な仕組みにも十分対応できる体制づくりを目指し，さらに定期借地権制度のPRに対して積極的に後押しする後継組織の任意団体として，『定期借地権推進協議会』と新たに名称も変えて発足致しました。

【目的】

定期借地権制度のあり方とその活用に関し，その普及および調査研究活動等を行うことにより，定期借地権制度の健全な発展を図ることを目的としています。

【事業】

上記の目的を達成するために，次の事業を行っています。

1. 定期借地権制度の改善および事業推進のための調査研究。
2. 定期借地権事業推進のための政策提言。
3. 定期借地権制度の普及啓発。
4. その他定期借地権事業の推進に関すること。

http://www.teishaku.com/

■ 著者紹介

大木　祐悟（おおき　ゆうご）

1983 年　早稲田大学商学部卒
定期借地権推進協議会　運営委員長（2007 年より）
一般社団法人不動産総合戦略協会　理事長
旭化成不動産レジデンス株式会社　マンション建替え研究所　特任研
　究員
NPO 法人都市住宅とまちづくり研究会　理事
株式会社ブレースメイキング研究所　顧問　他

主要著書
『Q&A《不動産の有効活用のための》等価交換マンション事業のす
　すめ方』プログレス
『Q&A・マンション建替えのすすめ方』（共著）プログレス
『マンション再生——経験豊富な実務家による大規模修繕・改修と
　建替えの実践的アドバイス』プログレス
『逐条詳解・マンション標準管理規約』プログレス
『都市の空閑地・空き家を考える』（共著）プログレス
『マンション建替えの法と実務』（共著）有斐閣
『マンション建替え——老朽化にどう備えるか』（共著）日本評論社
『住宅産業百科』（一部執筆）住宅産業新聞社　他
論文等，多数

［新版］定期借地権活用のすすめ
　　　——契約書の作り方・税金対策から事業プランニングまで

2012 年 12 月 24 日　初版発行
2016 年 2 月 20 日　新版第 1 刷発行
2023 年 12 月 10 日　新版第 2 刷発行

著　者　大木　祐悟 ©

発行者　野々内邦夫

発行所　株式会社プログレス

〒 160-0022　東京都新宿区新宿 1-12-12
電話 03（3341）6573　FAX03（3341）6937
http://www.progres-net.co.jp　e-mail: info@progres-net.co.jp

＊落丁本・乱丁本はお取り替えいたします。　　　　　　　モリモト印刷株式会社

本書のコピー，スキャン，デジタル化等の無断複製は著作権法上での例外を除き禁じられています。本書を
代行業者等の第三者に依頼してスキャンやデジタル化することは，たとえ個人や会社内での利用でも著作権
法違反です。

ISBN978-4-905366-52-2　C2034

*各図書の詳細な目次は、http://www.progres-net.co.jp よりご覧いただけます。

新版 共有不動産の鑑定評価
- 共有物分割をめぐる裁判例と鑑定評価の実際＆所有者不明土地と共有問題

黒沢　泰（不動産鑑定士）

雑種地の評価
- 裁決事例・裁判例から読み取る雑種地評価の留意点

黒沢　泰（不動産鑑定士）

相続財産の 税務評価と鑑定評価
- 土地・建物の評価において《特別の事情》の認否が争点となった重要裁決例・裁判例

黒沢　泰（不動産鑑定士）

新版 私道の調査・評価と法律・税務
黒沢　泰（不動産鑑定士）

新版 逐条詳解 不動産鑑定評価基準
黒沢　泰（不動産鑑定士）

底地の鑑定評価と税務評価
黒沢　泰（不動産鑑定士）

所有者不明土地の法律実務
- 民法、不動産登記法等の大改正による土地所有法制の実務対応

吉田修平（弁護士）

改訂増補 賃料［地代・家賃］評価の実際
田原拓治（不動産鑑定士）

新版 判例と不動産鑑定
- 借地借家法理と鑑定実務

松田佳久（創価大学法学部教授）

増補版 共有不動産の33のキホンと77の重要裁判例
- 共有不動産をめぐるヤッカイな法律トラブル解決法

宮崎裕二（弁護士）

固定資産税の38のキホンと88の重要裁判例
- 多発する固定資産税の課税ミスにいかに対応するか！

宮崎裕二（弁護士）

Q&A 重要裁判例にみる 私道と通行権の法律トラブル解決法
宮崎裕二（弁護士）

借地借家法の適用の有無と土地・建物の明渡しをめぐる100の重要裁判例
- 駐車場・ゴルフ場・高架下・資材置場・ケース貸し・経営委託・使用貸借などをめぐるヤッカイな法律トラブル解決法

宮崎裕二（弁護士）

借地をめぐる66のキホンと100の重要裁判例
- 地主と借地人とのヤッカイな法律トラブル解決法

宮崎裕二（弁護士）

借家をめぐる66のキホンと100の重要裁判例
- 家主と借家人とのヤッカイな法律トラブル解決法

宮崎裕二（弁護士）

Q&A 借地権の税務
- 借地の法律と税金がわかる本

鵜野和夫（税理士・不動産鑑定士）

改訂増補 土地収用の代執行
- 行政代執行の法律と実施手続

収用代執行研究会

詳解 競売不動産評価の実務
- 不動産競売市場の有効利用をめざして

曽我一郎（不動産鑑定士）